BARRON'S
FOREIGN LANGUAGE GUIDES

S0-BDO-727

ITALIAN
Verbs

THIRD EDITION

Vincent Luciani
Professor Emeritus of Romance Languages
The City College, City University of New York

John Colaneri
Professor of Modern Foreign Languages
Iona College, New Rochelle, New York

Revised by Marcel Danesi
Professor of Italian Linguistics
University of Toronto, Ontario

BARRON'S

All inquiries should be addressed to:
Barron's Educational Series, Inc.
250 Wireless Boulevard
Hauppauge, NY 11788
www.barronseduc.com

ISBN: 978-0-7641-4775-3
Library of Congress Control Number: 2011931940

Printed in China
9 8 7 6 5 4

Contents

Foreword

Italian Verbs, a handy reference guide for students, businesspeople, and travelers, presents the fully conjugated forms of over 300 commonly used Italian verbs.

The verbs are arranged alphabetically, one to a page. *On one single page, you will find all verb forms in all tenses.* The subject pronouns have been omitted, as they usually are in conversation, in order to emphasize the verb forms. Feminine forms of verbs conjugated with **èssere** have also been omitted. The first three forms on the left side are the first, second, and third persons of the singular. The three forms on the right side are the plural forms.

At the bottom of each verb page, you will find sample sentences or idiomatic expressions using forms of the verb.

The introduction includes an explanation of the accents used in the book, general rules regarding irregular verbs, verbs conjugated with **avere** or **essere**, models for three regular conjugations, orthographical changes, Italian verb tenses with their English equivalents, a sample English verb conjugation, and an explanation of Italian subject pronouns.

The verb charts are followed by three indexes: an English-Italian verb index, one of irregular verb forms with corresponding infinitives, and one with over 1,000 verbs conjugated like the model verbs contained in this book.

This book should be helpful to learners of Italian at all levels.

Accents

Italian has five vowels, **a, i, u, e,** and **o**. The **e** and the **o** can be either open or close. The difference is in the relative opening of the mouth. A close **e** or **o** is a vowel pronounced with the mouth relatively more closed; an open **e** or **o** is, on the other hand, a vowel pronounced with the mouth relatively more open. An example of a word with an open **e** is **spero** (*I hope*); and one with an open **o** is **porto** (*I bring*). As you pronounce these words, keep your mouth relatively more open. An example of a word with a close **e** is **vengo** (*I come*), and one with a close **o** is **sono** (*I am*). As you pronounce these keep your mouth relatively more closed.

In written Italian, accents are used only on stressed (accented) final vowels. Usually the accent mark used is the grave one (`): **città** (*city*), **virtù** (*virtue*), **andò** (*he/she went*), **tassì** (*taxi*), **bebè** (*baby*). However, in words ending in **-ché** the acute accent (´) is used: **perché** (*why, because*). Also, third-person singular Past Absolute forms are written with this accent: **dové** (*he/she had to*).

In this book we will also use acute and grave accents to show where the accent falls on verb forms with more than two syllables, and how the **e** or **o** is pronounced in some words. These accents are not used in this way in the written language; they are used here solely for you to be able to pronounce the verb forms correctly. If the vowel is open, a grave accent will be used, and if it is close, an acute one will be used. These are guides to both pronunciation and to where the stress is put on the word. In sum: in written Italian, accent marks are used only on the final vowel (**andò, arriverò**). When you see an accent on any other vowel in this book, it is there only for pedagogical purposes—that is, to help you locate the stressed syllable and to help you pronounce the word.

General Rules

Except for **dare, èssere,** and **stare,** the Past Absolute of irregular verbs is only irregular in the first and third person singular and the third person plural. The other forms are regular, but one must note that **bere, condurre, dire, fare, porre, trarre** and their compounds (for example, **dedurre, comporre, rifare,** and so on) are based, except for the Future and the Present Conditional, on the old infinitives **bevere, conducere, dicere, facere, ponere,** and **traere.** If one bears this in mind (along with the reservation for **dare, èssere,** and **stare**), the Imperfect Indicative and Subjunctive are regular. The endings for the Future and the Present Conditional are always the same, in both regular and irregular verbs. Very often the first person singular and the third person plural of the Present Indicative have the same stem, which forms the first, second, third person singular and the third person plural of the Present Subjunctive.

Verbs Conjugated with Avere or Essere

1. Italian verbs are conjugated with **avere** to form the compound tenses when they are transitive (that is, when they have a direct object).
2. Reflexive verbs, such as **alzarsi,** are conjugated with **èssere.**
3. Impersonal verbs are conjugated with **èssere,** and the verbs denoting atmospheric conditions may be conjugated with

avere: for example, **è nevicato**, **ha nevicato**. An impersonal verb is one that is conjugated only with third-person forms: **Piove molto** (*It rains a lot*); **Le cose costano troppo** (*Things cost too much*). Thus, forms conjugated with **io** (*I*), **tu** (*you*) and other subjects are not possible, because they would make no sense.

4. Some verbs—for instance, **córrere**, **saltare**, and **volare**—are conjugated with **avere** when referring to an action and with **èssere** when referring to the goal of the action.

5. Some verbs, such as **cominciare**, **durare**, and **finire**, take **avere** when an object is expressed or implied and **èssere** when used passively with no object. For example, to say *I have finished the book*, you would use **avere: Ho finito il libro.** However, to say *The book is finished*, you would use **essere** instead: **Il libro è finito.**

6. Some verbs, like **mancare**, have a different meaning according to which auxiliary is used, **avere** or **èssere**. **Ha mancato** means *he failed*, or *he lacked*; **è mancato** means *he missed*, or *he was not present*.

7. Some verbs, like **appartenere**, **dolere**, and **vívere**, are used indifferently with **avere** or **èssere** when they have no object. For example, you could say either **Ho vissuto in Italia** (*I lived in Italy*) or **Sono vissuto in Italia** (*I lived in Italy*).

8. Some verbs of motion, or limit of motion, as well as others are commonly conjugated with **èssere**. Here is a list of the most common of such verbs:

andare	*to go*
apparire	*to appear*
arrivare	*to arrive*
cadere	*to fall*
capitare	*to happen* (both pers. and impers.)
comparire	*to appear*
costare	*to cost*
créscere	*to grow*
dipèndere	*to depend*
dispiacere	*to displease, to regret*
divenire (diventare)	*to become*
emèrgere	*to emerge*
entrare	*to enter*
esístere	*to exist*
èssere	*to be*

fuggire	*to flee*
giúngere	*to arrive*
montare	*to mount*
morire	*to die*
nàscere	*to be born*
parere	*to appear, to seem*
partire	*to leave*
perire	*to perish*
piacere	*to please, to like*
restare (rimanere)	*to remain, to stay*
rincréscere	*to be sorry, to regret*
ritornare (tornare)	*to go or come back, to return*
riuscire	*to succeed, to go or come out again*
salire	*to go or come up*
scappare	*to escape*
scéndere	*to go or come down*
scomparire	*to disappear*
scoppiare	*to burst, to "croak"*
sórgere	*to rise*
sparire	*to disappear*
stare	*to stay*
succèdere	*to succeed, to come after, to happen*
uscire	*to go or come out*
venire (*and most of* *its compounds*)	*to come*

Regular Conjugations

Regular verbs are divided into three conjugations, according to
whether the present infinitive ends in **-are**, **-ere**, or **-ire**. The **-ire**
verbs, moreover, are of two types: those in which the endings are
added directly to the stem (**avvertire**, **bollire**, **convertire**, **cucire**,
divertirsi, **dormire**, **fuggire**, **partire**, **pentirsi**, **seguire**, **sentire**,
servire, **vestire**, as well as the irregular **aprire**, **coprire**, **offrire**,
scoprire, **soffrire**) and those that insert an **-isc** between the stem and
the ending in the first, second, and third person singular and
third person plural forms of the present indicative, imperative, and
subjunctive tenses. There are no principal parts in Italian. The verbs
of the three conjugations (for the third we use an **-isc** verb) are
inflected in the same way as the following models:

	I	II	III
Infinitive:	portare	crédere	finire
Past Infinitive:	avere portato	avere creduto	avere finito
Present Participle:	portante	credènte	finènte (*rare*)
Past Participle:	portato	creduto	finito
Gerund:	portando	credèndo	finèndo
Past Gerund:	avendo portato	avèndo creduto	avèndo finito
Stem:	port —	cred —	fin —

Indicative Mood

Present:	(io) pòrto	credo	finisco
	(tu) pòrti	credi	finisci
	(lui/lei/Lei) pòrta	crede	finisce
	(noi) portiamo	crediamo	finiamo
	(voi) portate	credete	finite
	(loro) pòrtano	crédono	finíscono
Imperfect:	portavo	credevo	finivo
	portavi	credevi	finivi
	portava	credeva	finiva
	portavamo	credevamo	finivamo
	portavate	credevate	finivate
	poràvano	credévano	finívano
Past Absolute:	portai	credei	finii
	portasti	credesti	finisti
	portò	credé	finí
	portammo	credemmo	finimmo
	portaste	credeste	finiste
	portàrono	credérono*	finírono
Future:	porterò	crederò	finirò
	porterai	crederai	finirai
	porterà	crederà	finirà
	porteremo	crederemo	finiremo
	porterete	crederete	finirete
	porteranno	crederanno	finiranno

Present	porterèi	crederèi	finirèi
Conditional:	porteresti	crederesti	finiresti
	porterèbbe	crederèbbe	finirèbbe
	porteremmo	crederemmo	finiremmo
	portereste	credereste	finireste
	porterèbbero	crederèbbero	finirèbbero

Imperative Mood:	pòrta	credi	finisci
	(non portare)	(non crédere)	(non finire)
	pòrti	creda	finisca
	portiamo	crediamo	finiamo
	portate	credete	finite
	pòrtino	crédano	finíscano

Subjunctive Mood

Present:	che io pòrti	creda	finisca
	che tu pòrti	creda	finisca
	che lui pòrti	creda	finisca
	che portiamo	crediamo	finiamo
	che portiate	crediate	finiate
	che pòrtino	crédano	finíscano

Imperfect:	che io portassi	credessi	finissi
	che tu portassi	credessi	finissi
	che portasse	credesse	finisse
	che portàssimo	credéssimo	finíssimo
	che portaste	credeste	finiste
	che portàssero	credéssero	finíssero

---

* Many regular verbs like **credere** may also have the endings **-ètti, -esti, -ètte, -emmo, -este, -èttero** in the Past Absolute.

Compound Tenses

Compound tenses are formed from the past participle of the principal
verb together with a simple tense of the auxiliary verb **avere** in some
cases and of **èssere** in others. They are conjugated like the following
models:

Present Perfect:	**ho** portato	**sono** partito (a)
	hai portato	**sèi** partito (a)
	ha portato	**è** partito (a)
	abbiamo portato	**siamo** partiti (e)
	avete portato	**sière** partiti (e)
	hanno portato	**sono** partiti (e)

Past Perfect:	**avevo** portato	**èro** partito (a)
	avevi portato	**èri** partito (a)
	aveva portato	**èra** partito (a)
	avevamo portato	**eravamo** partiti (e)
	avevate portato	**eravate** partiti (e)
	avévano portato	**èrano** partiti (e)

Past Anterior: *(2d Past Perfect)*	**èbbi** portato	**fui** partito (a)
	avesti portato	**fosti** partito (a)
	èbbe portato	**fu** partito (a)
	avemmo portato	**fummo** partiti (e)
	aveste portato	**foste** partiti (e)
	èbbero portato	**fúrono** partiti (e)

Future Perfect: *(Future Anterior)*	**avrò** portato	**sarò** partito (a)
	avrai portato	**sarai** partito (a)
	avrà portato	**sarà** partito (a)
	avremo portato	**saremo** partiti (e)
	avrete portato	**sarete** partiti (e)
	avranno portato	**saranno** partiti (e)

Past Conditional:	**avrèi** portato	**sarèi** partito (a)
	avresti portato	**saresti** partito (a)
	avrèbbe portato	**sarèbbe** partito (a)
	avremmo portato	**saremmo** partiti (e)
	avreste portato	**sareste** partiti (e)
	avrèbbero portato	**sarèbbero** partiti (e)

Past Subjunctive:	**àbbia** portato	**sia** partito (a)
	àbbia portato	**sia** partito (a)
	àbbia portato	**sia** partito (a)
	abbiamo portato	**siamo** partiti (e)
	abbiate portato	**siate** partiti (e)
	àbbiano portato	**síano** partiti (e)
Past Perfect	**avessi** portato	**fossi** partito (a)
Subjunctive:	**avessi** portato	**fossi** partito (a)
	avesse portato	**fosse** partito (a)
	avéssimo portato	**fóssimo** partiti (e)
	aveste portato	**foste** partiti (e)
	avéssero portato	**fóssero** partiti (e)

NOTE: Due to space limitations, in some cases the past participle has been omitted, as in the following example: **avrò, avrai, avrà, avremo, avrete, avranno raccomandato**. Remember that the past participle must be added after _each_ auxiliary verb.

Spelling Changes

Verbs in **-care** and **-gare** require the guttural or hard sound of _c_ and _g_ throughout their conjugation, and hence an _h_ is placed after _c_ or _g_ before an _i_ or _e_. Verbs in **-ciare** and **-giare** preserve the palatal or soft sound of _c_ and _g_ throughout their conjugation and therefore retain the _i_ except when it precedes another _i_ or an _e_. Verbs in **-sciare** preserve the _sh_ sound throughout their conjugation and therefore keep the _i_ except when it precedes another _e_ or _i_. Other verbs in **-iare** always retain the _i_, but they drop it if it is unstressed (there is only one _i_) and keep it if it is stressed (except before **-iamo** and **-iate**). There are no similar spelling changes in the second and third conjugations. Here are some examples:

cercare (_to search_): (**io**) **cerco** (_I search_), but (**tu**) **cerchi** (_you search_); (**io**) **cercherò** (_I will search_)

pagare (_to pay_): (**io**) **pago** (_I pay_), but (**tu**) **paghi** (_you pay_); (**io**) **pagherò** (_I will pay_)

cominciare (*to begin*): **(io) comincio** (*I begin*); **(tu) cominci** (*you begin*); **(io) comincerò** (*I will begin*)

mangiare (*to eat*): **(io) mangio** (*I eat*); **(tu) mangi** (*you eat*); **(io) mangerò** (*I will eat*)

lasciare (*to leave*): **(io) lascio** (*I leave*), but **(tu) lasci** (*you leave*); **(io) lascerò** (*I will leave*)

studiare (*to study*) (unstressed): **(io) studio** (*I study*); **(tu) studi** (*you study*); **(io) studierò** (*I will study*)

sciare (*to ski*) (stressed): **(io) scio** (*I ski*); **(tu) scii** (*you ski*); **(io) scierò** (*I will ski*)

Verb Tenses

Italian	English
Presènte Indicativo	Present Indicative
Imperfètto Indicativo	Imperfect Indicative (Past Descriptive)
Passato Remòto	Past Absolute (Simple Past)
Futuro	Future
Condizionale Presènte	Present Conditional
Presènte Congiuntivo	Present Subjunctive
Imperfètto Congiuntivo	Imperfect Subjunctive
Passato Pròssimo	Present Perfect
Trapassato Pròssimo	Past Perfect (1st Past Perfect)
Trapassato Remòto	Past Anterior (2nd Past Perfect)
Futuro Anteriore	Future Perfect (Future Anterior)
Condizionale Passato	Past Conditional
Passato Congiuntivo	Past Subjunctive
Trapassato Congiuntivo	Past Perfect Subjunctive
Imperativo	Imperative

Sample English Verb Conjugation

INFINITIVE	*to see* — vedere
PRESENT PARTICIPLE	seeing
PAST PARTICIPLE	seen

Present Indicative	I see, you see, he (she, it) sees; we see, you see, they see
	or: (the emphatic form) I do see, you do see, he (she, it) does see; we do see, you do see, they do see
	or: (the progressive form, which also exists in Italian with *stare* and other verbs) I am seeing, you are seeing, he (she, it) is seeing; we are seeing, you are seeing, they are seeing
Past	I saw, you saw, he (she, it) saw; we saw, you saw, they saw
	or: I did see, you did see, he (she, it) did see; we did see, you did see, they did see
	or: I was seeing, you were seeing, he (she, it) was seeing; we were seeing, you were seeing, they were seeing
Future	I will see, you will see, he (she, it) will see; we will see, you will see, they will see
Present Perfect	I have seen, you have seen, he (she, it) has seen; we have seen, you have seen, they have seen
Past Perfect	I had seen, you had seen, he (she, it) had seen; we had seen, you had seen, they had seen
Future Perfect	I will have seen, you will have seen, he (she, it) will have seen; we will have seen, you will have seen, they will have seen
Imperative	see, let us see, see

The Imperfect is rendered in English respectively with forms such as *I was seeing* (Past Progressive), *I used to see*, and *I would see*. The Conditional is rendered with forms such as *I would see, you would see*, etc. The Present Subjunctive forms differ from the Present Indicative forms only minimally; and this is often a source of confusion: **io parlo** (Indicative) versus **io parli** (Subjunctive), **tu parli** (both Indicative and Subjunctive), and so on. There are very few Subjunctive forms in English. An example is, *It is necessary that he read more*. As you can see, the form *read* is without its usual *s*. The *s* would indicate Indicative usage instead: *I know that he reads a lot*.

Subject Pronouns

1. The subject pronouns for all verb forms on the following pages have been omitted in order to emphasize the verb forms, which is what this book is all about.
2. The subject pronouns that have been omitted are as follows:

singular	*plural*
io	**noi**
tu	**voi**
lui, lei, Lei,	**loro, Loro,**
egli, ella	**essi, esse**

3. When you use a verb form in the Imperative (Command) you do not use the subject pronoun with it, as is also done in English. Example: **Parlate!** *Speak!* If you use a reflexive verb in the Imperative, drop the subject pronoun but keep the reflexive pronoun. Example: **Lavatevi!** *Wash yourselves!*

Ger. abbassando   Past Part. abbassato   **abbassare**

to lower, to pull down, to let down

The Seven Simple Tenses		The Seven Compound Tenses	
Singular	Plural	Singular	Plural
1 present indicative		8 present perfect	
abbasso	abbassiamo	ho abbassato	abbiamo abbassato
abbassi	abbassate	hai abbassato	avete abbassato
abbassa	abbassano	ha abbassato	hanno abbassato
2 imperfect indicative		9 past perfect	
abbassavo	abbassavamo	avevo abbassato	avevamo abbassato
abbassavi	abbassavate	avevi abbassato	avevate abbassato
abbassava	abbassàvano	aveva abbassato	avévano abbassato
3 past absolute		10 past anterior	
abbassai	abbassammo	èbbi abbassato	avemmo abbassato
abbassasti	abbassaste	avesti abbassato	aveste abbassato
abbassò	abbassàrono	èbbe abbassato	èbbero abbassato
4 future indicative		11 future perfect	
abbasserò	abbasseremo	avrò abbassato	avremo abbassato
abbasserai	abbasserete	avrai abbassato	avrete abbassato
abbasserà	abbasseranno	avrà abbassato	avranno abbassato
5 present conditional		12 past conditional	
abbasserèi	abbasseremmo	avrèi abbassato	avremmo abbassato
abbasseresti	abbassereste	avresti abbassato	aveste abbassato
abbasserèbbe	abbasserèbbero	avrèbbe abbassato	avrèbbero abbassato
6 present subjunctive		13 past subjunctive	
abbassi	abbassiamo	àbbia abbassato	abbiamo abbassato
abbassi	abbassiate	àbbia abbassato	abbiate abbassato
abbassi	abbàssino	àbbia abbassato	àbbiano abbassato
7 imperfect subjunctive		14 past perfect subjunctive	
abbassassi	abbassàssimo	avessi abbassato	avéssimo abbassato
abbassassi	abbassaste	avessi abbassato	aveste abbassato
abbassasse	abbassàssero	avesse abbassato	avéssero abbassato

imperative

—	abbassiamo
abbassa (non abbassare)*	abbassate
abbassi	abbàssino

---

abbassare gli occhi   to lower one's eyes
abbassare la voce   to lower one's voice
abbassare i prezzi   to lower prices
abbassarsi   to lower oneself

*In the familiar singular form of the negative Imperative, the infinitive is used. This will be indicated throughout in parentheses.

1

abitare

Ger. **abitando**   Past Part. **abitato**

to live, to dwell, to inhabit

The Seven Simple Tenses		The Seven Compound Tenses	
Singular	Plural	Singular	Plural
1 present indicative		8 present perfect	
àbito	abitiamo	ho abitato	abbiamo abitato
àbiti	abitate	hai abitato	avete abitato
àbita	àbitano	ha abitato	hanno abitato
2 imperfect indicative		9 past perfect	
abitavo	abitavamo	avevo abitato	avevamo abitato
abitavi	abitavate	avevi abitato	avevate abitato
abitava	abitàvano	aveva abitato	avévano abitato
3 past absolute		10 past anterior	
abitai	abitammo	èbbi abitato	avemmo abitato
abitasti	abitaste	avesti abitato	aveste abitato
abitò	abitàrono	èbbe abitato	èbbero abitato
4 future indicative		11 future perfect	
abiterò	abiteremo	avrò abitato	avremo abitato
abiterai	abiterete	avrai abitato	avrete abitato
abiterà	abiteranno	avrà abitato	avranno abitato
5 present conditional		12 past conditional	
abiterèi	abiteremmo	avrèi abitato	avremmo abitato
abiteresti	abitereste	avresti abitato	avreste abitato
abiterèbbe	abiterèbbero	avrèbbe abitato	avrèbbero abitato
6 present subjunctive		13 past subjunctive	
àbiti	abitiamo	àbbia abitato	abbiamo abitato
àbiti	abitiate	àbbia abitato	abbiate abitato
àbiti	àbitino	àbbia abitato	àbbiano abitato
7 imperfect subjunctive		14 past perfect subjunctive	
abitassi	abitàssimo	avessi abitato	avéssimo abitato
abitassi	abitaste	avessi abitato	aveste abitato
abitasse	abitàssero	avesse abitato	avéssero abitato

	imperative	
	—	abitiamo
	àbita (non abitare)	abitate
	àbiti	àbitino

Io abito a New York. I live in New York.	**Marco abita nella periferia di Torino.** Mark lives in the suburbs of Turin.

2

to happen, to occur

The Seven Simple Tenses		The Seven Compound Tenses	
Singular	Plural	Singular	Plural
1 present indicative		8 present perfect	
accade	**accàdono**	**è accaduto**	**sono accaduti**
2 imperfect indicative		9 past perfect	
accadeva	**accadévano**	**èra accaduto**	**èrano accaduti**
3 past absolute		10 past anterior	
accadde	**accàddero**	**fu accaduto**	**fúrono accaduti**
4 future indicative		11 future perfect	
accadrà	**accadranno**	**sarà accaduto**	**saranno accaduti**
5 present conditional		12 past conditional	
accadrèbbe	**accadrèbbero**	**sarèbbe accaduto**	**sarèbbero accaduti**
6 present subjunctive		13 past subjunctive	
accada	**accàdano**	**sia accaduto**	**síano accaduti**
7 imperfect subjunctive		14 past perfect subjunctive	
accadesse	**accadéssero**	**fosse accaduto**	**fóssero accaduti**
		imperative	
		(n/a)	

*Impersonal verb (see p. v).

È accaduto a casa di Maria.
  It happened at Mary's house.

È accaduto un incidente.   An accident
  happened.

accèndere
Ger. accendéndo   Past Part. acceso

to light, to kindle

The Seven Simple Tenses		The Seven Compound Tenses	
Singular	Plural	Singular	Plural
1 present indicative		8 present perfect	
accèndo	accendiamo	ho acceso	abbiamo acceso
accèndi	accendete	hai acceso	avete acceso
accènde	accèndono	ha acceso	hanno acceso
2 imperfect indicative		9 past perfect	
accendevo	accendevamo	avevo acceso	avevamo acceso
accendevi	accendevate	avevi acceso	avevate acceso
accendeva	accendévano	aveva acceso	avévano acceso
3 past absolute		10 past anterior	
accesi	accendemmo	èbbi acceso	avemmo acceso
accendesti	accendeste	avesti acceso	aveste acceso
accese	accésero	èbbe acceso	èbbero acceso
4 future indicative		11 future perfect	
accenderò	accenderemo	avrò acceso	avremo acceso
accenderai	accenderete	avrai acceso	avrete acceso
accenderà	accenderanno	avrà acceso	avranno acceso
5 present conditional		12 past conditional	
accenderèi	accenderemmo	avrèi acceso	avremmo acceso
accenderesti	accendereste	avresti acceso	avreste acceso
accenderèbbe	accenderèbbero	avrèbbe acceso	avrèbbero acceso
6 present subjunctive		13 past subjunctive	
accènda	accendiamo	àbbia acceso	abbiamo acceso
accènda	accendiate	àbbia acceso	abbiate acceso
accènda	accèndano	àbbia acceso	àbbiano acceso
7 imperfect subjunctive		14 past perfect subjunctive	
accendessi	accendéssimo	avessi acceso	avéssimo acceso
accendessi	accendeste	avessi acceso	aveste acceso
accendesse	accendéssero	avesse acceso	avéssero acceso

imperative		
—		accendiamo
accèndi (non accèndere)		accendete
accènda		accèndano

Accendi la luce per favore! Please, turn on the light!

Perché non accendi la radio? Why don't you turn on the radio?

4

accògliere

to welcome, to receive

The Seven Simple Tenses		The Seven Compound Tenses	
Singular	Plural	Singular	Plural
1 present indicative		8 present perfect	
accòlgo	accogliamo	ho accòlto	abbiamo accòlto
accògli	accogliete	hai accòlto	avete accòlto
accòglie	accòlgono	ha accòlto	hanno accòlto
2 imperfect indicative		9 past perfect	
accoglievo	accoglievamo	avevo accòlto	avevamo accòlto
accoglievi	accoglievate	avevi accòlto	avevate accòlto
accoglieva	accogliévano	aveva accòlto	avévano accòlto
3 past absolute		10 past anterior	
accòlsi	accogliemmo	èbbi accòlto	avemmo accòlto
accogliesti	accoglieste	avesti accòlto	aveste accòlto
accòlse	accòlsero	èbbe accòlto	èbbero accòlto
4 future indicative		11 future perfect	
accoglierò	accoglieremo	avrò accòlto	avremo accòlto
accoglierai	accoglierete	avrai accòlto	avrete accòlto
accoglierà	accoglieranno	avrà accòlto	avranno accòlto
5 present conditional		12 past conditional	
accoglierèi	accoglieremmo	avrèi accòlto	avremmo accòlto
accoglieresti	accogliereste	avresti accòlto	avreste accòlto
accoglierèbbe	accoglierèbbero	avrèbbe accòlto	avrèbbero accòlto
6 present subjunctive		13 past subjunctive	
accòlga	accogliamo	àbbia accòlto	abbiamo accòlto
accòlga	accogliate	àbbia accòlto	abbiate accòlto
accòlga	accòlgano	àbbia accòlto	àbbiano accòlto
7 imperfect subjunctive		14 past perfect subjunctive	
accogliessi	accogliéssimo	avessi accòlto	avéssimo accòlto
accogliessi	accoglieste	avessi accòlto	aveste accòlto
accogliesse	accogliéssero	avesse accòlto	avéssero accòlto

	imperative	
	—	accogliamo
	accògli (non accògliere)	accogliete
	accòlga	accòlgano

È un vero amico. Mi ha accolto a braccia aperte. He is a true friend. He welcomed me with open arms.

È una persona accogliente. He is a welcoming (friendly) person.

accòrgersi (di)* Ger. accorgendo   Past Part. accorto

to notice, to become aware (of)

The Seven Simple Tenses		The Seven Compound Tenses	
Singular	Plural	Singular	Plural
1 present indicative		**8 present perfect**	
mi accòrgo	ci accorgiamo	mi sono accòrto	ci siamo accòrti
ti accòrgi	vi accorgete	ti sèi accòrto	vi siète accòrti
si accòrge	si accòrgono	si è accorto	si sono accòrti
2 imperfect indicative		**9 past perfect**	
mi accorgevo	ci accorgevamo	mi èro accòrto	ci eravamo accòrti
ti accorgevi	vi accorgevate	ti èri accòrto	vi eravate accòrti
si accorgeva	si accorgévano	si èra accòrto	si èrano accòrti
3 past absolute		**10 past anterior**	
mi accòrsi	ci accorgemmo	mi fui accòrto	ci fummo accòrti
ti accorgesti	vi accorgeste	ti fosti accòrto	vi foste accòrti
si accòrse	si accòrsero	si fu accòrto	si furono accòrti
4 future indicative		**11 future perfect**	
mi accorgerò	ci accorgeremo	mi sarò accòrto	ci saremo accòrti
ti accorgerai	vi accorgerete	ti sarai accòrto	vi sarete accòrti
si accorgerà	si accorgeranno	si sarà accòrto	si saranno accòrti
5 present conditional		**12 past conditional**	
mi accorgerèi	ci accorgeremmo	mi sarèi accòrto	ci saremmo accòrti
ti accorgeresti	vi accorgereste	ti saresti accòrto	vi sareste accòrti
si accorgerèbbe	si accorgerèbbero	si sarèbbe accòrto	si sarèbbero accòrti
6 present subjunctive		**13 past subjunctive**	
mi accòrga	ci accorgiamo	mi sia accòrto	ci siamo accòrti
ti accòrga	vi accorgiate	ti sia accòrto	vi siate accòrti
si accòrga	si accòrgano	si sia accòrto	si síano accòrti
7 imperfect subjunctive		**14 past perfect subjunctive**	
mi accorgessi	ci accorgéssimo	mi fossi accòrto	ci fóssimo accòrti
ti accorgessi	vi accorgeste	ti fossi accòrto	vi foste accòrti
si accorgesse	si accorgéssero	si fosse accòrto	si fóssero accòrti

imperative	
—	accorgiàmoci
accòrgiti (non ti accòrgere)	accorgétevi
si accòrga	si accòrgano

*Like **accòrgersi** are **pòrgere** and **sòrgere**.

Non si era accorta che nevicava. She had not noticed that it was snowing.	Mi accorsi che ero rimasto(a) solo(a). I noticed that I was left alone.

to fall asleep

The Seven Simple Tenses		The Seven Compound Tenses	
Singular	Plural	Singular	Plural
1 present indicative		8 present perfect	
mi addormento	ci addormen- tiamo	mi sono addor- mentato	ci siamo addor- mentati
ti addormenti	vi addormentate	ti sei addormen- tato	vi siete addormen- tati
si addormenta	si addorméntano	si è addormentato	si sono addormentati
2 imperfect indicative		9 past perfect	
mi addormen- tavo	ci addormen- tavamo	mi èro addor- mentato	ci eravamo addor- mentati
ti addormen- tavi	vi addormen- tavate	ti èri addor mentato	vi eravate addor- mentati
si addormen- tava	si addormen- távano	si èra addormen- tato	si èrano addormentati
3 past absolute		10 past anterior	
mi addormen- tai	ci addormen- tammo	mi fui addormen- tato	ci fummo addormen- tati
ti addormen- tasti	vi addormen- taste	ti fosti addormen- tato	vi foste addormentati
si addormentò	si addormen- tárono	si fu addormen- tato	si furono addormen- tati
4 future indicative		11 future perfect	
mi addormen- terò	ci addormen- teremo	mi sarò addor- mentato	ci saremo addor- mentati
ti addormenterai	vi addormen- terete	ti sarai addormen- tato	vi sarete addormen- tati
si addormenterà	si addormen- teranno	si sarà addormen- tato	si saranno addormen- tati
5 present conditional		12 past conditional	
mi addormen- terei	ci addormen- teremmo	mi sarèi addor- mentato	ci saremmo addor- mentati
ti addormen- teresti	vi addormen- tereste	ti saresti addor- mentato	vi sareste addormen- tati
si addormen- terèbbe	si addormen- terèbbero	si sarèbbe addor- mentato	si sarèbbero addor- mentati
6 present subjunctive		13 past subjunctive	
mi addormenti	ci addormentiamo	mi sia addormentato	ci siamo addormentati
ti addormenti	vi addormentiate	ti sia addormentato	vi siate addormentati
si addormenti	si addorméntino	si sia addormentato	si síano addormentati
7 imperfect subjunctive		14 past perfect subjunctive	
mi addormen- tassi	ci addormen- tàssimo	mi fossi addor- mentato	ci fóssimo addor- mentati
ti addormen- tassi	vi addormen- taste	ti fossi addormen- tato	vi foste addormentati
si addormen- tasse	si addormen- tàssero	si fosse addormen- tato	si fóssero addormen- tati

imperative

—	addormentiámoci
addorméntati (non ti addormentare)	addormentátevi
si addormenti	si addorméntino

7

afferrare
Ger. **afferrando**   Past Part. **afferrato**

to seize, to grasp

The Seven Simple Tenses		The Seven Compound Tenses	
Singular	Plural	Singular	Plural
1 present indicative		8 present perfect	
afferro	**afferriamo**	ho afferrato	abbiamo afferrato
affèrri	**afferrate**	hai afferrato	avete afferrato
affèrra	**affèrrano**	ha afferrato	hanno afferrato
2 imperfect indicative		9 past perfect	
afferravo	**afferravamo**	avevo afferrato	avevamo afferrato
afferravi	**afferravate**	avevi afferrato	avevate afferrato
afferrava	**afferràvano**	aveva afferrato	avévano afferrato
3 past absolute		10 past anterior	
afferrai	**afferrammo**	èbbi afferrato	avemmo afferrato
afferrasti	**afferraste**	avesti afferrato	aveste afferrato
afferrò	**afferràrono**	èbbe afferrato	èbbero afferrato
4 future indicative		11 future perfect	
afferrerò	**afferreremo**	avrò afferrato	avremo afferrato
afferrerai	**afferrerete**	avrai afferrato	avrete afferrato
afferrerà	**afferreranno**	avrà afferrato	avranno afferrato
5 present conditional		12 past conditional	
afferrerèi	**afferreremmo**	avrèi afferrato	avremmo afferrato
afferreresti	**afferrereste**	avresti afferrato	avreste afferrato
afferrerèbbe	**afferrerèbbero**	avrèbbe afferrato	avrèbbero afferrato
6 present subjunctive		13 past subjunctive	
affèrri	**afferriamo**	àbbia afferrato	abbiamo afferrato
affèrri	**afferriate**	àbbia afferrato	abbiate afferrato
affèrri	**affèrrino**	àbbia afferrato	àbbiano afferrato
7 imperfect subjunctive		14 past perfect subjunctive	
afferrassi	**afferràssimo**	avessi afferrato	avéssimo afferrato
afferrassi	**afferraste**	avessi afferrato	aveste afferrato
afferrasse	**afferràssero**	avesse afferrato	avèssero afferrato

	imperative	
—		**afferriamo**
	affèrra (non afferrare)	**afferrate**
	affèrri	**affèrrino**

Afferralo con tutte le tue forze! È' un vaso prezioso. Hold on to it with all your might! It is a precious vase.

Non so se afferri l'idea. I don't know if you grasp the idea.

to afflict, to distress

The Seven Simple Tenses		The Seven Compound Tenses	
Singular	Plural	Singular	Plural
1 present indicative		8 present perfect	
affliggo	affliggiamo	ho afflitto	abbiamo afflitto
affliggi	affliggete	hai afflitto	avete afflitto
affligge	afflíggono	ha afflitto	hanno afflitto
2 imperfect indicative		9 past perfect	
affliggevo	affliggevamo	avevo afflitto	avevamo afflitto
affliggevi	affliggevate	avevi afflitto	avevate afflitto
affliggeva	affliggévano	aveva afflitto	avévano afflitto
3 past absolute		10 past anterior	
afflissi	affliggemmo	èbbi afflitto	avemmo afflitto
affliggesti	affliggeste	avesti afflitto	aveste afflitto
afflisse	afflíssero	èbbe afflitto	èbbero afflitto
4 future indicative		11 future perfect	
affliggerò	affliggeremo	avrò afflitto	avremo afflitto
affliggerai	affliggerete	avrai afflitto	avrete afflitto
affliggerà	affliggeranno	avrà afflitto	avranno afflitto
5 present conditional		12 past conditional	
affliggerèi	affliggeremmo	avrèi afflitto	avremmo afflitto
affliggeresti	affliggereste	avresti afflitto	avreste afflitto
affliggerèbbe	affliggerèbbero	avrèbbe afflitto	avrèbbero afflitto
6 present subjunctive		13 past subjunctive	
affligga	affliggiamo	àbbia afflitto	abbiamo afflitto
affligga	affliggiate	àbbia afflitto	abbiate afflitto
affligga	afflíggano	àbbia afflitto	àbbiano afflitto
7 imperfect subjunctive		14 past perfect subjunctive	
affliggessi	affliggéssimo	avessi afflitto	avéssimo afflitto
affliggessi	affliggeste	avessi afflitto	aveste afflitto
affliggesse	affliggéssero	avesse afflitto	avéssero afflitto

imperative

—	affliggiamo
affliggi (non afflíggere)	affliggete
affligga	afflíggano

*Like **afflíggere** are **fríggere, inflíggere,** and **sconfíggere.**

Lui è afflitto da una grave malattia.	Molte cose mi affliggono ogni giorno.
He is afflicted by a serious illness.	Many things afflict me every day.
(passive form)	

affrettarsi

Ger. **affrettando**   Past Part. **affrettato**

to hasten, to hurry

The Seven Simple Tenses		The Seven Compound Tenses	
Singular	Plural	Singular	Plural
1 present indicative		8 present perfect	
mi affrètto	ci affrettiamo	mi sono affrettato	ci siamo affrettati
ti affrètti	vi affrettate	ti sèi affrettato	vi siète affrettati
si affrètta	si affrèttano	si è affrettato	si sono affrettati
2 imperfect indicative		9 past perfect	
mi affrettavo	ci affrettavamo	mi èro affrettato	ci eravamo affrettati
ti affrettavi	vi affrettavate	ti èri affrettato	vi eravate affrettati
si affrettava	si affrettàvano	si èra affrettato	si èrano affrettati
3 past absolute		10 past anterior	
mi affrettai	ci affrettammo	mi fui affrettato	ci fummo affrettati
ti affrettasti	vi affrettaste	ti fosti affrettato	vi foste affrettati
si affrettò	si affrettàrono	si fu affrettato	si fúrono affrettati
4 future indicative		11 future perfect	
mi affretterò	ci affretteremo	mi sarò affrettato	ci saremo affrettati
ti affretterai	vi affretterete	ti sarai affrettato	vi sarete affrettati
si affretterà	si affretteranno	si sarà affrettato	si saranno affrettati
5 present conditional		12 past conditional	
mi affretterèi	ci affretteremmo	mi sarèi affrettato	ci saremmo affrettati
ti affretteresti	vi affrettereste	ti saresti affrettato	vi sareste affrettati
si affretterèbbe	si affretterèbbero	si sarèbbe affrettato	si sarèbbero affrettati
6 present subjunctive		13 past subjunctive	
mi affrètti	ci affrettiamo	mi sia affrettato	ci siamo affrettati
ti affrètti	vi affrettiate	ti sia affrettato	vi siate affrettati
si affrètti	si affrèttino	si sia affrettato	si síano affrettati
7 imperfect subjunctive		14 past perfect subjunctive	
mi affrettassi	ci affrettàssimo	mi fossi affrettato	ci fóssimo affrettati
ti affrettassi	vi affrettaste	ti fossi affrettato	vi foste affrettati
si affrettasse	si affrettàssero	si fosse affrettato	si fóssero affrettati

imperative		
—		affrettiàmoci
affrèttati (non ti affrettare)		affrettàtevi
si affrètti		si affrèttino

Perché ti affretti sempre?   Why are you always in a hurry?   **Affrettati, è tardi!**   Hurry, it's late!

to add, to add on

The Seven Simple Tenses		The Seven Compound Tenses	
Singular	Plural	Singular	Plural
1 present indicative		8 present perfect	
aggiungo	aggiungiamo	ho aggiunto	abbiamo aggiunto
aggiungi	aggiungete	hai aggiunto	avete aggiunto
aggiunge	aggiúngono	ha aggiunto	hanno aggiunto
2 imperfect indicative		9 past perfect	
aggiungevo	aggiungevamo	avevo aggiunto	avevamo aggiunto
aggiungevi	aggiungevate	avevi aggiunto	avevate aggiunto
aggiungeva	aggiungévano	aveva aggiunto	avévano aggiunto
3 past absolute		10 past anterior	
aggiunsi	aggiungemmo	èbbi aggiunto	avemmo aggiunto
aggiungesti	aggiungeste	avesti aggiunto	aveste aggiunto
aggiunse	aggiúnsero	èbbe aggiunto	èbbero aggiunto
4 future indicative		11 future perfect	
aggiungerò	aggiungeremo	avrò aggiunto	avremo aggiunto
aggiungerai	aggiungerete	avrai aggiunto	avrete aggiunto
aggiungerà	aggiungeranno	avrà aggiunto	avranno aggiunto
5 present conditional		12 past conditional	
aggiungerèi	aggiungeremmo	avrèi aggiunto	avremmo aggiunto
aggiungeresti	aggiungereste	avresti aggiunto	avreste aggiunto
aggiungerèbbe	aggiungerèbbero	avrèbbe aggiunto	avrèbbero aggiunto
6 present subjunctive		13 past subjunctive	
aggiunga	aggiungiamo	àbbia aggiunto	abbiamo aggiunto
aggiunga	aggiungiate	àbbia aggiunto	abbiate aggiunto
aggiunga	aggiúngano	àbbia aggiunto	àbbiano aggiunto
7 imperfect subjunctive		14 past perfect subjunctive	
aggiungessi	aggiungéssimo	avessi aggiunto	avéssimo aggiunto
aggiungessi	aggiungeste	avessi aggiunto	aveste aggiunto
aggiungesse	aggiungéssero	avesse aggiunto	avéssero aggiunto

imperative		
—		aggiungiamo
aggiungi (non aggiúngere)		aggiungete
aggiunga		aggiúngano

*Like **aggiúngere** are **congiúngere** and **raggiúngere**.

Io ho aggiunto molti appunti nel mio memorandum. I have added many notes in my memo.	Mi sorprese quando aggiunse che si sarebbe iscritta in giurisprudenza. She surprised me when she added that she would have enrolled in jurisprudence.

aiutare

Ger. aiùtando   Past Part. aiùtato

to help, to aid

The Seven Simple Tenses		The Seven Compound Tenses	
Singular	Plural	Singular	Plural
1 present indicative		8 present perfect	
aiùto	aiutiamo	ho aiutato	abbiamo aiutato
aiùti	aiutate	hai aiutato	avete aiutato
aiùta	aiùtano	ha aiutato	hanno aiutato
2 imperfect indicative		9 past perfect	
aiutavo	aiutavamo	avevo aiutato	avevamo aiutato
aiutavi	aiutavate	avevi aiutato	avevate aiutato
aiutava	aiutàvano	aveva aiutato	avévano aiutato
3 past absolute		10 past anterior	
aiutai	aiutammo	èbbi aiutato	avemmo aiutato
aiutasti	aiutaste	avesti aiutato	aveste aiutato
aiutò	aiutàrono	èbbe aiutato	èbbero aiutato
4 future indicative		11 future perfect	
aiuterò	aiuteremo	avrò aiutato	avremo aiutato
aiuterai	aiuterete	avrai aiutato	avrete aiutato
aiuterà	aiuteranno	avrà aiutato	avranno aiutato
5 present conditional		12 past conditional	
aiuterèi	aiuteremmo	avrèi aiutato	avremmo aiutato
aiuteresti	aiutereste	avresti aiutato	avreste aiutato
aiuterèbbe	aiuterèbbero	avrèbbe aiutato	avrèbbero aiutato
6 present subjunctive		13 past subjunctive	
aiùti	aiutiamo	àbbia aiutato	abbiamo aiutato
aiùti	aiutiate	àbbia aiutato	abbiate aiutato
aiùti	aiùtino	àbbia aiutato	àbbiano aiutato
7 imperfect subjunctive		14 past perfect subjunctive	
aiutassi	aiutàssimo	avessi aiutato	avéssimo aiutato
aiutassi	aiutaste	avessi aiutato	aveste aiutato
aiutasse	aiutàssero	avesse aiutato	avéssero aiutato

	imperative	
—		aiutiamo
aiùta (non aiutare)		aiutate
aiùti		aiùtino

Aiuto! Polizia! Help! Police!
**Di solito, io chiedo aiuto ai miei
    fratelli e ai miei cugini.** Usually, I
ask my brothers and my cousins for
help.

Bisogna che tu mi aiuti. It is
necessary for you to help me.

alludere*

to allude, to refer, to hint

The Seven Simple Tenses		The Seven Compound Tenses	
Singular	Plural	Singular	Plural
1 present indicative		8 present perfect	
allùdo	alludiamo	ho allùso	abbiamo allùso
allùdi	alludete	hai allùso	avete allùso
allùde	allùdono	ha allùso	hanno allùso
2 imperfect indicative		9 past perfect	
alludevo	alludevamo	avevo allùso	avevamo allùso
alludevi	alludevate	avevi allùso	avevate allùso
alludeva	alludévano	aveva allùso	avevano allùso
3 past absolute		10 past anterior	
allùsi	alludemmo	èbbi allùso	avemmo allùso
alludesti	alludeste	avesti allùso	aveste allùso
allùse	allùsero	èbbe allùso	èbbero allùso
4 future indicative		11 future perfect	
alluderò	alluderemo	avrò allùso	avremo allùso
alluderai	alluderete	avrai allùso	avrete allùso
alluderà	alluderanno	avrà allùso	avranno allùso
5 present conditional		12 past conditional	
alluderèi	alluderemmo	avrèi allùso	avremmo allùso
alluderesti	alludereste	avresti allùso	avreste allùso
alluderèbbe	alluderèbbero	avrèbbe allùso	avrèbbero allùso
6 present subjunctive		13 past subjunctive	
allùda	alludiamo	àbbia allùso	abbiamo allùso
allùda	alludiate	àbbia allùso	abbiate allùso
allùda	allùdano	àbbia allùso	àbbiano allùso
7 imperfect subjunctive		14 past perfect subjunctive	
alludessi	alludéssimo	avessi allùso	avéssimo allùso
alludessi	alludeste	avessi allùso	aveste allùso
alludesse	alludéssero	avesse allùso	avéssero allùso

imperative

—	alludiamo
allùdi (non alludere)	alludete
allùda	allùdano

* Like **alludere**, are **concludere, deludere, escludere,** and **precludere.**

Io non alludevo ai pettegolezzi dei vicini. I was not referring to the neighbors' gossip.	Non capisco a cosa alludi. Io sono innocente. I do not understand what you are referring to. I am innocent.

alzare

Ger. **alzando**   Past Part. **alzato**

to raise, to lift up

The Seven Simple Tenses		The Seven Compound Tenses	
Singular	Plural	Singular	Plural
1 present indicative		8 present perfect	
àlzo	alziamo	ho alzato	abbiamo alzato
àlzi	alzate	hai alzato	avete alzato
àlza	àlzano	ha alzato	hanno alzato
2 imperfect indicative		9 past perfect	
alzavo	alzavamo	avevo alzato	avevamo alzato
alzavi	alzavate	avevi alzato	avevate alzato
alzava	alzàvano	aveva alzato	avévano alzato
3 past absolute		10 past anterior	
alzai	alzammo	èbbi alzato	avemmo alzato
alzasti	alzaste	avesti alzato	aveste alzato
alzò	alzàrono	èbbe alzato	èbbero alzato
4 future indicative		11 future perfect	
alzerò	alzeremo	avrò alzato	avremo alzato
alzerai	alzerete	avrai alzato	avrete alzato
alzerà	alzeranno	avrà alzato	avranno alzato
5 present conditional		12 past conditional	
alzerèi	alzeremmo	avrèi alzato	avremmo alzato
alzeresti	alzereste	avresti alzato	avreste alzato
alzerèbbe	alzerèbbero	avrèbbe alzato	avrèbbero alzato
6 present subjunctive		13 past subjunctive	
àlzi	alziamo	àbbia alzato	abbiamo alzato
àlzi	alziate	àbbia alzato	abbiate alzato
àlzi	àlzino	àbbia alzato	àbbiano alzato
7 imperfect subjunctive		14 past perfect subjunctive	
alzassi	alzàssimo	avessi alzato	avéssimo alzato
alzassi	alzaste	avessi alzato	aveste alzato
alzasse	alzàssero	avesse alzato	avéssero alzato

	imperative	
—		alziamo
àlza (non alzare)		alzate
àlzi		àlzino

Alza la mano! Raise your hand!
Non alzare la voce con me! Parliamo con calma. Don't raise your voice with me! Let's talk calmly.

Ger. alzando   alzato   **alzarsi**

to get up, to rise, to stand u

The Seven Simple Tenses		The Seven Compound Tenses	
Singular	Plural	Singular	Plural
1 present indicative		8 present perfect	
mi àlzo	ci alziamo	mi sono alzato	ci siamo alzati
ti àlzi	vi alzate	ti sèi alzato	vi sière alzati
si àlza	si àlzano	si è alzato	si sono alzati
2 imperfect indicative		9 past perfect	
mi alzavo	ci alzavamo	mi èro alzato	ci eravamo alzati
ti alzavi	vi alzavate	ti èri alzato	vi eravate alzati
si alzava	si alzàvano	si èra alzato	si èrano alzati
3 past absolute		10 past anterior	
mi alzai	ci alzammo	mi fui alzato	ci fummo alzati
ti alzasti	vi alzaste	ti fosti alzato	vi foste alzati
si alzò	si alzàrono	si fu alzato	si fúrono alzati
4 future indicative		11 future perfect	
mi alzerò	ci alzeremo	mi sarò alzato	ci saremo alzati
ti alzerai	vi alzerete	ti sarai alzato	vi sarete alzati
si alzerà	si alzeranno	si sarà alzato	si saranno alzati
5 present conditional		12 past conditional	
mi alzerèi	ci alzeremmo	mi sarèi alzato	ci saremmo alzati
ti alzeresti	vi alzereste	ti saresti alzato	vi sareste alzati
si alzerèbbe	si alzerèbbero	si sarèbbe alzato	si sarèbbero alzati
6 present subjunctive		13 past subjunctive	
mi àlzi	ci alziamo	mi sia alzato	ci siamo alzati
ti àlzi	vi alziate	ti sia alzato	vi siate alzati
si àlzi	si àlzino	si sia alzato	si síano alzati
7 imperfect subjunctive		14 past perfect subjunctive	
mi alzassi	ci alzàssimo	mi fossi alzato	ci fóssimo alzati
ti alzassi	vi alzaste	ti fossi alzato	vi foste alzati
si alzasse	si alzàssero	si fosse alzato	si fóssero alzati

imperative

—	alziamoci
àlzati (non ti alzare)	alzatevi
mi àlzi	si àzino

Mi sono alzato presto oggi. I got up early today.   **Alzati, è tardi!** Get up, it's late!

amméttere
Ger. **ammettèndo**   Past Part. **ammesso***

to admit

The Seven Simple Tenses		The Seven Compound Tenses	
Singular	Plural	Singular	Plural
1 present indicative		8 present perfect	
ammetto	**ammettiamo**	**ho ammesso**	**abbiamo ammesso**
ammetti	**ammettete**	**hai ammesso**	**avete ammesso**
ammette	**amméttono**	**ha ammesso**	**hanno ammesso**
2 imperfect indicative		9 past perfect	
ammettevo	**ammettevamo**	**avevo ammesso**	**avevamo ammesso**
ammettevi	**ammettevate**	**avevi ammesso**	**avevate ammesso**
ammetteva	**ammettévano**	**aveva ammesso**	**avévano ammesso**
3 past absolute		10 past anterior	
ammisi	**ammettemmo**	**èbbi ammesso**	**avemmo ammesso**
ammettesti	**ammetteste**	**avesti ammesso**	**aveste ammesso**
ammise	**ammísero**	**èbbe ammesso**	**èbbero ammesso**
4 future indicative		11 future perfect	
ammetterò	**ammetteremo**	**avrò ammesso**	**avremo ammesso**
ammetterai	**ammetterete**	**avrai ammesso**	**avrete ammesso**
ammetterà	**ammetteranno**	**avrà ammesso**	**avranno ammesso**
5 present conditional		12 past conditional	
ammetterèi	**ammetteremmo**	**avrèi ammesso**	**avremmo ammesso**
ammetteresti	**ammettereste**	**avresti ammesso**	**avreste ammesso**
ammetterèbbe	**ammetterèbbero**	**avrèbbe ammesso**	**avrèbbero ammesso**
6 present subjunctive		13 past subjunctive	
ammetta	**ammettiamo**	**àbbia ammesso**	**abbiamo ammesso**
ammetta	**ammettiate**	**àbbia ammesso**	**abbiate ammesso**
ammetta	**amméttano**	**àbbia ammesso**	**àbbiano ammesso**
7 imperfect subjunctive		14 past perfect subjunctive	
ammettessi	**ammettéssimo**	**avessi ammesso**	**avéssimo ammesso**
ammettessi	**ammetteste**	**avessi ammesso**	**aveste ammesso**
ammettesse	**ammettéssero**	**avesse ammesso**	**avéssero ammesso**

imperative

—	**ammettiamo**
ammetti (non amméttere)	**ammettete**
ammetta	**amméttano**

*Like **amméttere** are **comméttere**, **méttere**, **ométtere**, **perméttere**, and **sméttere**.

Lui non ammette mai che ha sbagliato. He never admits that he has made an error.	**Lei è stata ammessa all'università.** She was admitted to the university. (passive form)

16

andare

to go

The Seven Simple Tenses		The Seven Compound Tenses	
Singular	Plural	Singular	Plural
1 present indicative		**8 present perfect**	
vado	andiamo	sono andato	siamo andati
vai	andate	sèi andato	siète andati
va	vanno	è andato	sono andati
2 imperfect indicative		**9 past perfect**	
andavo	andavamo	èro andato	eravamo andati
andavi	andavate	èri andato	eravate andati
andava	andàvano	èra andato	èrano andati
3 past absolute		**10 past anterior**	
andai	andammo	fui andato	fummo andati
andasti	andaste	fosti andato	foste andati
andò	andàrono	fu andato	fúrono andati
4 future indicative		**11 future perfect**	
andrò	andremo	sarò andato	saremo andati
andrai	andrete	sarai andato	sarete andati
andrà	andranno	sarà andato	saranno andati
5 present conditional		**12 past conditional**	
andrèi	andremmo	sarèi andato	saremmo andati
andresti	andreste	saresti andato	sareste andati
andrèbbe	andrèbbero	sarèbbe andato	sarèbbero andati
6 present subjunctive		**13 past subjunctive**	
vada	andiamo	sia andato	siamo andati
vada	andiate	sia andato	siate andati
vada	vàdano	sia andato	síano andati
7 imperfect subjunctive		**14 past perfect subjunctive**	
andassi	andàssimo	fossi andato	fóssimo andati
andassi	andaste	fossi andato	foste andati
andasse	andàssero	fosse andato	fóssero andati

imperative	
—	andiamo
va' (non andare)	andate
vada	vàdano

Io vado a scuola ogni giorno. I go to school every day.	andare a letto to go to bed
	andare a casa to go home

andàrsene

Ger. andando · · · · · · · · · · · · · Past Part. andato

to go away

The Seven Simple Tenses		The Seven Compound Tenses	
Singular	Plural	Singular	Plural
1 present indicative		8 present perfect	
me ne vado	ce ne andiamo	me ne sono andato	ce ne siamo andati
te ne vai	ve ne andate	te ne sèi andato	ve ne siète andati
se ne va	se ne vanno	se n'è andato	se ne sono andati
2 imperfect indicative		9 past perfect	
me ne andavo	ce ne andavamo	me n'èro andato	ce n'eravamo andati
te ne andavi	ve ne andavate	te n'èri andato	ve n'eravate andati
se ne andava	se ne andàvano	se n'èra andato	se n'erano andati
3 past absolute		10 past anterior	
me ne andai	ce ne andammo	me ne fui andato	ce ne fummo andati
te ne andasti	ve ne andaste	te ne fosti andato	ve ne foste andati
se ne andò	se ne andàrono	se ne fu andato	se ne fúrono andati
4 future indicative		11 future perfect	
me ne andrò	ce ne andremo	me ne sarò andato	ce ne saremo andati
te ne andrai	ve ne andrete	te ne sarai andato	ve ne sarete andati
se ne andrà	se ne andranno	se ne sarà andato	e ne saranno andati
5 present conditional		12 past conditional	
me ne andrèi	ce ne andremmo	me ne sarèi andato	ce ne saremmo andati
te ne andresti	ve ne andreste	te ne saresti andato	ve ne sareste andati
se ne andrèbbe	se ne andrèbbero	se ne sarèbbe andato	se ne sarèbbero andati
6 present subjunctive		13 past subjunctive	
me ne vada	ce ne andiamo	me ne sia andato	ce ne siamo andati
te ne vada	ve ne andiate	te ne sia andato	ve ne siate andati
se ne vada	se ne vàdano	se ne sia andato	se ne síano andati
7 imperfect subjunctive		14 past perfect subjunctive	
me ne andassi	ce ne andàssimo	me ne fossi andato	ce ne fóssimo andati
te ne andassi	ve ne andaste	te ne fossi andato	ve ne foste andati
se ne andasse	se ne andàssero	se ne fosse andato	se ne fóssero andati

imperative

—	andiàmocene
vàttene (non te ne andare)	andàtevene
se ne vada	se ne vàdano

Andiamocene! Let's go!
Finalmente se ne andò. Finally he
went away.

18

The Seven Simple Tenses		The Seven Compound Tenses	
Singular	Plural	Singular	Plural
1 present indicative		8 present perfect	
annoio	annoiamo	ho annoiato	abbiamo annoiato
annòi	annoiate	hai annoiato	avete annoiato
annoia	annòiano	ha annoiato	hanno annoiato
2 imperfect indicative		9 past perfect	
annoiavo	annoiavamo	avevo annoiato	avevamo annoiato
annoiavi	annoiavate	avevi annoiato	avevate annoiato
annoiava	annoiàvano	aveva annoiato	avévano annoiato
3 past absolute		10 past anterior	
annoiai	annoiammo	èbbi annoiato	avemmo annoiato
annoiasti	annoiaste	avesti annoiato	aveste annoiato
annoiò	annoiàrono	èbbe annoiato	èbbero annoiato
4 future indicative		11 future perfect	
annoierò	annoieremo	avrò annoiato	avremo annoiato
annoierai	annoierete	avrai annoiato	avrete annoiato
annoierà	annoieranno	avrà annoiato	avranno annoiato
5 present conditional		12 past conditional	
annoierèi	annoieremmo	avrèi annoiato	avremmo annoiato
annoieresti	annoiereste	avresti annoiato	avreste annoiato
annoierèbbe	annoierèbbero	avrèbbe annoiato	avrèbbero annoiato
6 present subjunctive		13 past subjunctive	
annòi	annoiamo	àbbia annoiato	abbiamo annoiato
annòi	annoiate	àbbia annoiato	abbiate annoiato
annòi	annòino	àbbia annoiato	àbbiano annoiato
7 imperfect subjunctive		14 past perfect subjunctive	
annoiassi	annoiàssimo	avessi annoiato	avéssimo annoiato
annoiassi	annoiaste	avessi annoiato	aveste annoiato
annoiasse	annoiàssero	avesse annoiato	avéssero annoiato

imperative	
—	annoiamo
annoia (non annoiare)	annoiate
annòi	annòino

Io annoio mia sorella. I bore my sister.		**La televisione annoia tutti.** Television bores everyone.

annoiarsi

Ger. annoiando   Past Part. annoiato

to be bored

The Seven Simple Tenses		The Seven Compound Tenses	
Singular	Plural	Singular	Plural
1 present indicative		8 present perfect	
mi annoio	ci annoiamo	mi sono annoiato	ci siamo annoiati
ti annoi	vi annoiate	ti sèi annoiato	vi siète annoiati
si annoia	si annoiano	si è annoato	si sono annoiati
2 imperfect indicative		9 past perfect	
mi annoiavo	ci annoiavamo	mi èro annoiato	ci eravamo annoiati
ti annoiavi	vi annoiavate	ti èri annoiato	vi eravate annoiati
si annoiava	si annoiàvano	si èra annoiato	si èrano annoiati
3 past absolute		10 past anterior	
mi annoiai	ci annoiammo	mi fui annoiato	ci fummo annoiati
ti annoiasti	vi annoiaste	ti fosti annoiato	vi foste annoiati
si annoiò	si annoiàrono	si fu annoiato	si fúrono annoiati
4 future indicative		11 future perfect	
mi annoierò	ci annoieremo	mi sarò annoiato	ci saremo annoiati
ti annoierai	vi annoierete	ti sarai annoiato	vi sarete annoiati
si annoierà	si annoieranno	si sarà annoiato	si saranno annoiati
5 present conditional		12 past conditional	
mi annoierèi	ci annoieremmo	mi sarèi annoiato	ci saremmo annoiati
ti annoieresti	vi annoiereste	ti saresti annoiato	vi sareste annoiati
si annoierèbbe	si annoierèbbero	si sarèbbe annoiato	si sarèbbero annoiati
6 present subjunctive		13 past subjunctive	
mi annòi	ci annoiamo	mi sia annoiato	ci siamo annoiati
ti annòi	vi annoiate	ti sia annoiato	vi siate annoiati
si annòi	si annòino	si sia annoiato	si síano annoiati
7 imperfect subjunctive		14 past perfect subjunctive	
mi annoiassi	ci annoiassimo	mi fossi annoiato	ci fóssimo annoiati
ti annoiassi	vi annoiaste	ti fossi annoiato	vi foste annoiati
si annoiasse	si annoiàssero	si fosse annoiato	si fóssero annoiati

imperative		
—		annoiamoci
annoiati (non ti annoiare)		annoiatevi
si annòi		si annòino

Mi annoio quando non ho niente da fare. I get bored when I have nothing to do.

Non mi annoiare! Don't bore me!

to prepare, to set (the table)

The Seven Simple Tenses		The Seven Compound Tenses	
Singular	Plural	Singular	Plural
1 present indicative		8 present perfect	
apparècchio	**apparecchiamo**	**ho apparecchiato**	**abbiamo**
apparècchi	**apparecchiate**		**apparecchiato**
apparècchia	**apparècchiano**	**hai apparecchiato**	**avete apparecchiato**
		ha apparecchiato	**hanno apparecchiato**
2 imperfect indicative		9 past perfect	
apparecchiavo	**apparecchiavamo**	**avevo**	**avevamo**
apparecchiavi	**apparecchiavate**	**apparecchiato**	**apparecchiato**
apparecchiava	**apparecchiàvano**	**avevi apparecchiato**	**avevate apparecchiato**
		aveva	**avévano**
		apparecchiato	**apparecchiato**
3 past absolute		10 past anterior	
apparecchiai	**apparecchiammo**	**èbbi apparecchiato**	**avemmo**
apparecchiasti	**apparecchiaste**		**apparecchiato**
apparecchiò	**apparecchiàrono**	**avesti apparecchiato**	**aveste apparecchiato**
		èbbe apparecchiato	**èbbero apparecchiato**
4 future indicative		11 future perfect	
apparecchierò	**apparecchieremo**	**avrò apparecchiato**	**avremo apparecchiato**
apparecchierai	**apparecchierete**	**avrai apparecchiato**	**avrete apparecchiato**
apparecchierà	**apparecchie-**	**avrà apparecchiato**	**avranno**
	ranno		**apparecchiato**
5 present conditional		12 past conditional	
apparecchierèi	**apparecchie-**	**avrèi apparecchiato**	**avremmo**
	remmo		**apparecchiato**
apparecchie-	**apparecchie-**	**avresti**	**avreste**
resti	**reste**	**apparecchiato**	**apparecchiato**
apparecchie-	**apparecchie-**	**avrèbbe**	**avrèbbero**
rèbbe	**rèbbero**	**apparecchiato**	**apparecchiato**
6 present subjunctive		13 past subjunctive	
apparècchi	**apparecchiamo**	**àbbia**	**abbiamo**
apparècchi	**apparecchiate**	**apparecchiato**	**apparecchiato**
apparècchi	**apparècchino**	**àbbia apparecchiato**	**abbiate apparechiatto**
		àbbia	**àbbiano**
		apparecchiato	**apparecchiato**
7 imperfect subjunctive		14 past perfect subjunctive	
apparecchiassi	**apparecchiàssimo**	**avessi apparecchiato**	**avéssimo**
apparecchiassi	**apparecchiaste**		**apparecchiato**
apparecchiasse	**apparecchiàssero**	**avessi apparecchiato**	**aveste apparecchiato**
		avesse	**avéssero**
		apparecchiato	**apparecchiato**

imperative

—	**apparecchiamo**
apparècchia (non **apparecchiare**)	**apparecchiate**
apparècchi	**apparècchino**

21

apparire*

Ger. **apparèndo**   Past Part. **appárso**

to appear, to look, to seem

The Seven Simple Tenses		The Seven Compound Tenses	
Singular	Plural	Singular	Plural
1 present indicative		8 present perfect	
appaio	appariamo	sono apparso	siamo apparsi
appari	apparite	sèi apparso	siète apparsi
appare	appàiono	è apparso	sono apparsi
(*Or regular:* **apparisco**, *etc.*)			
2 imperfect indicative		9 past perfect	
apparivo	apparivamo	èro apparso	eravamo apparsi
apparivi	apparivate	èri apparso	eravate apparsi
appariva	apparívano	èra apparso	èrano apparsi
3 past absolute		10 past anterior	
apparvi	apparimmo	fui apparso	fummo apparsi
apparisti	appariste	fosti apparso	foste apparsi
apparve	appàrvero	fu apparso	fúrono apparsi
(*Or regular:* **apparii**, *etc.*)			
4 future indicative		11 future perfect	
apparirò	appariremo	sarò apparso	saremo apparsi
apparirai	apparirete	sarai apparso	sarete apparsi
apparirà	appariranno	sarà apparso	saranno apparsi
5 present conditional		12 past conditional	
apparirèi	appariremmo	sarèi apparso	saremmo apparsi
appariresti	apparireste	saresti apparso	sareste apparsi
apparirèbbe	apparirèbbero	sarèbbe apparso	sarèbbero apparsi
6 present subjunctive		13 past subjunctive	
appaia	appariamo	sia apparso	siamo apparsi
appaia	appariate	sia apparso	siate apparsi
appaia	appàiano	sia apparso	síano apparsi
(*Or regular:* **apparisca**, *etc.*)			
7 imperfect subjunctive		14 past perfect subjunctive	
apparissi	apparíssimo	fossi apparso	fóssimo apparsi
apparissi	appariste	fossi apparso	foste apparsi
apparisse	apparíssero	fosse apparso	fóssero apparsi
		imperative	
	—		appariamo
	appari (apparisci) (non apparire)		apparite
	appaia (apparisca)		appàiano (apparíscano)

*Like **apparire** is **scomparire**.

Lui vuole apparire elegante. He wants to look elegant.	In quale film è apparso il tuo amico? In what film did your friend appear?

The Seven Simple Tenses		The Seven Compound Tenses	
Singular	Plural	Singular	Plural
1 present indicative		8 present perfect	
appartèngo	apparteniamo	ho appartenuto	abbiamo appartenuto
appartièni	appartenete	hai appartenuto	avete appartenuto
appartiène	appartèngono	ha appartenuto	hanno appartenuto
2 imperfect indicative		9 past perfect	
appartenevo	appartenevamo	avevo appartenuto	avevamo appartenuto
appartenevi	appartenevate	avevi appartenuto	avevate appartenuto
apparteneva	appartenévano	aveva appartenuto	avévano appartenuto
3 past absolute		10 past anterior	
appartenni	appartenemmo	èbbi appartenuto	avemmo appartenuto
appartenesti	apparteneste	avesti appartenuto	aveste appartenuto
appartenne	apparténnero	èbbe appartenuto	èbbero appartenuto
4 future indicative		11 future perfect	
apparterrò	apparterremo	avrò appartenuto	avremo appartenuto
apparterrai	apparterrete	avrai appartenuto	avrete appartenuto
apparterrà	apparterranno	avrà appartenuto	avranno appartenuto
5 present conditional		12 past conditional	
apparterrèi	apparterremmo	avrèi appartenuto	avremmo appartenuto
apparterresti	apparterreste	avresti	avreste appartenuto
apparterrèbbe	apparterrèbbero	appartenuto	
		avrèbbe	avrèbbero
		appartenuto	
		appartenuto	
6 present subjunctive		13 past subjunctive	
appartènga	apparteniamo	àbbia appartenuto	abbiamo appartenuto
appartènga	apparteniate	àbbia appartenuto	abbiate appartenuto
appartènga	appartèngano	àbbia appartenuto	àbbiano appartenuto
7 imperfect subjunctive		14 past perfect subjunctive	
appartenessi	appartenéssimo	avessi appartenuto	avéssimo appartenuto
appartenessi	apparteneste	avessi appartenuto	aveste appartenuto
appartenesse	appartenéssero	avesse appartenuto	avéssero appartenuto

	imperative	
—		apparteniamo
appartièni (non appartenere)		appartenete
appartènga		appartèngano

* Like **appartenere** are **contenere, mantenere, ottenere, ritenere, sostenere,** and **tenere.**

Questa casa mi appartiene. This house belongs to me.   **Io appartengo a quel club.** I belong to that club.

apprèndere*   Ger. apprendèndo   Past Part. appreso

to learn, to apprehend

The Seven Simple Tenses		The Seven Compound Tenses	
Singular	Plural	Singular	Plural
1 present indicative		8 present perfect	
apprèndo	apprendiamo	ho appreso	abbiamo appreso
apprèndi	apprendete	hai appreso	avete appreso
apprènde	apprèndono	ha appreso	hanno appreso
2 imperfect indicative		9 past perfect	
apprendevo	apprendevamo	avevo appreso	avevamo appreso
apprendevi	apprendevate	avevi appreso	avevate appreso
apprendeva	apprendévano	aveva appreso	avévano appreso
3 past absolute		10 past anterior	
appresi	apprendemmo	èbbi appreso	avemmo appreso
apprendesti	apprendeste	avesti appreso	aveste appreso
apprese	apprésero	èbbe appreso	èbbero appreso
4 future indicative		11 future perfect	
apprenderò	apprenderemo	avrò appreso	avremo appreso
apprenderai	apprenderete	avrai appreso	avrete appreso
apprenderà	apprenderanno	avrà appreso	avranno appreso
5 present conditional		12 past conditional	
apprenderèi	apprenderemmo	avrèi appreso	avremmo appreso
apprenderesti	apprendereste	avresti appreso	avreste appreso
apprenderèbbe	apprenderèbbero	avrèbbe appreso	avrèbbero appreso
6 present subjunctive		13 past subjunctive	
apprènda	apprendiamo	àbbia appreso	abbiamo appreso
apprènda	apprendiate	àbbia appreso	abbiate appreso
apprènda	apprèndano	àbbia appreso	àbbiano appreso
7 imperfect subjunctive		14 past perfect subjunctive	
apprendessi	apprendéssimo	avessi appreso	avéssimo appreso
apprendessi	apprendeste	avessi appreso	aveste appreso
apprendesse	apprendéssero	avesse appreso	avéssero appreso

imperative

—	apprendiamo
apprèndi (non apprèndere)	apprendete
apprènda	apprèndano

*Like **apprèndere** are all compounds of **prèndere** (**comprèndere**, **riprèndere**, etc.).

Le cose importanti si apprendono
  nell'infanzia.   The important things
  are learned in childhood.

L'ho appreso da fonte sicura.   I have
  learned it from a sure source.

The Seven Simple Tenses		The Seven Compound Tenses	
Singular	Plural	Singular	Plural
1 present indicative		8 present perfect	
apro	apriamo	ho apèrto	abbiamo apèrto
apri	aprite	hai apèrto	avete apèrto
apre	àprono	ha apèrto	hanno apèrto
2 imperfect indicative		9 past perfect	
aprivo	aprivamo	avevo apèrto	avevamo apèrto
aprivi	aprivate	avevi apèrto	avevate apèrto
apriva	aprívano	aveva apèrto	avévano apèrto
3 past absolute		10 past anterior	
apèrsi	aprimmo	èbbi apèrto	avemmo apèrto
apristi	apriste	avesti apèrto	aveste apèrto
apèrse	apèrsero	èbbe apèrto	èbbero apèrto
(*Or regular:* aprii, *etc.*)			
4 future indicative		11 future perfect	
aprirò	apriremo	avrò apèrto	avremo apèrto
aprirai	aprirete	avrai apèrto	avrete apèrto
aprirà	apriranno	avrà apèrto	avranno apèrto
5 present conditional		12 past conditional	
aprirèi	apriremmo	avrèi apèrto	avremmo apèrto
apriresti	aprireste	avresti apèrto	avreste apèrto
aprirèbbe	aprirèbbero	avrèbbe apèrto	avrèbbero apèrto
6 present subjunctive		13 past subjunctive	
apra	apriamo	àbbia apèrto	abbiamo apèrto
apra	apriate	àbbia apèrto	abbiate apèrto
apra	àprano	àbbia apèrto	àbbiano apèrto
7 imperfect subjunctive		14 past perfect subjunctive	
aprissi	apríssimo	avessi apèrto	avéssimo apèrto
aprissi	apriste	avessi apèrto	aveste apèrto
aprisse	apríssero	avesse apèrto	avéssero apèrto

imperative

—	apriamo
apri (non aprire)	aprite
apra	àprano

Apri il regalo! Non posso più aspettare. Open the gift! I cannot wait any longer.

Noi aprimmo il pacco. We opened the package.

àrdere*

Ger. **ardèndo**   Past Part. **arso**

to burn (inside)

The Seven Simple Tenses		The Seven Compound Tenses	
Singular	Plural	Singular	Plural
1 present indicative		8 present perfect	
ardo	**ardiamo**	**ho arso**	**abbiamo arso**
ardi	**ardete**	**hai arso**	**avete arso**
arde	**àrdono**	**ha arso**	**hanno arso**
2 imperfect indicative		9 past perfect	
ardevo	**ardevamo**	**avevo arso**	**avevamo arso**
ardevi	**ardevate**	**avevi arso**	**avevate arso**
ardeva	**ardévano**	**aveva arso**	**avévano arso**
3 past absolute		10 past anterior	
arsi	**ardemmo**	**èbbi arso**	**avemmo arso**
ardesti	**ardeste**	**avesti arso**	**aveste arso**
arse	**àrsero**	**èbbe arso**	**èbbero arso**
4 future indicative		11 future perfect	
arderò	**arderemo**	**avrò arso**	**avremo arso**
arderai	**arderete**	**avrai arso**	**avrete arso**
arderà	**arderanno**	**avrà arso**	**avranno arso**
5 present conditional		12 past conditional	
arderèi	**arderemmo**	**avrèi arso**	**avremmo arso**
arderesti	**ardereste**	**avresti arso**	**avreste arso**
arderèbbe	**arderèbbero**	**avrèbbe arso**	**avrèbbero arso**
6 present subjunctive		13 past subjunctive	
arda	**ardiamo**	**àbbia arso**	**abbiamo arso**
arda	**ardiate**	**àbbia arso**	**abbiate arso**
arda	**àrdano**	**àbbia arso**	**àbbiano arso**
7 imperfect subjunctive		14 past perfect subjunctive	
ardessi	**ardéssimo**	**avessi arso**	**avéssimo arso**
ardessi	**ardeste**	**avessi arso**	**aveste arso**
ardesse	**ardéssero**	**avesse arso**	**avéssero arso**

	imperative	
—		**ardiamo**
ardi (non àrdere)		**ardete**
arda		**àrdano**

* When intransitive, **àrdere** is conjugated with **èssere**.

Lei arde dal desiderio di rivedere sua madre.   She has a burning desire to see her mother again. | **Io ardo di amore per lei.**   I'm burning with love for her.

Ger. **arrestando** Past Part. **arrestato** **arrestare**

to arrest

The Seven Simple Tenses		The Seven Compound Tenses	
Singular	Plural	Singular	Plural
1 present indicative		8 present perfect	
arrèsto	arrestiamo	ho arrestato	abbiamo arrestato
arrèsti	arrestate	hai arrestato	avete arrestato
arrèsta	arrèstano	ha arrestato	hanno arrestato
2 imperfect indicative		9 past perfect	
arrestavo	arrestavamo	avevo arrestato	avevamo arrestato
arrestavi	arrestavate	avevi arrestato	avevate arrestato
arrestava	arrestàvano	aveva arrestato	avévano arrestato
3 past absolute		10 past anterior	
arrestai	arrestammo	èbbi arrestato	avemmo arrestato
arrestasti	arrestaste	avesti arrestato	aveste arrestato
arrestò	arrestàrono	èbbe arrestato	èbbero arrestato
4 future indicative		11 future perfect	
arresterò	arresteremo	avrò arrestato	avremo arrestato
arresterai	arresterete	avrai arrestato	avrete arrestato
arresterà	arresteranno	avrà arrestato	avranno arrestato
5 present conditional		12 past conditional	
arresterèi	arresteremmo	avrèi arrestato	avremmo arrestato
arresteresti	arrestereste	avresti arrestato	avreste arrestato
arresterèbbe	arresterèbbero	avrèbbe arrestato	avrèbbero arrestato
6 present subjunctive		13 past subjunctive	
arrèsti	arrestiamo	àbbia arrestato	abbiamo arrestato
arrèsti	arrestiate	àbbia arrestato	abbiate arrestato
arrèsti	arrèstino	àbbia arrestato	àbbiano arrestato
7 imperfect subjunctive		14 past perfect subjunctive	
arrestassi	arrestassimo	avessi arrestato	avéssimo arrestato
arrestassi	arrestaste	avessi arrestato	aveste arrestato
arrestasse	arrestàssero	avesse arrestato	avéssero arrestato

imperative

—	arrestiamo
arresta (non arrestare)	arrestate
arresti	arrèstino

Lo hanno arrestato per furto. They arrested him for theft.
Ti faccio arrestare. I'll have you arrested.

arrestarsi to stop oneself

arrivare

Ger. **arrivando**   Past Part. **arrivato**

to arrive

The Seven Simple Tenses		The Seven Compound Tenses	
Singular	Plural	Singular	Plural
1 present indicative		8 present perfect	
arrivo	arriviamo	sono arrivato	siamo arrivati
arrìvi	arrivate	sèi arrivato	sièto arrivati
arriva	arrivano	è arrivato	sono arrivati
2 imperfect indicative		9 past perfect	
arrivavo	arrivavamo	èro arrivato	eravamo arrivati
arrivavi	arrivavate	èri arrivato	eravate arrivati
arrivava	arrivàvano	èra arrivato	èrano arrivati
3 past absolute		10 past anterior	
arrivai	arrivammo	fui arrivato	fummo arrivati
arrivasti	arrivaste	fosti arrivato	foste arrivati
arrivò	arrivàrono	fu arrivato	fúrono arrivati
4 future indicative		11 future perfect	
arriverò	arriveremo	sarò arrivato	saremo arrivati
arriverai	arriverete	sarai arrivato	sarete arrivati
arriverà	arriveranno	sarà arrivato	saranno arrivati
5 present conditional		12 past conditional	
arriverèi	arriveremmo	sarèi arrivato	saremmo arrivati
arriveresti	arrivereste	saresti arrivato	sareste arrivati
arriverèbbe	arriverèbbero	sarèbbe arrivato	sarèbbero arrivati
6 present subjunctive		13 past subjunctive	
arrìvi	arriviamo	sia arrivato	siamo arrivati
arrìvi	arriviate	sia arrivato	siate arrivati
arrìvi	arrìvino	sia arrivato	síano arrivati
7 imperfect subjunctive		14 past perfect subjunctive	
arrivassi	arrivassimo	fossi arrivato	fóssimo arrivati
arrivassi	arrivaste	fossi arrivato	foste arrivati
arrivasse	arrivàssero	fosse arrivato	fóssero arrivati

imperative

—	arriviamo
arriva (non arrivare)	arrivate
arrìvi	arrìvino

Arrivammo sani e salvi. We arrived safe and sound.

Col coraggio si arriva ovunque. With courage one can get anywhere.

to assail, to assault

The Seven Simple Tenses		The Seven Compound Tenses	
Singular	Plural	Singular	Plural
1 present indicative		8 present perfect	
assalgo	assaliamo	ho assalito	abbiamo assalito
assali	assalite	hai assalito	avete assalito
assale	assàlgono	ha assalito	hanno assalito
(*Or regular:* assalisco, *etc.*)			
2 imperfect indicative		9 past perfect	
assalivo	assalivamo	avevo assalito	avevamo assalito
assalivi	assalivate	avevi assalito	avevate assalito
assaliva	assalívano	aveva assalito	avévano assalito
3 past absolute		10 past anterior	
assalii	assalimmo	èbbi assalito	avemmo assalito
assalisti	assaliste	avesti assalito	aveste assalito
assalí	assalírono	èbbe assalito	èbbero assalito
4 future indicative		11 future perfect	
assalirò	assaliremo	avrò assalito	avremo assalito
assalirai	assalirete	avrai assalito	avrete assalito
assalirà	assaliranno	avrà assalito	avranno assalito
5 present conditional		12 past conditional	
assalirèi	assaliremmo	avrèi assalito	avremmo assalito
assaliresti	assalireste	avresti assalito	avreste assalito
assalirèbbe	assalirèbbero	avrèbbe assalito	avrèbbero assalito
6 present subjunctive		13 past subjunctive	
assalga	assaliamo	àbbia assalito	abbiamo assalito
assalga	assaliate	àbbia assalito	abbiate assalito
assalga	assàlgano	àbbia assalito	àbbiano assalito
(*Or regular:* assalisca, *etc.*)			
7 imperfect subjunctive		14 past perfect subjunctive	
assalissi	assalíssimo	avessi assalito	avéssimo assalito
assalissi	assaliste	avessi assalito	aveste assalito
assalisse	assalíssero	avesse assalito	avéssero assalito

imperative

—	assaliamo
assali (assalisci) (non assalire)	assalite
assalga (assalisca)	assàlgano (assalíscano)

*Like **assalire** are all compounds with **salire** (e.g., **risalire**).

I problemi di ogni giorno mi assàlgono. Everyday problems assail me.	Io fui assalito da molti dubbi. I was assailed by many doubts.

assístere*

Ger. assistèndo   Past Part. assistito

to assist, to attend

The Seven Simple Tenses		The Seven Compound Tenses	
Singular	Plural	Singular	Plural
1 present indicative		8 present perfect	
assisto	assistiamo	ho assistito	abbiamo assistito
assisti	assistete	hai assistito	avete assistito
assiste	assístono	ha assistito	hanno assistito
2 imperfect indicative		9 past perfect	
assistevo	assistevamo	avevo assistito	avevamo assistito
assistevi	assistevate	avevi assistito	avevate assistito
assisteva	assistévano	aveva assistito	avévano assistito
3 past absolute		10 past anterior	
assistei (assistètti)	assistemmo	èbbi assistito	avemmo assistito
assistesti	assisteste	avesti assistito	aveste assistito
assisté (assistètte)	assistérono (assistèttero)	èbbe assistito	èbbero assistito
4 future indicative		11 future perfect	
assisterò	assisteremo	avrò assistito	avremo assistito
assisterai	assisterete	avrai assistito	avrete assistito
assisterà	assisteranno	avrà assistito	avranno assistito
5 present conditional		12 past conditional	
assisterèi	assisteremmo	avrèi assistito	avremmo assistito
assisteresti	assistereste	avresti assistito	avreste assistito
assisterèbbe	assisterèbbero	avrèbbe assistito	avrèbbero assistito
6 present subjunctive		13 past subjunctive	
assista	assistiamo	àbbia assistito	abbiamo assistito
assista	assistiate	àbbia assistito	abbiate assistito
assista	assístano	àbbia assistito	àbbiano assitito
7 imperfect subjunctive		14 past perfect subjunctive	
assistessi	assistéssimo	avessi assistito	avéssimo assistito
assistessi	assisteste	avessi assistito	aveste assistito
assistesse	assistéssero	avesse assistito	avéssero assistito

imperative		
—		assistiamo
assisti (non assístere)		assistete
assista		assístano

*Like **assístere** are **consístere** (conj. with **èssere**), **esístere** (conj. with **èssere**), **insístere**, **persístere**, and **resístere**.

Ho assistito a una bella conferenza **ieri.** I attended a wonderful lecture yesterday.	**Ti assisterò il più possibile.** I will help you as much as possible.

Ger. assumèndo   Past Part. assunto   **assúmere***

to assume, to hire

The Seven Simple Tenses		The Seven Compound Tenses	
Singular	Plural	Singular	Plural
1 present indicative		8 present perfect	
assumo	assumiamo	ho assunto	abbiamo assunto
assumi	assumete	hai assunto	avete assunto
assume	assúmono	ha assunto	hanno assunto
2 imperfect indicative		9 past perfect	
assumevo	assumevamo	avevo assunto	avevamo assunto
assumevi	assumevate	avevi assunto	avevate assunto
assumeva	assumévano	aveva assunto	avévano assunto
3 past absolute		10 past anterior	
assunsi	assumemmo	èbbi assunto	avemmo assunto
assumesti	assumeste	avesti assunto	aveste assunto
assunse	assúnsero	èbbe assunto	èbbero assunto
4 future indicative		11 future perfect	
assumerò	assumeremo	avrò assunto	avremo assunto
assumerai	assumerete	avrai assunto	avrete assunto
assumerà	assumeranno	avrà assunto	avranno assunto
5 present conditional		12 past conditional	
assumerèi	assumeremmo	avrèi assunto	avremmo assunto
assumeresti	assumereste	avresti assunto	aveste assunto
assumerèbbe	assumerèbbero	avrèbbe assunto	avrèbbero assunto
6 present subjunctive		13 past subjunctive	
assuma	assumiamo	àbbia assunto	abbiamo assunto
assuma	assumiate	àbbia assunto	abbiate assunto
assuma	assúmano	àbbia assunto	àbbiano assunto
7 imperfect subjunctive		14 past perfect subjunctive	
assumessi	assuméssimo	avessi assunto	avéssimo assunto
assumessi	assumeste	avessi assunto	aveste assunto
assumesse	assuméssero	avesse assunto	avéssero assunto

	imperative	
—		assumiamo
assumi (non assúmere)		assumete
assuma		assúmano

*Like **assúmere** are **presúmere** and **riassúmere**.

Mi assumo tutta la responsabilità.	Perchè non assumi un altro contabile?
I assume all the responsibility.	Why don't you hire another accountant?

attèndere*

Ger. attendèndo

Past Part. atteso

to wait for, to attend

The Seven Simple Tenses		The Seven Compound Tenses	
Singular	Plural	Singular	Plural
1 present indicative		**8 present perfect**	
attèndo	attendiamo	ho atteso	abbiamo atteso
attèndi	attendete	hai atteso	avete atteso
attènde	attèndono	ha atteso	hanno atteso
2 imperfect indicative		**9 past perfect**	
attendevo	attendevamo	avevo atteso	avevamo atteso
attendevi	attendevate	avevi atteso	avevate atteso
attendeva	attendévano	aveva atteso	avévano atteso
3 past absolute		**10 past anterior**	
attesi	attendemmo	èbbi atteso	avemmo atteso
attendesti	attendeste	avesti atteso	aveste atteso
attese	attésero	èbbe atteso	èbbero atteso
4 future indicative		**11 future perfect**	
attenderò	attenderemo	avrò atteso	avremo atteso
attenderai	attenderete	avrai atteso	avrete atteso
attenderà	attenderanno	avrà atteso	avranno atteso
5 present conditional		**12 past conditional**	
attenderèi	attenderemmo	avrèi atteso	avremmo atteso
attenderesti	attendereste	avresti atteso	avreste atteso
attenderèbbe	attenderèbbero	avrèbbe atteso	avrèbbero atteso
6 present subjunctive		**13 past subjunctive**	
attènda	attendiamo	àbbia atteso	abbiamo atteso
attènda	attendiate	àbbia atteso	abbiate atteso
attènda	attèndano	àbbia atteso	àbbiano atteso
7 imperfect subjunctive		**14 past perfect subjunctive**	
attendessi	attendéssimo	avessi atteso	avéssimo atteso
attendessi	attendeste	avessi atteso	aveste atteso
attendesse	attendéssero	avesse atteso	avéssero atteso

imperative	
—	attendiamo
attèndi (non attèndere)	attendete
attenda	attèndano

*Like **attèndere** are **contèndere**, **intèndere**, and **prètendere**.

Non sa cosa gli attende. He does not
  know what's waiting for him (what to
  expect).
Noi attendemmo tutti con impazienza
  i risultati dell'esame di statistica.
  We all waited impatiently for the
  results of the statistics exam.

Note: A commonly-used synonym is
  aspettare, which is conjugated like
  any regular -are verb.
Io aspetto l'autobus sempre il lunedì.
  I wait for the bus always on Mondays.

to have, to get

The Seven Simple Tenses		The Seven Compound Tenses	
Singular	Plural	Singular	Plural
1 present indicative		8 present perfect	
ho	abbiamo	ho avuto	abbiamo avuto
hai	avete	hai avuto	avete avuto
ha	hanno	ha avuto	hanno avuto
2 imperfect indicative		9 past perfect	
avevo	avevamo	avevo avuto	avevamo avuto
avevi	avevate	avevi avuto	avevate avuto
aveva	avévano	aveva avuto	avévano avuto
3 past absolute		10 past anterior	
èbbi	avemmo	èbbi avuto	avemmo avuto
avesti	aveste	avesti avuto	aveste avuto
èbbe	èbbero	èbbe avuto	èbbero avuto
4 future indicative		11 future perfect	
avrò	avremo	avrò avuto	avremo avuto
avrai	avrete	avrai avuto	avrete avuto
avrà	avranno	avrà avuto	avranno avuto
5 present conditional		12 past conditional	
avrèi	avremmo	avrèi avuto	avremmo avuto
avresti	avreste	avresti avuto	aveste avuto
avrèbbe	avrèbbero	avrèbbe avuto	avrèbbero avuto
6 present subjunctive		13 past subjunctive	
àbbia	abbiamo	àbbia avuto	abbiamo avuto
àbbia	abbiate	àbbia avuto	abbiate avuto
àbbia	àbbiano	àbbia avuto	àbbiano avuto
7 imperfect subjunctive		14 past perfect subjunctive	
avessi	avéssimo	avessi avuto	avéssimo avuto
avessi	aveste	avessi avuto	aveste avuto
avesse	avéssero	avesse avuto	avéssero avuto

	imperative	
	—	abbiamo
	abbi (non avere)	abbiate
	àbbia	àbbiano

Io ho sonno.   I am sleepy.   Lei ha sete.   She is thirsty.

avvedersi*

Ger. **avvedendo**   Past Part. **avveduto**

to perceive, to notice, to become aware

The Seven Simple Tenses		The Seven Compound Tenses	
Singular	Plural	Singular	Plural
1 present indicative		8 present perfect	
mi avvedo	ci avvediamo	mi sono avveduto	ci siamo avveduti
ti avvedi	vi avvedete	ti sèi avveduto	vi siète avveduti
si avvede	si avvédono	si è avveduto	si sono avveduti
2 imperfect indicative		9 past perfect	
mi avvedevo	ci avvedevamo	mi èro avveduto	ci eravamo avveduti
ti avvedevi	vi avvedevate	ti èri avveduto	vi eravate avveduti
si avvedeva	si avvedévano	si èra avveduto	si èrano avveduti
3 past absolute		10 past anterior	
mi avvidi	ci avvedemmo	mi fui avveduto	ci fummo avveduti
ti avvedesti	vi avvedeste	ti fosti avveduto	vi foste avveduti
si avvide	si avvidéro	si fu avveduto	si fúrono avveduti
4 future indicative		11 future perfect	
mi avvedrò	ci avvedremo	mi sarò avveduto	ci saremo avveduti
ti avvedrai	vi avvedrete	ti sarai avveduto	vi sarete avveduti
si avvedrà	si avvedranno	si sarà avveduto	si saranno avveduti
5 present conditional		12 past conditional	
mi avvedrèi	ci avvedremmo	mi sarèi avveduto	ci saremmo avveduti
ti avvedresti	vi avvedreste	ti saresti avveduto	vi sareste avveduti
si avvedrèbbe	si avvedrèbbero	si sarèbbe avveduto	si sarèbbero avveduti
6 present subjunctive		13 past subjunctive	
mi avveda	ci avvediamo	mi sia avveduto	ci siamo avveduti
ti avveda	vi avvediate	ti sia avveduto	vi siate avveduti
si avveda	si avvédano	si sia avveduto	si síano avveduti
7 imperfect subjunctive		14 past perfect subjunctive	
mi avvedessi	ci avvedéssimo	mi fossi avveduto	ci fóssimo avveduti
ti avvedessi	vi avvedeste	ti fossi avveduto	vi foste avveduti
si avvedesse	si avvedéssero	si fosse avveduto	si fóssero avveduti

	imperative	
—		avvediamoci
	avvèditi (non ti avvedere)	avvedetevi
	si avveda	si avvédano

*Like **avvedersi** are all compounds with **vedere** (**prevedere, rivedere**, etc.).

Si avvide della verità. He became aware of the truth.	**Piansi senza avvedermene.** I cried without realizing it.

34

to happen, to occur

The Seven Simple Tenses		The Seven Compound Tenses	
Singular	Plural	Singular	Plural
1 present indicative		8 present perfect	
avviène	**avvèngono**	**è avvenuto**	**sono avvenuti**
2 imperfect indicative		9 past perfect	
avveniva	**avvenívano**	**èra avvenuto**	**èrano avvenuti**
3 past absolute		10 past anterior	
avvenne	**avvénnero**	**fu avvenuto**	**fúrono avvenuti**
4 future indicative		11 future perfect	
avverrà	**avverranno**	**sarà avvenuto**	**saranno avvenuti**
5 present conditional		12 past conditional	
avverrèbbe	**avverrèbbero**	**sarèbbe avvenuto**	**sarèbbero avvenuti**
6 present subjunctive		13 past subjunctive	
avvènga	**avvèngano**	**sia avvenuto**	**síano avvenuti**
7 imperfect subjunctive		14 past perfect subjunctive	
avvenisse	**avveníssero**	**fosse avvenuto**	**fóssero avvenuti**

imperative
(n/a)

*Impersonal verb (see p. v).

I suoi cugini arrivano dal Canada in estate. Questo avviene una volta all'anno. His cousins come from Canada in the summer. It happens once a year.

Chi sa cosa avverrà nel futuro? Who knows what will happen in the future?

benedire*

Ger. benedicèndo   Past Part. benedetto

to bless

The Seven Simple Tenses		The Seven Compound Tenses	
Singular	Plural	Singular	Plural
1 present indicative		8 present perfect	
benedico	benediciamo	ho benedetto	abbiamo benedetto
benedici	benedite	hai benedetto	avete benedetto
benedice	benedícono	ha benedetto	hanno benedetto
2 imperfect indicative		9 past perfect	
benedicevo	benedicevamo	avevo benedetto	avevamo benedetto
benedicevi	benedicevate	avevi benedetto	avevate benedetto
benediceva	benedicévano	aveva benedetto	avévano benedetto
(Or regular: benedivo, etc.)			
3 past absolute		10 past anterior	
benedissi	benedicemmo	èbbi benedetto	avemmo benedetto
benedicesti	benediceste	avesti benedetto	aveste benedetto
benedisse	benedíssero	èbbe benedetto	èbbero benedetto
(Or regular: benedii, etc.)			
4 future indicative		11 future perfect	
benedirò	benediremo	avrò benedetto	avremo benedetto
benedirai	benedirete	avrai benedetto	avrete benedetto
benedirà	benediranno	avrà benedetto	avranno benedetto
5 present conditional		12 past conditional	
benedirèi	benediremmo	avrèi benedetto	avremmo benedetto
benediresti	benedireste	avresti benedetto	avreste benedetto
benedirèbbe	benedirèbbero	avrèbbe benedetto	avrèbbero benedetto
6 present subjunctive		13 past subjunctive	
benedica	benediciamo	àbbia benedetto	abbiamo benedetto
benedica	benediciate	àbbia benedetto	abbiate benedetto
benedica	benedícano	àbbia benedetto	àbbiano benedetto
7 imperfect subjunctive		14 past perfect subjunctive	
benedicessi	benedicéssimo	avessi benedetto	avéssimo benedetto
benedicessi	benediceste	avessi benedetto	aveste benedetto
benedicesse	benedicéssero	avesse benedetto	avéssero benedetto

	imperative	
—		benediciamo
benedici (non benedire)		benedicete
benedica		benedícano

*Like **benedire** are all compounds with **dire** (predire, ridire, etc.).

Dio vi benedica! God bless you!	Il sacerdote benedice i fedeli. The priest blesses the faithful.

36

to drink

The Seven Simple Tenses		The Seven Compound Tenses	
Singular	Plural	Singular	Plural
1 present indicative		8 present perfect	
bevo	beviamo	ho bevuto	abbiamo bevuto
bevi	bevete	hai bevuto	avete bevuto
beve	bévono	ha bevuto	hanno bevuto
2 imperfect indicative		9 past perfect	
bevevo	bevevamo	avevo bevuto	avevamo bevuto
bevevi	bevevate	avevi bevuto	avevate bevuto
beveva	bevévano	aveva bevuto	avévano bevuto
3 past absolute		10 past anterior	
bevvi (bevètti)	bevemmo	èbbi bevuto	avemmo bevuto
bevesti	beveste	avesti bevuto	aveste bevuto
bevve (bevètte)	bévvero (bevèttero)	èbbe bevuto	èbbero bevuto
4 future indicative		11 future perfect	
berrò	berremo	avrò bevuto	avremo bevuto
berrai	berrete	avrai bevuto	avrete bevuto
berrà	berranno	avrà bevuto	avranno bevuto
5 present conditional		12 past conditional	
berrèi	berremmo	avrèi bevuto	avremmo bevuto
berresti	berreste	avresti bevuto	avreste bevuto
berrèbbe	berrèbbero	avrèbbe bevuto	avrèbbero bevuto
6 present subjunctive		13 past subjunctive	
beva	beviamo	àbbia bevuto	abbiamo bevuto
beva	beviate	àbbia bevuto	abbiate bevuto
beva	bévano	àbbia bevuto	àbbiano bevuto
7 imperfect subjunctive		14 past perfect subjunctive	
bevessi	bevéssimo	avessi bevuto	avéssimo bevuto
bevessi	beveste	avessi bevuto	aveste bevuto
bevesse	bevéssero	avesse bevuto	avéssero bevuto

imperative

	—	beviamo
	bevi (non bere)	bevete
	beva	bévano

Io bevo un bicchiere di latte al giorno.   Beviamo alla tua salute!   Let's drink
   I drink a glass of milk a day.   to your health!

bisognare*

Ger. **bisognando**   Past Part. **bisognato**

to be necessary, to must

The Seven Simple Tenses	The Seven Compound Tenses
Singular Plural	Singular Plural
1 present indicative **bisogna**	8 present perfect **è bisognato** (rare)
2 imperfect indicative **bisognava**	9 past perfect **èra bisognato** (rare)
3 past absolute **bisognò**	10 past anterior **fu bisognato** (rare)
4 future indicative **bisognerà**	11 future perfect **sarà bisognato** (rare)
5 present conditional **bisognerèbbe**	12 past conditional **sarèbbe bisognato** (rare)
6 present subjunctive **bisogni**	13 past subjunctive **sia bisognato** (rare)
7 imperfect subjunctive **bisognasse**	14 past perfect subjunctive **fosse bisognato** (rare)
	imperative (n/a)

*Impersonal verb (see p. v).

Bisogna finire questo lavoro. This work must be finished.

Bisogna condire l'insalata. Dov'è l'olio d'oliva? We must season the salad. Where is the olive oil?

to boil

The Seven Simple Tenses | The Seven Compound Tenses

Singular	Plural	Singular	Plural
1 present indicative		8 present perfect	
bòllo	bolliamo	ho bollito	abbiamo bollito
bòlli	bollite	hai bollito	avete bollito
bòlle	bòllono	ha bollito	hanno bollito
2 imperfect indicative		9 past perfect	
bollivo	bollivamo	avevo bollito	avevamo bollito
bollivi	bollivate	avevi bollito	avevate bollito
bolliva	bollívano	aveva bollito	avévano bollito
3 past absolute		10 past anterior	
bollii	bollimmo	èbbi bollito	avemmo bollito
bollisti	bolliste	avesti bollito	aveste bollito
bollí	bollírono	èbbe bollito	èbbero bollito
4 future indicative		11 future perfect	
bollirò	bolliremo	avrò bollito	avremo bollito
bollirai	bollirete	avrai bollito	avrete bollito
bollirà	bolliranno	avrà bollito	avranno bollito
5 present conditional		12 past conditional	
bollirèi	bolliremmo	avrèi bollito	avremmo bollito
bolliresti	bollireste	avresti bollito	avreste bollito
bollirèbbe	bollirèbbero	avrèbbe bollito	avrèbbero bollito
6 present subjunctive		13 past subjunctive	
bòlla	bolliamo	àbbia bollito	abbiamo bollito
bòlla	bolliate	àbbia bollito	abbiate bollito
bòlla	bòllano	àbbia bollito	àbbiano bollito
7 imperfect subjunctive		14 past perfect subjunctive	
bollissi	bollíssimo	avessi bollito	avéssimo bollito
bollissi	bolliste	avessi bollito	aveste bollito
bollisse	bollíssero	avesse bollito	avéssero bollito

imperative

—	bolliamo
bòlli (non bollire)	bollite
bòlla	bòllano

Per quanto tempo devo bollire le
  patate? How long should I boil the
  potatoes?

L'acqua bolle. Butta dentro gli
  spaghetti! The water is boiling.
  Throw the spaghetti in!

cadere*

Ger. cadèndo   Past Part. caduto

to fall

The Seven Simple Tenses		The Seven Compound Tenses	
Singular	Plural	Singular	Plural
1 present indicative		8 present perfect	
cado	cadiamo	sono caduto	siamo caduti
cadi	cadete	sèi caduto	siète caduti
cade	càdono	è caduto	sono caduti
2 imperfect indicative		9 past perfect	
cadevo	cadevamo	èro caduto	eravamo caduti
cadevi	cadevate	èri caduto	eravate caduti
cadeva	cadévano	èra caduto	èrano caduti
3 past absolute		10 past anterior	
caddi	cademmo	fui caduto	fummo caduti
cadesti	cadeste	fosti caduto	foste caduti
cadde	càddero	fu caduto	fúrono caduti
4 future indicative		11 future perfect	
cadrò	cadremo	sarò caduto	saremo caduti
cadrai	cadrete	sarai caduto	sarete caduti
cadrà	cadranno	sarà caduto	saranno caduti
5 present conditional		12 past conditional	
cadrèi	cadremmo	sarèi caduto	saremmo caduti
cadresti	cadreste	saresti caduto	sareste caduti
cadrèbbe	cadrèbbero	sarèbbe caduto	sarèbbero caduti
6 present subjunctive		13 past subjunctive	
cada	cadiamo	sia caduto	siamo caduti
cada	cadiate	sia caduto	siate caduti
cada	càdano	sia caduto	síano caduti
7 imperfect subjunctive		14 past perfect subjunctive	
cadessi	cadéssimo	fossi caduto	fóssimo caduti
cadessi	cadeste	fossi caduto	foste caduti
cadesse	cadéssero	fosse caduto	fóssero caduti

	imperative	
—		cadiamo
cadi (non cadere)		cadete
cada		càdano

* Like **cadere** are **accadere, decadere, ricadere,** and **scadere.**

La pioggia cade a dirotto. The rain falls in torrents (is falling heavily).

Io sono caduto mentre giocavo. I fell while I was playing.

camminare

to walk

The Seven Simple Tenses		The Seven compound Tenses	
Singular	Plural	Singular	Plural
1 present indicative		8 present perfect	
cammino	camminiamo	ho camminato	abbiamo camminato
cammini	camminate	hai camminato	avete camminato
cammina	camminano	ha camminato	hanno camminato
2 imperfect indicative		9 past perfect	
camminavo	camminavamo	avevo camminato	avevamo camminato
camminavi	camminavate	avevi camminato	avevate camminato
camminava	camminàvano	aveva camminato	avévano camminato
3 past absolute		10 past anterior	
camminai	camminammo	èbbi camminato	avemmo camminato
camminasti	camminaste	avesti camminato	aveste camminato
camminò	camminàrono	èbbe camminato	èbbero camminato
4 future indicative		11 future perfect	
camminerò	cammineremo	avrò camminato	avremo camminato
camminerai	camminerete	avrai camminato	avrete camminato
camminerà	cammineranno	avrà camminato	avranno camminato
5 present conditional		12 past conditional	
camminerèi	cammineremmo	avrèi camminato	avremmo camminato
cammineresti	camminereste	avresti camminato	avreste camminato
camminerèbbe	camminerèbbero	avrèbbe camminato	avrèbbero camminato
6 present subjunctive		13 past subjunctive	
cammini	camminiamo	àbbia camminato	abbiamo camminato
cammini	camminiate	àbbia camminato	abbiate camminato
cammini	cammìnino	àbbia camminato	àbbiano camminato
7 imperfect subjunctive		14 past perfect subjunctive	
camminassi	camminàssimo	avessi camminato	avéssimo camminato
camminassi	camminaste	avessi camminato	aveste camminato
camminasse	camminàssero	avesse camminato	avéssero camminato

imperative	
—	camminiamo
cammina (non camminare)	camminate
cammini	cammìnino

Lei cammina ogni mattina per due
ore.   She walks every morning for
two hours.

Lui cammina su e giù.   He walks up
and down.

cancellare

Ger. **cancellando**   Past Part. **cancellato**

to cross out, to cancel, to rub out

The Seven Simple Tenses		The Seven Compound Tenses	
Singular	Plural	Singular	Plural
1 present indicative		8 present perfect	
cancèllo	cancelliamo	ho cancellato	abbiamo cancellato
cancèlli	cancellate	hai cancellato	avete cancellato
cancèlla	cancèllano	ha cancellato	hanno cancellato
2 imperfect indicative		9 past perfect	
cancellavo	cancellavamo	avevo cancellato	avevamo cancellato
cancellavi	cancellavate	avevi cancellato	avevate cancellato
cancellava	cancellàvano	aveva cancellato	avévano cancellato
3 past absolute		10 past anterior	
cancellai	cancellammo	èbbi cancellato	avemmo cancellato
cancellasti	cancellaste	avesti cancellato	aveste cancellato
cancellò	cancellàrono	èbbe cancellato	èbbero cancellato
4 future indicative		11 future perfect	
cancellerò	cancelleremo	avrò cancellato	avremo cancellato
cancellerai	cancellerete	avrai cancellato	avrete cancellato
cancellerà	cancelleranno	avrà cancellato	avranno cancellato
5 present conditional		12 past conditional	
cancellerèi	cancelleremmo	avrèi cancellato	avremmo cancellato
cancelleresti	cancellereste	avresti cancellato	avreste cancellato
cancellerèbbe	cancellerèbbero	avrèbbe cancellato	avrèbbero cancellato
6 present subjunctive		13 past subjunctive	
cancèlli	cancelliamo	àbbia cancellato	abbiamo cancellato
cancèlli	cancelliate	àbbia cancellato	abbiate cancellato
cancèlli	cancèllino	àbbia cancellato	àbbiano cancellato
7 imperfect subjunctive		14 past perfect subjunctive	
cancellassi	cancellàssimo	avessi cancellato	avéssimo cancellato
cancellassi	cancellaste	avessi cancellato	aveste cancellato
cancellasse	cancellàssero	avesse cancellato	avéssero cancellato

	imperative	
—		cancelliamo
cancèlla (non cancellare)		cancellate
cancèlli		cancèllino

---

cancellare un contratto   to cancel
  a contract

Lo cancellai dalla mia mente perchè
  era un fatto troppo doloroso.
I cancelled it from my mind because
  it was too painful.

capire

to understand

The Seven Simple Tenses		The Seven Compound Tenses	
Singular	Plural	Singular	Plural
1 present indicative		8 present perfect	
capisco	capiamo	ho capito	abbiamo capito
capisci	capite	hai capito	avete capito
capisce	capíscono	ha capito	hanno capito
2 imperfect indicative		9 past perfect	
capivo	capivamo	avevo capito	avevamo capito
capivi	capivate	avevi capito	avevate capito
capiva	capívano	aveva capito	avévano capito
3 past absolute		10 past anterior	
capii	capimmo	èbbi capito	avemmo capito
capisti	capiste	avesti capito	aveste capito
capí	capírono	èbbe capito	èbbero capito
4 future indicative		11 future perfect	
capirò	capiremo	avrò capito	avremo capito
capirai	capirete	avrai capito	avrete capito
capirà	capiranno	avrà capito	avranno capito
5 present conditional		12 past conditional	
capirèi	capiremmo	avrèi capito	avremmo capito
capiresti	capireste	avresti capito	avreste capito
capirèbbe	capirèbbero	avrèbbe capito	avrèbbero capito
6 present subjunctive		13 past subjunctive	
capisca	capiamo	àbbia capito	abbiamo capito
capisca	capiate	àbbia capito	abbiate capito
capisca	capíscano	àbbia capito	àbbiano capito
7 imperfect subjunctive		14 past perfect subjunctive	
capissi	capíssimo	avessi capito	avéssimo capito
capissi	capiste	avessi capito	aveste capito
capisse	capíssero	avesse capito	avéssero capito

imperative

—	capiamo
capisci (non capire)	capite
capisca	capíscano

Loro capiscono cosa dico. They understand what I am saying.

Capisci l'italiano? Do you understand Italian?

cercare

Ger. cercando   Past Part. cercato

to look for, to seek

The Seven Simple Tenses		The Seven compound Tenses	
Singular	Plural	Singular	Plural
1 present indicative		8 present perfect	
cerco	cerchiamo	ho cercato	abbiamo cercato
cerchi	cercate	hai cercato	avete cercato
cerca	cércano	ha cercato	hanno cercato
2 imperfect indicative		9 past perfect	
cercavo	cercavamo	avevo cercato	avevamo cercato
cercavi	cercavate	avevi cercato	avevate cercato
cercava	cercàvano	aveva cercato	avévano cercato
3 past absolute		10 past anterior	
cercai	cercammo	èbbi cercato	avemmo cercato
cercasti	cercaste	avesti cercato	aveste cercato
cercò	cercàrono	èbbe cercato	èbbero cercato
4 future indicative		11 future perfect	
cercherò	cercheremo	avrò cercato	avremo cercato
cercherai	cercherete	avrai cercato	avrete cercato
cercherà	cercheranno	avrà cercato	avranno cercato
5 present conditional		12 past conditional	
cercherèi	cercheremmo	avrèi cercato	avremmo cercato
cercheresti	cerchereste	avresti cercato	avreste cercato
cercherèbbe	cercherèbbero	avrèbbe cercato	avrèbbero cercato
6 present subjunctive		13 past subjunctive	
cerchi	cerchiamo	àbbia cercato	abbiamo cercato
cerchi	cerchiate	àbbia cercato	abbiate cercato
cerchi	cérchino	àbbia cercato	àbbiano cercato
7 imperfect subjunctive		14 past perfect subjunctive	
cercassi	cercàssimo	avessi cercato	avéssimo cercato
cercassi	cercaste	avessi cercato	aveste cercato
cercasse	cercàssero	avesse cercato	avéssero cercato

	imperative
—	cerchiamo
cerca (non cercare)	cercate
cerchi	cérchino

Lui cerca una soluzione.   He is looking for a solution.

Lo cercai dappertutto.   I looked everywhere for him.

The Seven Simple Tenses		The Seven Compound Tenses	
Singular	Plural	Singular	Plural
1 present indicative		8 present perfect	
chiedo	chiediamo	ho chiesto	abbiamo chiesto
chiedi	chiedete	hai chiesto	avete chiesto
chiede	chiédono	ha chiesto	hanno chiesto
2 imperfect indicative		9 past perfect	
chiedevo	chiedevamo	avevo chiesto	avevamo chiesto
chiedevi	chiedevate	avevi chiesto	avevate chiesto
chiedeva	chiedévano	aveva chiesto	avévano chiesto
3 past absolute		10 past anterior	
chiesi	chiedemmo	èbbi chiesto	avemmo chiesto
chiedesti	chiedeste	avesti chiesto	aveste chiesto
chiese	chiésero	èbbe chiesto	èbbero chiesto
4 future indicative		11 future perfect	
chiederò	chiederemo	avrò chiesto	avremo chiesto
chiederai	chiederete	avrai chiesto	avrete chiesto
chiederà	chiederanno	avrà chiesto	avranno chiesto
5 present conditional		12 past conditional	
chiederèi	chiederemmo	avrèi chiesto	avremmo chiesto
chiederesti	chiedereste	avresti chiesto	avreste chiesto
chiederèbbe	chiederèbbero	avrèbbe chiesto	avrèbbero chiesto
6 present subjunctive		13 past subjunctive	
chieda	chiediamo	àbbia chiesto	abbiamo chiesto
chieda	chiediate	àbbia chiesto	abbiate chiesto
chieda	chiédano	àbbia chiesto	àbbiano chiesto
7 imperfect subjunctive		14 past perfect subjunctive	
chiedessi	chiedéssimo	avessi chiesto	avéssimo chiesto
chiedessi	chiedeste	avessi chiesto	aveste chiesto
chiedesse	chiedéssero	avesse chiesto	avéssero chiesto

imperative

—	chiediamo
chiedi (non chiédere)	chiedete
chieda	chiédano

Chiedigli che ora è. Ask him what time it is.   Mi chiese di andare con lui. He asked me to go with him.

chiúdere*

Ger. **chiudèndo**   Past Part. **chiuso**

to close, to shut

The Seven Simple Tenses		The Seven Compound Tenses	
Singular	Plural	Singular	Plural
1 present indicative		**8 present perfect**	
chiudo	chiudiamo	ho chiuso	abbiamo chiuso
chiudi	chiudete	hai chiuso	avete chiuso
chiude	chiúdono	ha chiuso	hanno chiuso
2 imperfect indicative		**9 past perfect**	
chiudevo	chiudevamo	avevo chiuso	avevamo chiuso
chiudevi	chiudevate	avevi chiuso	avevate chiuso
chiudeva	chiudévano	aveva chiuso	avévano chiuso
3 past absolute		**10 past anterior**	
chiusi	chiudemmo	èbbi chiuso	avemmo chiuso
chiudesti	chiudeste	avesti chiuso	aveste chiuso
chiuse	chiúsero	èbbe chiuso	èbbero chiuso
4 future indicative		**11 future perfect**	
chiuderò	chiuderemo	avrò chiuso	avremo chiuso
chiuderai	chiuderete	avrai chiuso	avrete chiuso
chiuderà	chiuderanno	avrà chiuso	avranno chiuso
5 present conditional		**12 past conditional**	
chiuderèi	chiuderemmo	avrèi chiuso	avremmo chiuso
chiuderesti	chiudereste	avresti chiuso	avreste chiuso
chiuderèbbe	chiuderèbbero	avrèbbe chiuso	avrèbbero chiuso
6 present subjunctive		**13 past subjunctive**	
chiuda	chiudiamo	àbbia chiuso	abbiamo chiuso
chiuda	chiudiate	àbbia chiuso	abbiate chiuso
chiuda	chiúdano	àbbia chiuso	àbbiano chiuso
7 imperfect subjunctive		**14 past perfect subjunctive**	
chiudessi	chiudéssimo	avessi chiuso	avéssimo chiuso
chiudessi	chiudeste	avessi chiuso	aveste chiuso
chiudesse	chiudéssero	avesse chiuso	avéssero chiuso

	imperative	
—		chiudiamo
chiudi (non chiúdere)		chiudete
chiuda		chiúdano

*Like **chiúdere** are **racchiúdere**, **rinchiúdere**, and **socchiúdere**.

Chiudi la porta! Ho paura dei ladri.
Close the door! I am afraid of thieves.

Lei chiude la porta quando esce.   She
closes the door when she goes out.

46

to gather, to pick, to catch

The Seven Simple Tenses		The Seven Compound Tenses	
Singular	Plural	Singular	Plural
1 present indicative		8 present perfect	
còlgo	cogliamo	ho còlto	abbiamo còlto
cògli	cogliete	hai còlto	avete còlto
còglie	còlgono	ha còlto	hanno còlto
2 imperfect indicative		9 past perfect	
coglievo	coglievamo	avevo còlto	avevamo còlto
coglievi	coglievate	avevi còlto	avevate còlto
coglieva	cogliévano	aveva còlto	avévano còlto
3 past absolute		10 past anterior	
còlsi	cogliemmo	èbbi còlto	avemmo còlto
cogliesti	coglieste	avesti còlto	aveste còlto
còlse	còlsero	èbbe còlto	èbbero còlto
4 future indicative		11 future perfect	
coglierò	coglieremo	avrò còlto	avremo còlto
coglierai	coglierete	avrai còlto	avrete còlto
coglierà	coglieranno	avrà còlto	avranno còlto
5 present conditional		12 past conditional	
coglierèi	coglieremmo	avrèi còlto	avremmo còlto
coglieresti	cogliereste	avresti còlto	avreste còlto
coglierèbbe	coglierèbbero	avrèbbe còlto	avrèbbero còlto
6 present subjunctive		13 past subjunctive	
còlga	cogliamo	àbbia còlto	abbiamo còlto
còlga	cogliate	àbbia còlto	abbiate còlto
còlga	còlgano	àbbia còlto	àbbiano còlto
7 imperfect subjunctive		14 past perfect subjunctive	
cogliessi	cogliéssimo	avessi còlto	avéssimo còlto
cogliessi	coglieste	avessi còlto	aveste còlto
cogliesse	cogliéssero	avesse còlto	avéssero còlto

imperative	
—	cogliamo
cògli (non cògliere)	cogliete
còlga	còlgano

* Like **cògliere** are **accògliere**, **raccògliere**, and **ricògliere**.

Voi cogliete ogni opportunità per mettervi in mostra. You pick every opportunity to show off.	Lo colsi sul fatto. I caught him red-handed.

cominciare*
Ger. cominciando   Past Part. cominciato

to begin, to start

The Seven Simple Tenses		The Seven Compound Tenses	
Singular	Plural	Singular	Plural
1 present indicative		8 present perfect	
comìncio	cominciamo	ho cominciato	abbiamo cominciato
comìnci	cominciate	hai cominciato	avete cominciato
comìncia	comìnciano	ha cominciato	hanno cominciato
2 imperfect indicative		9 past perfect	
cominciavo	cominciavamo	avevo cominciato	avevamo cominciato
cominciavi	cominciavate	avevi cominciato	avevate cominiciato
cominciava	cominciavano	aveva cominciato	avévano cominciato
3 past absolute		10 past anterior	
cominciai	cominciammo	èbbi cominciato	avemmo cominciato
cominciasti	cominciaste	avesti cominciato	aveste cominciato
cominciò	cominciàrono	èbbe cominciato	èbbero cominciato
4 future indicative		11 future perfect	
comincerò	cominceremo	avrò cominciato	avremo cominciato
comincerai	comincerete	avrai cominciato	avrete cominciato
comincerà	cominceranno	avrà cominciato	avranno cominciato
5 present conditional		12 past conditional	
comincerèi	cominceremmo	avrèi cominciato	avremmo cominciato
cominceresti	comincereste	avresti cominciato	aveste cominciato
comincerèbbe	comincerèbbero	avrèbbe cominciato	avrèbbero cominciato
6 present subjunctive		13 past subjunctive	
comìnci	cominciamo	àbbia cominciato	abbiamo cominciato
comìnci	cominciate	àbbia cominciato	abbiate cominciato
comìnci	comìncino	àbbia cominciato	àbbiano cominciato
7 imperfect subjunctive		14 past perfect subjunctive	
cominciassi	cominciàssimo	avessi cominciato	avéssimo cominciato
cominciassi	cominciaste	avessi cominciato	aveste cominciato
cominciasse	cominciàssero	avesse cominciato	avéssero cominciato

	imperative	
	—	cominciamo
	comìncia (non cominciare)	cominciate
	comìnci	comìncino

*The form **incominciare** is an alternative.

Comincia a piovere. It's starting to rain.	Chi ben comincia, è a metà dell'opera. Well begun is half done.

to appear, to cut a fine figure

The Seven Simple Tenses		The Seven Compound Tenses	
Singular	Plural	Singular	Plural
1 present indicative		8 present perfect	
compaio	compariamo	sono comparso	siamo comparsi
compari	comparite	sèi comparso	siète comparsi
compare	compàiono	è comparso	sono comparsi
(*Or regular:* comparisco, *etc.*)			
2 imperfect indicative		9 past perfect	
comparivo	comparivamo	èro comparso	eravamo comparsi
comparivi	comparivate	èri comparso	eravate comparsi
compariva	comparívano	èra comparso	èrano comparsi
3 past absolute		10 past anterior	
comparvi	comparimmo	fui comparso	fummo comparsi
comparisti	compariste	fosti comparso	foste comparsi
comparve	compàrvero	fu comparso	fúrono comparsi
(*Or regular:* comparii, *etc.*)			
4 future indicative			
comparirò	compariremo		
comparirai	comparirete	11 future perfect	
comparirà	compariranno	saró comparso	saremo comparsi
		sarai comparso	sarete comparsi
5 present conditional		sará comparso	saranno comparsi
comparirèi	compariremmo		
compariresti	comparireste	12 past conditional	
comparirèbbe	comparirèbbero	sarèi comparso	saremmo comparsi
		saresti comparso	sareste comparsi
6 present subjunctive		sarèbbe comparso	sarèbbero comparsi
compaia	compariamo		
compaia	compariate	13 past subjunctive	
compaia	compàiano	sia comparso	siamo comparsi
(*Or regular:* comparisca, *etc.*)		sia comparso	siate comparsi
		sia comparso	síano comparsi
7 imperfect subjunctive			
comparissi	comparíssimo		
comparissi	compariste	14 past perfect subjunctive	
comparisse	comparíssero	fossi comparso	fóssimo comparsi
		fossi comparso	foste comparsi
		fosse comparso	fóssero comparsi

imperative

	compariamo
compari (comparisci) (non comparire)	comparite
compaia (comparisca)	compàiano (comparíscano)

*Like **comparire** is **apparire**.

Lo fece per comparire gentile.	La nave comparve all'orizzonte.
He did it to appear kind.	The ship appeared on the horizon.

compiacere*

Ger. compiacèndo   Past Part. compiaciuto

to please

The Seven Simple Tenses		The Seven Compound Tenses	
Singular	Plural	Singular	Plural
1 present indicative		8 present perfect	
compiàccio	compiacciamo	ho compiaciuto	abbiamo compiaciuto
compiaci	compiacete	hai compiaciuto	avete compiaciuto
compiace	compiàcciono	ha compiaciuto	hanno compiaciuto
2 imperfect indicative			
compiacevo	compiacevamo	9 past perfect	
compiacevi	compiacevate	avevo compiaciuto	avevamo compiaciuto
compiaceva	compiacévano	avevi compiaciuto	avevate compiaciuto
		aveva compiaciuto	avévano compiaciuto
3 past absolute			
compiacqui	compiacemmo	10 past anterior	
compiacesti	compiaceste	èbbi compiaciuto	avemmo compiaciuto
compiacque	compiàcquero	avesti compiaciuto	aveste compiaciuto
		èbbe compiaciuto	èbbero compiaciuto
4 future indicative			
compiacerò	compiaceremo	11 future perfect	
compiacerai	compiacerete	avrò compiaciuto	avremo compiaciuto
compiacerà	compiaceranno	avrai compiaciuto	avrete compiaciuto
		avrà compiaciuto	avranno compiaciuto
5 present conditional			
compiacerèi	compiaceremmo	12 past conditional	
compiaceresti	compiacereste	avrèi compiaciuto	avremmo compiaciuto
compiacerèbbe	compiacerèbbero	avresti compiaciuto	avreste compiaciuto
		avrèbbe	avrèbbero
		compiaciuto	compiaciuto
6 present subjunctive			
compiàccia	compiacciamo	13 past subjunctive	
compiàccia	compiacciate	àbbia compiaciuto	abbiamo compiaciuto
compiàccia	compiàcciano	àbbia compiaciuto	abbiate compiaciuto
		àbbia compiaciuto	àbbiano compiaciuto
7 imperfect subjunctive			
compiacessi	compiacéssimo		
compiacessi	compiaceste		
compiacesse	compiacéssero	14 past perfect subjunctive	
		avessi compiaciuto	avéssimo compiaciuto
		avessi compiaciuto	aveste compiaciuto
		avesse compiaciuto	avéssero compiaciuto

	imperative
—	compiacciamo
compiaci (non compiacere)	compiacete
compiàccia	compiàcciano

*Compiacere is a compound of piacere.

Lui fa di tutto per compiacere al professore.	He does everything to please his professor.

comporre*

to compose

The Seven Simple Tenses		The Seven Compound Tenses	
Singular	Plural	Singular	Plural
1 present indicative		8 present perfect	
compongo	componiamo	ho composto	abbiamo composto
componi	componete	hai composto	avete composto
compone	compóngono	ha composto	hanno composto
2 imperfect indicative		9 past perfect	
componevo	componevamo	avevo composto	avevamo composto
componevi	componevate	avevi composto	avevate composto
componeva	componévano	aveva composto	avévano composto
3 past absolute		10 past anterior	
composi	componemmo	èbbi composto	avemmo composto
componesti	componeste	avesti composto	aveste composto
compose	compósero	èbbe composto	èbbero composto
4 future indicative		11 future perfect	
comporrò	comporremo	avrò composto	avremo composto
comporrai	comporrete	avrai composto	avrete composto
comporrà	comporranno	avrà composto	avranno composto
5 present conditional		12 past conditional	
comporrèi	comporremmo	avrèi composto	avremmo composto
comporresti	comporreste	avresti composto	aveste composto
comporrèbbe	comporrèbbero	avrèbbe composto	avrèbbero composto
6 present subjunctive		13 past subjunctive	
componga	componiamo	àbbia composto	abbiamo composto
componga	componiate	àbbia composto	abbiate composto
componga	compóngano	àbbia composto	àbbiano composto
7 imperfect subjunctive		14 past perfect subjunctive	
componessi	componéssimo	avessi composto	avéssimo composto
componessi	componeste	avessi composto	aveste composto
componesse	componéssero	avesse composto	avéssero composto

	imperative	
—		componiamo
componi (non comporre)		componete
componga		compóngano

*__Comporre__ is a compound of __porre__.

Io comporrò una sinfonia per lei.	Lui compose il numero corretto.
I will compose a symphony for her.	He dialed the right number.

comprare
Ger. comprando   Past Part. comprato

to buy

The Seven Simple Tenses		The Seven Compound Tenses	
Singular	Plural	Singular	Plural
1 present indicative		8 present perfect	
còmpro	compriamo	ho comprato	abbiamo comprato
còmpri	comprate	hai comprato	avete comprato
còmpra	còmprano	ha comprato	hanno comprato
2 imperfect indicative		9 past perfect	
compravo	compravamo	avevo comprato	avevamo comprato
compravi	compravate	avevi comprato	avevate comprato
comprava	compràvano	aveva comprato	avévano comprato
3 past absolute		10 past anterior	
comprai	comprammo	èbbi comprato	avemmo comprato
comprasti	compraste	avesti comprato	aveste comprato
comprò	compràrono	èbbe comprato	èbbero comprato
4 future indicative		11 future perfect	
comprerò	compreremo	avrò comprato	avremo comprato
comprerai	comprerete	avrai comprato	avrete comprato
comprerà	compreranno	avrà comprato	avranno comprato
5 present conditional		12 past conditional	
comprerei	compreremmo	avrèi comprato	avremmo comprato
compreresti	comprereste	avresti comprato	avreste comprato
comprerèbbe	comprerèbbero	avrèbbe comprato	avrèbbero comprato
6 present subjunctive		13 past subjunctive	
còmpri	compriamo	àbbia comprato	abbiamo comprato
còmpri	compriate	àbbia comprato	abbiate comprato
còmpri	còmprino	àbbia comprato	àbbiano comprato
7 imperfect subjunctive		14 past perfect subjunctive	
comprassi	compràssimo	avessi comprato	avéssimo comprato
comprassi	compraste	avessi comprato	aveste comprato
comprasse	compràssero	avesse comprato	avéssero comprato

imperative		
—		compriamo
	còmpra (non comprare)	comprate
	còmpri	còmprino

comprare a buon mercato   to buy
cheaply

Non ho comprato niente oggi.   I did
not buy anything today.

Ger. comprendèndo   Part. compreso   **comprèndere***

to understand, to comprehend

The Seven Simple Tenses		The Seven Compound Tenses	
Singular	Plural	Singular	Plural
1 present indicative		**8 present perfect**	
comprèndo	comprendiamo	ho compreso	abbiamo compreso
comprèndi	comprendete	hai compreso	avete compreso
comprènde	comprèndono	ha compreso	hanno compreso
2 imperfect indicative		**9 past perfect**	
comprendevo	comprendevamo	avevo compreso	avevamo compreso
comprendevi	comprendevate	avevi compreso	avevate compreso
comprendeva	comprendévano	aveva compreso	avévano compreso
3 past absolute		**10 past anterior**	
compresi	comprendemmo	èbbi compreso	avemmo compreso
comprendesti	comprendeste	avesti compreso	aveste compreso
comprese	comprésero	èbbe compreso	èbbero compreso
4 future indicative		**11 future perfect**	
comprenderò	comprenderemo	avrò compreso	avremo compreso
comprenderai	comprenderete	avrai compreso	avrete compreso
comprenderà	comprenderanno	avrà compreso	avranno compreso
5 present conditional		**12 past conditional**	
comprenderèi	comprenderemmo	avrèi compreso	avremmo compreso
comprenderesti	comprendereste	avresti compreso	avreste compreso
comprenderèbbe	comprenderèbbero	avrèbbe compreso	avrèbbero compreso
6 present subjunctive		**13 past subjunctive**	
comprènda	comprendiamo	àbbia compreso	abbiamo compreso
comprènda	comprendiate	àbbia compreso	abbiate compreso
comprènda	comprèndano	àbbia compreso	àbbiano compreso
7 imperfect subjunctive		**14 past perfect subjunctive**	
comprendessi	comprendéssimo	avessi compreso	avéssimo compreso
comprendessi	comprendeste	avessi compreso	aveste compreso
comprendesse	comprendéssero	avesse compreso	avéssero compreso

imperative

—	comprendiamo
comprèndi (non comprèndere)	comprendete
comprènda	comprèndano

*__Comprèndere__ is a compound of **prèndere**.

Noi non comprendiamo quel che il professore dice. We don't understand what the professor is saying.	Io comprendo il francese, non il russo. I understand French, not Russian.

55

concedere   Ger. concedendo   Past Part. concesso

to concede, to grant, to award

The Seven Simple Tenses		The Seven Compound Tenses	
Singular	Plural	Singular	Plural
1 present indicative		8 present perfect	
concedo	concediamo	ho concesso	abbiamo concesso
concedi	concedete	hai concesso	avete concesso
concede	concedono	ha concesso	hanno concesso
2 imperfect indicative		9 past perfect	
concedevo	concedevamo	avevo concesso	avevamo concesso
concedevi	concedevate	avevi concesso	avevate concesso
concedeva	concedévano	aveva concesso	avévano concesso
3 past absolute		10 past anterior	
concessi	concedemmo	èbbi concesso	avemmo concesso
concedesti	concedeste	avesti concesso	aveste concesso
concesse	concessero	èbbe concesso	èbbero concesso
4 future indicative		11 future perfect	
concederò	concederemo	avrò concesso	avremo concesso
concederai	concederete	avrai concesso	avrete concesso
concederà	concederanno	avrà concesso	avranno concesso
5 present conditional		12 past conditional	
concederèi	concederemmo	avrèi concesso	avremmo concesso
concederesti	concedereste	avreste concesso	avreste concesso
concederèbbe	concederèbbero	avrèbbe concesso	avrèbbero concesso
6 present subjunctive		13 past subjunctive	
conceda	concediamo	àbbia concesso	abbiamo concesso
conceda	concediate	àbbia concesso	abbiate concesso
conceda	concédano	àbbia concesso	àbbiano concesso
7 imperfect subjunctive		14 past perfect subjunctive	
concedessi	concedéssimo	avessi concesso	avéssimo concesso
concedessi	concedeste	avessi concesso	aveste concesso
concedesse	concedéssero	avesse concesso	avéssero concesso

imperative

—	concediamo
concedi (non concedere)	concedete
conceda	concédano

La banca gli concede un prestito.
  The bank grants him a loan.
	Gli fu concessa una borsa di studio
	  per andare in Italia. He was
	  awarded a scholarship to go to Italy.

56

Ger. concludèndo   Past Part. concluso   **conclúdere***

to conclude

The Seven Simple Tenses		The Seven Compound Tenses	
Singular	Plural	Singular	Plural
1 present indicative		8 present perfect	
concludo	concludiamo	ho concluso	abbiamo concluso
concludi	concludete	hai concluso	avete concluso
conclude	conclúdono	ha concluso	hanno concluso
2 imperfect indicative		9 past perfect	
concludevo	concludevamo	avevo concluso	avevamo concluso
concludevi	concludevate	avevi concluso	avevate concluso
concludeva	concludévano	aveva concluso	avévano concluso
3 past absolute		10 past anterior	
conclusi	concludemmo	èbbi concluso	avemmo concluso
concludesti	concludeste	avesti concluso	aveste concluso
concluse	conclúsero	èbbe concluso	èbbero concluso
4 future indicative		11 future perfect	
concluderò	concluderemo	avrò concluso	avremo concluso
concluderai	concluderete	avrai concluso	avrete concluso
concluderà	concluderanno	avrà concluso	avranno concluso
5 present conditional		12 past conditional	
concluderèi	concluderemmo	avrèi concluso	avremmo concluso
concluderesti	concludereste	avresti concluso	avreste concluso
concluderèbbe	concluderèbbero	avrèbbe concluso	avrèbbero concluso
6 present subjunctive		13 past subjunctive	
concluda	concludiamo	àbbia concluso	abbiamo concluso
concluda	concludiate	àbbia concluso	abbiate concluso
concluda	conclúdano	àbbia concluso	àbbiano concluso
7 imperfect subjunctive		14 past perfect subjunctive	
concludessi	concludéssimo	avessi concluso	avéssimo concluso
concludessi	concludeste	avessi concluso	aveste concluso
concludesse	concludéssero	avesse concluso	avéssero concluso

imperative

—	concludiamo
concludi (non conclúdere)	concludete
concluda	conclúdano

*Like **conclúdere** are **acclúdere** and **preclúdere**.

Noi concludiamo fra cinque minuti.   Nicola ha concluso un buon affare.
  We are concluding in five minutes.   Nick has concluded a good deal.

condurre*

Ger. conducèndo   Past Part. condotto

to lead, to drive

The Seven Simple Tenses		The Seven Compound Tenses	
Singular	Plural	Singular	Plural
1 present indicative		8 present perfect	
conduco	conduciamo	ho condotto	abbiamo condotto
conduci	conducete	hai condotto	avete condotto
conduce	condúcono	ha condotto	hanno condotto
2 imperfect indicative		9 past perfect	
conducevo	conducevamo	avevo condotto	avevamo condotto
conducevi	conducevate	avevi condotto	avevate condotto
conduceva	conducévano	aveva condotto	avévano condotto
3 past absolute		10 past anterior	
condussi	conducemmo	èbbi condotto	avemmo condotto
conducesti	conduceste	avesti condotto	aveste condotto
condusse	condússero	èbbe condotto	èbbero condotto
4 future indicative		11 future perfect	
condurrò	condurremo	avrò condotto	avremo condotto
condurrai	condurrete	avrai condotto	avrete condotto
condurrà	condurranno	avrà condotto	avranno condotto
5 present conditional		12 past conditional	
condurrèi	condurremmo	avrèi condotto	avremmo condotto
condurresti	condurreste	avresti condotto	avreste condotto
condurrèbbe	condurrèbbero	avrèbbe condotto	avrèbbero condotto
6 present subjunctive		13 past subjunctive	
conduca	conduciamo	àbbia condotto	abbiamo condotto
conduca	conduciate	àbbia condotto	abbiate condotto
conduca	condúcano	àbbia condotto	àbbiano condotto
7 imperfect subjunctive		14 past perfect subjunctive	
conducessi	conducéssimo	avessi condotto	avéssimo condotto
conducessi	conduceste	avessi condotto	aveste condotto
conducesse	conducéssero	avesse condotto	avéssero condotto

	imperative	
—		conduciamo
conduci (non condurre)		conducete
conduca		condúcano

* Like **condurre** are **addurre, dedurre, indurre, introdurre, produrre, ridurre, sedurre, tradurre,** etc.

Lei mi conduce per la mano. She leads me by the hand.	**Li condussi a teatro perchè avevano voglia di divertirsi.** I led them to the theater because they wanted to have fun.

The Seven Simple Tenses		The Seven Compound Tenses	
Singular	Plural	Singular	Plural
1 present indicative		8 present perfect	
confondo	confondiamo	ho confuso	abbiamo confuso
confondi	confondete	hai confuso	avete confuso
confonde	confóndono	ha confuso	hanno confuso
2 imperfect indicative		9 past perfect	
confondevo	confondevamo	avevo confuso	avevamo confuso
confondevi	confondevate	avevi confuso	avevate confuso
confondeva	confondévano	aveva confuso	avévano confuso
3 past absolute		10 past anterior	
confusi	confondemmo	èbbi confuso	avemmo confuso
confondesti	confondeste	avesti confuso	aveste confuso
confuse	confúsero	èbbe confuso	èbbero confuso
4 future indicative		11 future perfect	
confonderò	confonderemo	avrò confuso	avremo confuso
confonderai	confonderete	avrai confuso	avrete confuso
confonderà	confonderanno	avrà confuso	avranno confuso
5 present conditional		12 past conditional	
confonderèi	confonderemmo	avrèi confuso	avremmo confuso
confonderesti	confondereste	avresti confuso	avreste confuso
confonderèbbe	confonderèbbero	avrèbbe confuso	avrèbbero confuso
6 present subjunctive		13 past subjunctive	
confonda	confondiamo	àbbia confuso	abbiamo confuso
confonda	confondiate	àbbia confuso	abbiate confuso
confonda	confóndano	àbbia confuso	àbbiano confuso
7 imperfect subjunctive		14 past perfect subjunctive	
confondessi	confondéssimo	avessi confuso	avéssimo confuso
confondessi	confondeste	avessi confuso	aveste confuso
confondesse	confondéssero	avesse confuso	avéssero confuso

	imperative	
—		confondiamo
confondi (non confóndere)		confondete
confonda		confóndano

***Confóndere** is a compound of **fóndere**.

Loro si confondono facilmente.   Lui confuse tutte le mie carte.
  They are easily confused.   He mixed up all my papers.

conóscere*

Ger. conoscèndo

Past Part. conosciuto

to know, to meet (for the first time)

The Seven Simple Tenses		The Seven Compound Tenses	
Singular	Plural	Singular	Plural
1 present indicative		**8 present perfect**	
conosco	conosciamo	ho conosciuto	abbiamo conosciuto
conosci	conoscete	hai conosciuto	avete conosciuto
conosce	conóscono	ha conosciuto	hanno conosciuto
2 imperfect indicative		**9 past perfect**	
conoscevo	conoscevamo	avevo conosciuto	avevamo conosciuto
conoscevi	conoscevate	avevi conosciuto	avevate conosciuto
conosceva	conoscévano	aveva conosciuto	avévano conosciuto
3 past absolute		**10 past anterior**	
conobbi	conoscemmo	èbbi conosciuto	avemmo conosciuto
conoscesti	conosceste	avesti conosciuto	aveste conosciuto
conobbe	conóbbero	èbbe conosciuto	èbbero conosciuto
4 future indicative		**11 future perfect**	
conoscerò	conosceremo	avrò conosciuto	avremo conosciuto
conoscerai	conoscerete	avrai conosciuto	avrete conosciuto
conoscerà	conosceranno	avrà conosciuto	avranno conosciuto
5 present conditional		**12 past conditional**	
conoscerèi	conosceremmo	avrèi conosciuto	avremmo conosciuto
conosceresti	conoscereste	avresti conosciuto	avreste conosciuto
conoscerèbbe	conoscerèbbero	avrèbbe conosciuto	avrèbbero conosciuto
6 present subjunctive		**13 past subjunctive**	
conosca	conosciamo	àbbia conosciuto	abbiamo conosciuto
conosca	conosciate	àbbia conosciuto	abbiate conosciuto
conosca	conóscano	àbbia conosciuto	àbbiano conosciuto
7 imperfect subjunctive		**14 past perfect subjunctive**	
conoscessi	conoscéssimo	avessi conosciuto	avéssimo conosciuto
conoscessi	conosceste	avessi conosciuto	aveste conosciuto
conoscesse	conoscéssero	avesse conosciuto	avéssero conosciuto

imperative

—	conosciamo
conosci (non conóscere)	conoscete
conosca	conóscano

* Like **conóscere** is **riconóscere**.

Lui mi conosce. He knows me.

Li avevo conosciuti in una discoteca
di Rimini. I had met them in a disco
in Rimini.

The Seven Simple Tenses		The Seven Compound Tenses	
Singular	Plural	Singular	Plural
1 present indicative		8 present perfect	
consiste	**consistono**	**è consistito**	**sono consistiti**
2 imperfect indicative		9 past perfect	
consisteva	**consistevano**	**èra consistito**	**èrano consistiti**
3 past absolute		10 past anterior	
consisté	**consisterono**	**fu consistito**	**fúrono consistiti**
4 future indicative		11 future perfect	
consisterà	**consisteranno**	**sarà consistito**	**saranno consistiti**
5 present conditional		12 past conditional	
consisterèbbe	**consisterèbbero**	**sarèbbe consistito**	**sarèbbero consistiti**
6 present subjunctive		13 past subjunctive	
consista	**consistano**	**sia consistito**	**síano consistiti**
7 imperfect subjunctive		14 past perfect subjunctive	
consistesse	**consistéssero**	**fosse consistito**	**fóssero consistiti**
		imperative	
		(n/a)	

*Impersonal verb (see p. v).

Il libro consiste di tre storie. The book consists of three stories.	**L'appartamento consisteva in origine di due camere da letto, cucina, bagno e balcone.** The apartment originally consisted of two bedrooms, a kitchen, a bathroom, and a balcony.

contèndere*

Ger. contendèndo

Past Part. conteso

to contend, to dispute

The Seven Simple Tenses		The Seven Compound Tenses	
Singular	Plural	Singular	Plural
1 present indicative		8 present perfect	
contèndo	contendiamo	ho conteso	abbiamo conteso
contèndi	contendete	hai conteso	avete conteso
contènde	contèndono	ha conteso	hanno conteso
2 imperfect indicative		9 past perfect	
contendevo	contendevamo	avevo conteso	avevamo conteso
contendevi	contendevate	avevi conteso	avevate conteso
contendeva	contendévano	aveva conteso	avévano conteso
3 past absolute		10 past anterior	
contesi	contendemmo	èbbi conteso	avemmo conteso
contendesti	contendeste	avesti conteso	aveste conteso
contese	contésero	èbbe conteso	èbbero conteso
4 future indicative		11 future perfect	
contenderò	contenderemo	avrò conteso	avremo conteso
contenderai	contenderete	avrai conteso	avrete conteso
contenderà	contenderanno	avrà conteso	avranno conteso
5 present conditional		12 past conditional	
contenderèi	contenderemmo	avrèi conteso	avremmo conteso
contenderesti	contendereste	avresti conteso	avreste conteso
contenderèbbe	contenderèbbero	avrèbbe conteso	avrèbbero conteso
6 present subjunctive		13 past subjunctive	
contènda	contendiamo	àbbia conteso	abbiamo conteso
contènda	contendiate	àbbia conteso	abbiate conteso
contènda	contèndano	àbbia conteso	àbbiano conteso
7 imperfect subjunctive		14 past perfect subjunctive	
contendessi	contendéssimo	avessi conteso	avéssimo conteso
contendessi	contendeste	avessi conteso	aveste conteso
contendesse	contendéssero	avesse conteso	avéssero conteso

	imperative	
—		contendiamo
contèndi (non contèndere)		contendete
contènda		contèndano

*Like **contèndere** are **pretèndere** and **stèndere**.

Lui contende i risultati. He disputes the results.	Lei deve contendere con me ogni giorno. She has to contend with me every day.

contenere*

to contain

The Seven Simple Tenses		The Seven Compound Tenses	
Singular	Plural	Singular	Plural
1 present indicative		**8 present perfect**	
contèngo	conteniamo	ho contenuto	abbiamo contenuto
contièni	contenete	hai contenuto	avete contenuto
contiène	contèngono	ha contenuto	hanno contenuto
2 imperfect indicative		**9 past perfect**	
contenevo	contenevamo	avevo contenuto	avevamo contenuto
contenevi	contenevate	avevi contenuto	avevate contenuto
conteneva	contenévano	aveva contenuto	avévano contenuto
3 past absolute		**10 past anterior**	
contenni	contenemmo	èbbi contenuto	avemmo contenuto
contenesti	conteneste	avesti contenuto	aveste contenuto
contenne	conténnero	èbbe contenuto	èbbero contenuto
4 future indicative		**11 future perfect**	
conterrò	conterremo	avrò contenuto	avremo contenuto
conterrai	conterrete	avrai contenuto	avrete contenuto
conterrà	conterranno	avrà contenuto	avranno contenuto
5 present conditional		**12 past conditional**	
conterrèi	conterremmo	avrèi contenuto	avremmo contenuto
conterresti	conterreste	avresti contenuto	avreste contenuto
conterrèbbe	conterrèbbero	avrèbbe contenuto	avrèbbero contenuto
6 present subjunctive		**13 past subjunctive**	
contènga	conteniamo	àbbia contenuto	abbiamo contenuto
contènga	conteniate	àbbia contenuto	abbiate contenuto
contènga	contèngano	àbbia contenuto	àbbiano contenuto
7 imperfect subjunctive		**14 past perfect subjunctive**	
contenessi	contenéssimo	avessi contenuto	avéssimo contenuto
contenessi	conteneste	avressi contenuto	aveste contenuto
contenesse	contenéssero	avesse contenuto	avéssero contenuto

	imperative	
—		conteniamo
contièni (non contenere)		contenete
contènga		contèngano

*****Contenere** is a compound of **tenere**.

Il libro contiene più di trecento pagine. The book contains more than three hundred pages.	Che contiene quella bottiglia? What does that bottle contain?

contraddire*

Ger. **contraddicendo**   Past Part. **contraddetto**

to contradict

The Seven Simple Tenses		The Seven Compound Tenses	
Singular	Plural	Singular	Plural
1 present indicative		8 present perfect	
contraddico	contraddiciamo	ho contraddetto	abbiamo contraddetto
contraddici	contraddite	hai contraddetto	avete contraddetto
contraddice	contraddicono	ha contraddetto	hanno contraddetto
2 imperfect indicative		9 past perfect	
contraddicevo	contraddicevamo	avevo contraddetto	avevamo contraddetto
contraddicevi	contraddicevate	avevi contraddetto	avevate contraddetto
contraddiceva	contraddicévano	aveva contraddetto	avévano contraddetto
3 past absolute		10 past anterior	
contraddissi	contraddicemmo	èbbi contraddetto	avemmo contraddetto
contraddicesti	contraddiceste	avesti contraddetto	aveste contraddetto
contraddisse	contraddissero	èbbe contraddetto	èbbero contraddetto
4 future indicative		11 future perfect	
contraddirò	contraddiremo	avrò contraddetto	avremo contraddetto
contraddirai	contraddirete	avrai contraddetto	avrete contraddetto
contraddirà	contraddiranno	avrà contraddetto	avranno contraddetto
5 present conditional		12 past conditional	
contraddirèi	contraddiremmo	avrei contraddetto	avremmo contraddetto
contraddiresti	contraddireste	avresti contraddetto	avreste contraddetto
contraddirèbbe	contraddirèbbero	avrèbbe contraddetto	avrèbbero contraddetto
6 present subjunctive		13 past subjunctive	
contraddica	contraddiciamo	àbbia contraddetto	abbiamo contraddetto
contraddica	contraddiciate	àbbia contraddetto	abbiate contradetto
contraddica	contraddicano	àbbia contraddetto	àbbiano contraddetto
7 imperfect subjunctive		14 past perfect subjunctive	
contraddicessi	contraddicéssimo	avessi contraddetto	avéssimo contraddetto
contraddicessi	contraddiceste	avessi contraddetto	aveste contraddetto
contraddicesse	contraddicéssero	avesse contraddetto	avéssero contraddetto

imperative	
—	contraddiciamo
contraddici (non contraddire)	contraddite
contraddica	contraddicano

***Contraddire** is a compound of **dire**.

Il professore non vuole essere
contraddetto.   The professor does
not wish to be contradicted.

to incur, to contract, to catch

The Seven Simple Tenses		The Seven Compound Tenses	
Singular	Plural	Singular	Plural
1 present indicative		8 present perfect	
contraggo	contraiamo	ho contratto	abbiamo contratto
contrai	contraete	hai contratto	avete contratto
contrae	contràggono	ha contratto	hanno contratto
2 imperfect indicative		9 past perfect	
contraevo	contraevamo	avevo contratto	avevamo contratto
contraevi	contraevate	avevi contratto	avevano contratto
contraeva	contraévano	aveva contratto	avévano contratto
3 past absolute		10 past anterior	
contrassi	contraemmo	èbbi contratto	avemmo contratto
contraesti	contraeste	aveste contratto	aveste contratto
contrasse	contàssero	èbbe contratto	èbbero contratto
4 future indicative		11 future perfect	
contrarrò	contrarremo	avrò contratto	avremo contratto
contrarrai	contrarrete	avrai contratto	avrete contratto
contrarrà	contrarranno	avrà contratto	avranno contratto
5 present conditional		12 past conditional	
contrarrèi	contrarremmo	avrèi contratto	avremmo contratto
contrarresti	contrarreste	avresti contratto	avreste contratto
contrarrèbbe	contrarrèbbero	avrèbbe contratto	avrèbbero contratto
6 present subjunctive		13 past subjunctive	
contragga	contraiamo	àbbia contratto	abbiamo contratto
contragga	contraiate	àbbia contratto	abbiate contratto
contragga	contràggano	àbbia contratto	àbbiano contratto
7 imperfect subjunctive		14 past perfect subjunctive	
contraessi	contraéssimo	avessi contratto	avéssimo contratto
contraessi	contraeste	avessi contratto	aveste contratto
contraesse	contraéssero	avesse contratto	avéssero contratto

imperative	
—	contraiamo
contrai (non contrarre)	contraete
contragga	contràggano

*Contrarre is a compound of trarre.

Io ho contratto un raffreddore.	Abbiamo contratto dei debiti.
I contracted a cold.	We have incurred some debts.

convíncere* Ger. convincèndo Past Part. convinto

to convince

The Seven Simple Tenses		The Seven Compound Tenses	
Singular	Plural	Singular	Plural
1 present indicative		8 present perfect	
convinco	convinciamo	ho convinto	abbiamo convinto
convinci	convincete	hai convinto	avete convinto
convince	convíncono	ha convinto	hanno convinto
2 imperfect indicative		9 past perfect	
convincevo	convincevamo	avevo convinto	avevamo convinto
convincevi	convincevate	avevi convinto	avevate convinto
convinceva	convincévano	aveva convinto	avévano convinto
3 past absolute		10 past anterior	
convinsi	convincemmo	èbbi convinto	avemmo convinto
convincesti	convinceste	avesti convinto	aveste convinto
convinse	convínsero	èbbe convinto	èbbero convinto
4 future indicative		11 future perfect	
convincerò	convinceremo	avrò convinto	avremo convinto
convincerai	convincerete	avrai convinto	avrete convinto
convincerà	convinceranno	avrà convinto	avranno convinto
5 present conditional		12 past conditional	
convincerèi	convinceremmo	avrèi convinto	avremmo convinto
convinceresti	convincereste	avresti convinto	avreste convinto
convincerèbbe	convincerèbbero	avrèbbe convinto	avrèbbero convinto
6 present subjunctive		13 past subjunctive	
convinca	convinciamo	àbbia convinto	abbiamo convinto
convinca	convinciate	àbbia convinto	abbiate convinto
convinca	convíncano	àbbia convinto	àbbiano convinto
7 imperfect subjunctive		14 past perfect subjunctive	
convincessi	convincéssimo	avessi convinto	avéssimo convinto
convincessi	convinceste	avessi convinto	aveste convinto
convincesse	convincéssero	avesse convinto	avéssero convinto

imperative	
—	convinciamo
convinci (non convíncere)	convincete
convinca	convíncano

*Convíncere is a compound of víncere.

Non mi convince affatto questo ristorante.   This restaurant doesn't convince me at all.

Non lo posso convincere di venire con noi.   I can't convince him to come with us.

coprire

to cover

The Seven Simple Tenses		The Seven Compound Tenses	
Singular	Plural	Singular	Plural
1 present indicative		**8 present perfect**	
còpro	copriamo	ho copèrto	abbiamo copèrto
còpri	coprite	hai copèrto	avete copèrto
còpre	còprono	ha copèrto	hanno copèrto
2 imperfect indicative		**9 past perfect**	
coprivo	coprivamo	avevo copèrto	avevamo copèrto
coprivi	coprivate	avevi copèrto	avevate copèrto
copriva	coprívano	aveva copèrto	avévano copèrto
3 past absolute		**10 past anterior**	
copèrsi	coprimmo	èbbi copèrto	avemmo copèrto
copristi	copriste	avesti copèrto	aveste copèrto
copèrse	copèrsero	èbbe copèrto	èbbero copèrto
(Or regular: coprii, *etc.)*			
4 future indicative		**11 future perfect**	
coprirò	copriremo	avrò copèrto	avremo copèrto
coprirai	coprirete	avrai copèrto	avrete copèrto
coprirà	copriranno	avrà copèrto	avranno copèrto
5 present conditional		**12 past conditional**	
coprirèi	copriremmo	avrèi copèrto	avremmo copèrto
copriresti	coprireste	avresti copèrto	avreste copèrto
coprirèbbe	coprirèbbero	avrèbbe copèrto	avrèbbero copèrto
6 present subjunctive		**13 past subjunctive**	
còpra	copriamo	àbbia copèrto	abbiamo copèrto
còpra	copriate	àbbia copèrto	abbiate copèrto
còpra	còprano	àbbia copèrto	àbbiano copèrto
7 imperfect subjunctive		**14 past perfect subjunctive**	
coprissi	copríssimo	avessi copèrto	avéssimo copèrto
coprissi	copriste	avessi copèrto	aveste copèrto
coprisse	copríssero	avesse copèrto	avéssero copèrto

	imperative	
—		copriamo
còpri (non coprire)		coprite
còpra		còprano

Lui copre la scatola.	He covers the box.	I mobili sono coperti.	The furniture is covered.

corrèggere*

Ger. correggèndo   Past Part. corrètto

to correct

The Seven Simple Tenses		The Seven Compound Tenses	
Singular	Plural	Singular	Plural
1 present indicative		8 present perfect	
corrèggo	correggiamo	ho corrètto	abbiamo corrètto
corrèggi	correggete	hai corrètto	avete corrètto
corrègge	corrèggono	ha corrètto	hanno corrètto
2 imperfect indicative		9 past perfect	
correggevo	correggevamo	avevo corrètto	avevamo corrètto
correggevi	correggevate	avevi corrètto	avevate corrètto
correggeva	correggévano	aveva corrètto	avévano corrètto
3 past absolute		10 past anterior	
corrèssi	correggemmo	èbbi corrètto	avemmo corrètto
correggesti	correggeste	avesti corrètto	aveste corrètto
corrèsse	corrèssero	èbbe corrètto	èbbero corrètto
4 future indicative		11 future perfect	
correggerò	correggeremo	avrò corrètto	avremo corrètto
correggerai	correggerete	avrai corrètto	avrete corrètto
correggerà	correggeranno	avrà corrètto	avranno corrètto
5 present conditional		12 past conditional	
correggerèi	correggeremmo	avrèi corrètto	avremmo corrètto
correggeresti	correggereste	avresti corrètto	avreste corrètto
correggerèbbe	correggerèbbero	avrèbbe corrètto	avrèbbero corrètto
6 present subjunctive		13 past subjunctive	
corrègga	correggiamo	àbbia corrètto	abbiamo corrètto
corrègga	correggiate	àbbia corrètto	abbiate corrètto
corrègga	corrèggano	àbbia corrètto	àbbiano corrètto
7 imperfect subjunctive		14 past perfect subjunctive	
correggessi	correggéssimo	avessi corrètto	avéssimo corrètto
correggessi	correggeste	avessi corrètto	aveste corrètto
correggesse	correggéssero	avesse corrètto	avéssero corrètto

	imperative	
	—	correggiamo
	corrèggi (non corrèggere)	correggete
	corrègga	corrèggano

*Corrèggere is a compound of règgere.

La maestra corregge gli esami.	Ho corrètto la sua pronunzia.
The teacher corrects the exams.	I corrected his pronunciation.

The Seven Simple Tenses		The Seven Compound Tenses	
Singular	Plural	Singular	Plural
1 present indicative		**8 present perfect**	
corro	corriamo	ho corso	abbiamo corso
corri	correte	hai corso	avete corso
corre	córrono	ha corso	hanno corso
2 imperfect indicative		**9 past perfect**	
correvo	correvamo	avevo corso	avevamo corso
correvi	correvate	avevi corso	avevate corso
correva	corrévano	aveva corso	avévano corso
3 past absolute		**10 past anterior**	
corsi	corremmo	èbbi corso	avemmo corso
corresti	correste	avesti corso	aveste corso
corse	córsero	èbbe corso	èbbero corso
4 future indicative		**11 future perfect**	
correrò	correremo	avrò corso	avremo corso
correrai	correrete	avrai corso	avrete corso
correrà	correranno	avrà corso	avranno corso
5 present conditional		**12 past conditional**	
correrèi	correremmo	avrèi corso	avremmo corso
correresti	correreste	avresti corso	avreste corso
correrèbbe	correrèbbero	avrèbbe corso	avrèbbero corso
6 present subjunctive		**13 past subjunctive**	
corra	corriamo	àbbia corso	abbiamo corso
corra	corriate	àbbia corso	abbiate corso
corra	córrano	àbbia corso	àbbiano corso
7 imperfect subjunctive		**14 past perfect subjunctive**	
corressi	corréssimo	avessi corso	avéssimo corso
corressi	correste	avessi corso	aveste corso
corresse	corréssero	avesse corso	avéssero corso

imperative

—	corriamo
corri (non córrere)	correte
corra	córrano

*Sometimes conjugated with **èssere**. See introduction. Like **córrere** are **accórrere** (conj. with **èssere**), **concórrere**, **discórrere**, **occórrere** (conj. with **èssere**), **soccórrere**, etc.

Il ragazzo corre felice. The boy runs happily.	Pamela corre tutte le mattine per prendere la metropolitana. Pamela runs every morning to catch the subway.

corrispóndere* Ger. corrispondèndo   Past Part. corrispòsto

to correspond; to agree

The Seven Simple Tenses		The Seven Compound Tenses	
Singular	Plural	Singular	Plural
1 present indicative		**8 present perfect**	
corrispondo	corrispondiamo	ho corrispòsto	abbiamo
corrispondi	corrispondete		corrispòsto
corrisponde	corrispóndono	hai corrispòsto	avete corrispòsto
		ha corrispòsto	hanno corrispòsto
2 imperfect indicative		**9 past perfect**	
corrispondevo	corrispondevamo	avevo corrispòsto	avevamo
corrispondevi	corrispondevate		corrispòsto
corrispondeva	corrispondévano	avevi corrispòsto	avevate corrispòsto
		aveva corrispòsto	avévano corrispòsto
3 past absolute		**10 past anterior**	
corrisposi	corrispondemmo	èbbi corrispòsto	avemmo corrispòsto
corrispondesti	corrispondeste	avesti corrispòsto	aveste corrispòsto
corrispose	corrispósero	èbbe corrispòsto	èbbero corrispòsto
4 future indicative		**11 future perfect**	
corrisponderò	corrisponderemo	avrò corrispòsto	avremo corrispòsto
corrisponderai	corrisponderete	avrai corrispòsto	avrete corrispòsto
corrisponderà	corrisponderanno	avrà corrispòsto	avranno corrispòsto
5 present conditional		**12 past conditional**	
corrisponderèi	corrisponderemmo	avrèi corrispòsto	avremmo
corrisponderesti	corrispondereste		corrispòsto
corrisponderèbbe	corrisponderèbbero	avresti corrispòsto	aveste corrispòsto
		avrèbbe corrispòsto	avrèbbero
			corrispòsto
6 present subjunctive		**13 past subjunctive**	
corrisponda	corrispondiamo	àbbia corrispòsto	abbiamo corrispòsto
corrisponda	corrispondiate	àbbia corrispòsto	abbiate corrispòsto
corrisponda	corrispóndano	àbbia corrispòsto	àbbia corrispòsto
7 imperfect subjunctive		**14 past perfect subjunctive**	
corrispondessi	corrispondéssimo	avessi corrispòsto	avéssimo
corrispondessi	corrispondeste		corrispòsto
corrispondesse	corrispondéssero	avessi corrispòsto	aveste corrispòsto
		avesse corrispòsto	avéssero corrispòsto

imperative	
—	corrispondiamo
corrispondi (non corrispondere)	corrispondete
corrisponda	corrispóndano

*Corrispóndere is a compound of rispóndere.

Io corrispondo con il mio zio.
  I correspond with my uncle.

Queste cifre corrispondono.   These figures agree (tally).

The Seven Simple Tenses		The Seven Compound Tenses	
Singular	Plural	Singular	Plural
1 present indicative		8 present perfect	
corrompo	**corrompiamo**	**ho corrotto**	**abbiamo corrotto**
corrompi	**corrompete**	**hai corrotto**	**avete corrotto**
corrompe	**corrómpono**	**ha corrotto**	**hanno corrotto**
2 imperfect indicative		9 past perfect	
corrompevo	**corrompevamo**	**avevo corrotto**	**avevamo corrotto**
corrompevi	**corrompevate**	**avevi corrotto**	**avevate corrotto**
corrompeva	**corrompévano**	**aveva corrotto**	**avévano corrotto**
3 past absolute		10 past anterior	
corruppi	**corrompemmo**	**èbbi corrotto**	**avemmo corrotto**
corrompesti	**corrompeste**	**avesti corrotto**	**aveste corrotto**
corruppe	**corrúppero**	**èbbe corrotto**	**èbbero corrotto**
4 future indicative		11 future perfect	
corromperò	**corromperemo**	**avrò corrotto**	**avremo corrotto**
corromperai	**corromperete**	**avrai corrotto**	**avrete corrotto**
corromperà	**corromperanno**	**avrà corrotto**	**avranno corrotto**
5 present conditional		12 past conditional	
corromperèi	**corromperemmo**	**avrèi corrotto**	**avremmo corrotto**
corromperesti	**corrompereste**	**avresti corrotto**	**avreste corrotto**
corromperèbbe	**corromperèbbero**	**avrèbbe corrotto**	**avrèbbero corrotto**
6 present subjunctive		13 past subjunctive	
corrompa	**corrompiamo**	**àbbia corrotto**	**abbiamo corrotto**
corrompa	**corrompiate**	**àbbia corrotto**	**abbiate corrotto**
corrompa	**corrómpano**	**àbbia corrotto**	**àbbiano corrotto**
7 imperfect subjunctive		14 past perfect subjunctive	
corrompessi	**corrompéssimo**	**avessi corrotto**	**avéssimo corrotto**
corrompessi	**corrompeste**	**avessi corrotto**	**aveste corrotto**
corrompesse	**corrompéssero**	**avesse corrotto**	**avéssero corrotto**

imperative

—	**corrompiamo**
corrompi (non **corrómpere**)	**corrompete**
corrompa	**corrómpano**

***Corrómpere** is a compound of **rómpere**.

L'uomo è corrotto. The man is corrupt.	Si fa corrompere dal denaro. He allows himself to be corrupted by money.

costríngere*

Ger. costringèndo   Past Part. costretto

to force, to compel

The Seven Simple Tenses		The Seven Compound Tenses	
Singular	Plural	Singular	Plural
1 present indicative		**8 present perfect**	
costringo	costringiamo	ho costretto	abbiamo costretto
costringi	costringete	hai costretto	avete costretto
costringe	constríngono	ha costretto	hanno costretto
2 imperfect indicative		**9 past perfect**	
costringevo	costringevamo	avevo costretto	avevamo costretto
costringevi	costringevate	avevi costretto	avevate costretto
costringeva	costringévano	aveva costretto	avévano costretto
3 past absolute		**10 past anterior**	
costrinsi	costringemmo	èbbi costretto	avemmo costretto
costringesti	costringeste	avesti costretto	aveste costretto
costrinse	costrínsero	èbbe costretto	èbbero costretto
4 future indicative		**11 future perfect**	
costringerò	costringeremo	avrò costretto	avremo costretto
costringerai	costringerete	avrai costretto	avrete costretto
costringerà	costringeranno	avrà costretto	avranno costretto
5 present conditional		**12 past conditional**	
costringerèi	costringeremmo	avrèi costretto	avremmo costretto
costringeresti	costringereste	avresti costretto	avreste costretto
costringerèbbe	costringerèbbero	avrèbbe costretto	avrèbbero costretto
6 present subjunctive		**13 past subjunctive**	
costringa	costringiamo	àbbia costretto	abbiamo costretto
costringa	costringiate	àbbia costretto	abbiate costretto
costringa	costríngano	àbbia costretto	àbbiano costretto
7 imperfect subjunctive		**14 past perfect subjunctive**	
costringessi	costringéssimo	avessi costretto	avéssimo costretto
costringessi	costringeste	avessi costretto	aveste costretto
costringesse	costringéssero	avesse costretto	avéssero costretto

	imperative	
—		costringiamo
costringi (non costríngere)		costringete
costringa		costríngano

***Costríngere** is a compound of **stríngere**.

La necessità lo costringe a lavorare.	Io sono costretta a vivere in una città
Necessity forces him to work.	industriale. I am forced to live in an industrial town.

to build, to construct

The Seven Simple Tenses		The Seven Compound Tenses	
Singular	Plural	Singular	Plural
1 present indicative		8 present perfect	
costruisco	costruiamo	ho costruito	abbiamo costruito
costruisci	costruite	hai costruito	avete costruito
costruisce	costruíscono	ha costruito	hanno costruito
2 imperfect indicative		9 past perfect	
costruivo	costruivamo	avevo costruito	avevamo costruito
costruivi	costruivate	avevi costruito	avevate costruito
costruiva	costruívano	aveva costruito	avévano costruito
3 past absolute		10 past anterior	
costruii	costruimmo	èbbi costruito	avemmo costruito
costruisti	costruiste	avesti costruito	aveste costruito
costruí	costruírono	èbbe costruito	èbbero costruito
4 future indicative		11 future perfect	
costruirò	costruiremo	avrò costruito	avremo costruito
costruirai	costruirete	avrai costruito	avrete costruito
costruirà	costruiranno	avrà costruito	avranno costruito
5 present conditional		12 past conditional	
costruirèi	costruiremmo	avrèi costruito	avremmo costruito
costruiresti	costruireste	avresti costruito	avreste costruito
costruirèbbe	costruirèbbero	avrèbbe costruito	avrèbbero costruito
6 present subjunctive		13 past subjunctive	
costruisca	costruiamo	àbbia costruito	abbiamo costruito
costruisca	costruiate	àbbia costruito	abbiate costruito
costruisca	costruíscano	àbbia costruito	àbbiano costruito
7 imperfect subjunctive		14 past perfect subjunctive	
costruissi	costruíssimo	avessi costruito	avéssimo costruito
costruissi	costruiste	avessi costruito	aveste costruito
costruisse	costruíssero	avesse costruito	avéssero costruito

imperative	
—	costruiamo
costruisci (non costruire)	costruite
costruisca	costruíscano

Ha costruito una bella casa.	È il suo lavoro costruire case.
He/She built a beautiful house.	His work is to build houses.

credere

Ger. **credendo**   Past Part. **creduto**

to believe

The Seven Simple Tenses		The Seven Compound Tenses	
Singular	Plural	Singular	Plural
1 present indicative		8 present perfect	
crèdo	**crediamo**	**ho creduto**	**abbiamo creduto**
crèdi	**credete**	**hai creduto**	**avete creduto**
crède	**credono**	**ha creduto**	**hanno creduto**
2 imperfect indicative		9 past perfect	
credevo	**credevamo**	**avevo creduto**	**avevamo creduto**
credevi	**credevate**	**avevi creduto**	**avevate creduto**
credeva	**credevano**	**aveva creduto**	**avévano creduto**
3 past absolute		10 past anterior	
credèi (credetti)	**credemmo**	**èbbi creduto**	**avemmo creduto**
credesti	**credeste**	**avesti creduto**	**aveste creduto**
credè (credette)	**credèrono (credèttero)**	**èbbe creduto**	**èbbero creduto**
4 future indicative		11 future perfect	
crederò	**crederemo**	**avrò creduto**	**avremo creduto**
crederai	**crederete**	**avrai creduto**	**avrete creduto**
crederà	**crederànno**	**avrà creduto**	**avranno creduto**
5 present conditional		12 past conditional	
crederèi	**crederemmo**	**avrèi creduto**	**avremmo creduto**
crederesti	**credereste**	**avresti creduto**	**avreste creduto**
crederèbbe	**crederèbbero**	**avrèbbe creduto**	**avrèbbero creduto**
6 present subjunctive		13 past subjunctive	
creda	**crediamo**	**àbbia creduto**	**abbiamo creduto**
creda	**crediate**	**àbbia creduto**	**abbiate creduto**
creda	**credano**	**àbbia creduto**	**àbbiano creduto**
7 imperfect subjunctive		14 past perfect subjunctive	
credessi	**credèssimo**	**avessi creduto**	**avéssimo creduto**
credessi	**credeste**	**avessi creduto**	**aveste creduto**
credesse	**credèssero**	**avesse creduto**	**avéssero creduto**

imperative

—	**crediamo**
crèdi (non **credere**)	**credete**
crèda	**credano**

Non credo nella fortuna.   I don't
  believe in luck.
credere in Dio   to believe in God

credere ai fantasmi   to believe in
  ghosts

The Seven Simple Tenses		The Seven Compound Tenses	
Singular	Plural	Singular	Plural
1 present indicative		8 present perfect	
cresco	cresciamo	sono cresciuto	siamo cresciuti
cresci	crescete	sèi cresciuto	siète cresciuti
cresce	créscono	è cresciuto	sono cresciuti
2 imperfect indicative		9 past perfect	
crescevo	crescevamo	èro cresciuto	eravamo cresciuti
crescevi	crescevate	èri cresciuto	eravate cresciuti
cresceva	crescévano	èra cresciuto	èrano crsciuti
3 past absolute		10 past anterior	
crebbi	crescemmo	fui cresciuto	fummo cresciuti
crescesti	cresceste	fosti cresciuto	foste cresciuti
crebbe	crébbero	fu cresciuto	fúrono cresciuti
4 future indicative		11 future perfect	
crescerò	cresceremo	sarò cresciuto	saremo cresciuti
crescerai	crescerete	sarai cresciuto	sarete cresciuti
crescerà	cresceranno	sarà cresciuto	saranno cresciuti
5 present conditional		12 past conditional	
crescerèi	cresceremmo	sarèi cresciuto	saremmo cresciuti
cresceresti	crescereste	saresti cresciuto	sareste cresciuti
crescerèbbe	crescerèbbero	sarèbbe cresciuto	sarèbbero cresciuti
6 present subjunctive		13 past subjunctive	
cresca	cresciamo	sia cresciuto	siamo cresciuti
cresca	cresciate	sia cresciuto	siate cresciuti
cresca	créscano	sia cresciuto	síano cresciuti
7 imperfect subjunctive		14 past perfect subjunctive	
crescessi	crescéssimo	fossi cresciuto	fóssimo cresciuti
crescessi	cresceste	fossi cresciuto	foste cresciuti
crescesse	crescéssero	fosse cresciuto	fóssero cresciuti

imperative	
—	cresciamo
cresci (non créscere)	crescete
cresca	créscano

*Like **créscere** are **accréscere** (with **avere**), **decréscere**, and **rincréscere**.

Il bambino è cresciuto molto. The child has grown a lot.	**Il fiume cresceva.** The river was rising.

cucire

Ger. cucèndo   Past Part. cucito

to sew

The Seven Simple Tenses		The Seven Compound Tenses	
Singular	Plural	Singular	Plural
1 present indicative		8 present perfect	
cucio	cuciamo	ho cucito	abbiamo cucito
cuci	cucite	hai cucito	avete cucito
cuce	cúciono	ha cucito	hanno cucito
2 imperfect indicative		9 past perfect	
cucivo	cucivamo	avevo cucito	avevamo cucito
cucivi	cucivate	avevi cucito	avevate cucito
cuciva	cucívano	aveva cucito	avévano cucito
3 past absolute		10 past anterior	
cucii	cucimmo	èbbi cucito	avemmo cucito
cucisti	cuciste	avesti cucito	aveste cucito
cucì	cucírono	èbbe cucito	èbbero cucito
4 future indicative		11 future perfect	
cucirò	cuciremo	avrò cucito	avremo cucito
cucirai	cucirete	avrai cucito	avrete cucito
cucirà	cuciranno	avrà cucito	avranno cucito
5 present conditional		12 past conditional	
cucirèi	cuciremmo	avrèi cucito	avremmo cucito
cuciresti	cucireste	avresti cucito	avreste cucito
cucirèbbe	cucirèbbero	avrèbbe cucito	avrèbbero cucito
6 present subjunctive		13 past subjunctive	
cucia	cuciamo	àbbia cucito	abbiamo cucito
cucia	cuciate	àbbia cucito	abbiate cucito
cucia	cúciano	àbbia cucito	àbbiano cucito
7 imperfect subjunctive		14 past perfect subjunctive	
cucissi	cucíssimo	avessi cucito	avéssimo cucito
cucissi	cuciste	avessi cucito	aveste cucito
cucisse	cucíssero	avesse cucito	avéssero cucito

	imperative	
—		cuciamo
cuci (non cucire)		cucite
cucia		cúciano

Io cucio i miei vestiti.   I sew my own clothes.

Loro non sanno cucire.   They don't know how to sew.

to cook

The Seven Simple Tenses		The Seven Compound Tenses	
Singular	Plural	Singular	Plural
1 present indicative		8 present perfect	
cuòcio	cociamo (cuociamo)	ho còtto	abbiamo còtto
cuòci	cocete (cuocete)	hai còtto	avete còtto
cuòce	cuòciono (cuòcono)	ha còtto	hanno còtto
2 imperfect indicative		9 past perfect	
cocevo (cuocevo)	cocevamo (cuocevamo)	avevo còtto	avevamo còtto
cocevi (cuocevi)	cocevate (cuocevate)	avevi còtto	avevate còtto
coceva (cuoceva)	cocévano (cuocévano)	aveva còtto	avévano còtto
3 past absolute		10 past anterior	
còssi	cocemmo (cuocemmo)	èbbi còtto	avemmo còtto
cocesti (cuocesti)	coceste (cuoceste)	avesti còtto	aveste còtto
còsse	còssero	èbbe còtto	èbbero còtto
4 future indicative		11 future perfect	
cocerò (cuocerò)	coceremo (cuoceremo)	avrò còtto	avremo còtto
cocerai (cuocerai)	cocerete (cuocerete)	avrai còtto	avrete còtto
cocerà (cuocerà)	coceranno (cuoceranno)	avrà còtto	avranno còtto
5 present conditional		12 past conditional	
cocerèi (cuocerèi)	(cuoceremmo)	avrèi còtto	avremmo còtto
coceresti (cuoceresti)	cocereste (cuocereste)	avresti còtto	avreste còtto
cocerèbbe	cocerèbbero'	avrèbbe còtto	avrèbbero
coceremmo	(cuocerèbbero)		còtto
(cuocerèbbe)			
6 present subjunctive		13 past subjunctive	
cuòcia	cociamo	àbbia còtto	abbiamo còtto
cuòcia	cociate	àbbia còtto	abbiate còtto
cuòcia	cuòciano	àbbia còtto	àbbiano còtto
7 imperfect subjunctive		14 past perfect subjunctive	
cocessi (cuocessi)	cocéssimo (cuocéssimo)	avessi còtto	avéssimo còtto
cocessi (cuocessi)	coceste (cuoceste)	avessi còtto	aveste còtto
cocesse (cuocesse)	cocéssero (cuocéssero)	avesse còtto	avéssero còtto

	imperative	
—	cociamo (cuociamo)	
cuòci (non cuòcere)	cocete (cuocete)	
cuòcia (cuòca)	cuòciano (cuòcano)	

Io cuocio le uova ogni giorno. I cook eggs every day.	Ho cotto la pasta per dieci minuti. I cooked the pasta for ten minutes.

dare

Ger. **dando**   Past Part. **dato**

to give

The Seven Simple Tenses		The Seven Compound Tenses	
Singular	Plural	Singular	Plural
1 present indicative		8 present perfect	
do	diamo	ho dato	abbiamo dato
dai	date	hai dato	avete dato
dà	danno	ha dato	hanno dato
2 imperfect indicative		9 past perfect	
davo	davamo	avevo dato	avevamo dato
davi	davate	avevi dato	avevate dato
dava	dàvano	aveva dato	avévano dato
3 past absolute		10 past anterior	
dièdi (dètti)	demmo	èbbi dato	avemmo dato
desti	deste	avesti dato	aveste dato
dième (dètte)	dièdero (dèttero)	èbbe dato	èbbero dato
4 future indicative		11 future perfect	
darò	daremo	avrò dato	avremo dato
darai	darete	avrai dato	avrete dato
darà	daranno	avrà dato	avranno dato
5 present conditional		12 past conditional	
darèi	daremmo	avrèi dato	avremmo dato
daresti	dareste	avresti dato	avreste dato
darèbbe	darèbbero	avrèbbe dato	avrèbbero dato
6 present subjunctive		13 past subjunctive	
dia	diamo	àbbia dato	abbiamo dato
dia	diate	àbbia dato	abbiate dato
dia	díano	àbbia dato	àbbiano dato
7 imperfect subjunctive		14 past perfect subjunctive	
dessi	déssimo	avessi dato	avéssimo dato
dessi	deste	avessi dato	aveste dato
desse	déssero	avesse dato	avéssero dato

imperative

—	diamo
da' (non dare)	date
dia	díano

Paolo dà i soldi a Pietro.	Paul gives	Mi ha dato da mangiare.	He gave me
the money to Peter.		something to eat.	

decídere
to decide

The Seven Simple Tenses		The Seven Compound Tenses	
Singular	Plural	Singular	Plural
1 present indicative		8 present perfect	
decido	decidiamo	ho deciso	abbiamo deciso
decidi	decidete	hai deciso	avete deciso
decide	decídono	ha deciso	hanno deciso
2 imperfect indicative		9 past perfect	
decidevo	decidevamo	avevo deciso	avevamo deciso
decidevi	decidevate	avevi deciso	avevate deciso
decideva	decidévano	aveva deciso	avévano deciso
3 past absolute		10 past anterior	
decisi	decidemmo	èbbi deciso	avemmo deciso
decidesti	decideste	avesti deciso	aveste deciso
decise	decísero	èbbe deciso	èbbero deciso
4 future indicative		11 future perfect	
deciderò	decideremo	avrò deciso	avremo deciso
deciderai	deciderete	avrai deciso	avrete deciso
deciderà	decideranno	avrà deciso	avranno deciso
5 present conditional		12 past conditional	
deciderèi	decideremmo	avrèi deciso	avremmo deciso
decideresti	decidereste	avresti deciso	avreste deciso
deciderèbbe	deciderèbbero	avrèbbe deciso	avrèbbero deciso
6 present subjunctive		13 past subjunctive	
decida	decidiamo	àbbia deciso	abbiamo deciso
decida	decidiate	àbbia deciso	abbiate deciso
decida	decídano	àbbia deciso	àbbiano deciso
7 imperfect subjunctive		14 past perfect subjunctive	
decidessi	decidéssimo	avessi deciso	avéssimo deciso
decidessi	decideste	avessi deciso	aveste deciso
decidesse	decidéssero	avesse deciso	avéssero deciso

	imperative	
—		decidiamo
decidi (non decídere)		decidete
decida		decídano

Lui deve decidere cosa vuole fare.   Lei decise di fare un viaggio.
  He has to decide what he wants to do.   She decided to take a trip.

descrívere*

Ger. descrivèndo   Past Part. descritto

to describe

The Seven Simple Tenses		The Seven Compound Tenses	
Singular	Plural	Singular	Plural
1 present indicative		8 present perfect	
descrivo	descriviamo	ho descritto	abbiamo descritto
descrivi	descrivete	hai descritto	avete descritto
descrive	descrívono	ha descritto	hanno descritto
2 imperfect indicative		9 past perfect	
descrivevo	descrivevamo	avevo descritto	avevamo descritto
descrivevi	descrivevate	avevi descritto	avevate descritto
descriveva	descrivévano	aveva descritto	avévano descritto
3 past absolute		10 past anterior	
descrissi	descrivemmo	èbbi descritto	avemmo descritto
descrivesti	descriveste	avesti descritto	aveste descritto
descrisse	descríssero	èbbe descritto	èbbero descritto
4 future indicative		11 future perfect	
descriverò	descriveremo	avrò descritto	avremo descritto
descriverai	descriverete	avrai descritto	avrete descritto
descriverà	descriveranno	avrà descritto	avranno descritto
5 present conditional		12 past conditional	
descriverèi	descriveremmo	avrèi descritto	avremmo descritto
descriveresti	descrivereste	avresti descritto	avreste descritto
descriverèbbe	descriverèbbero	avrèbbe descritto	avrèbbero descritto
6 present subjunctive		13 past subjunctive	
descriva	descriviamo	àbbia descritto	abbiamo descritto
descriva	descriviate	àbbia descritto	abbiate descritto
descriva	descrívano	àbbia descritto	àbbiano descritto
7 imperfect subjunctive		14 past perfect subjunctive	
descrivessi	descrivéssimo	avessi descritto	avéssimo descritto
descrivessi	descriveste	avessi descritto	aveste descritto
descrivesse	descrivéssero	avesse descritto	avéssero descritto

imperative	
—	descriviamo
descrivi (non descrívere)	descrivete
descriva	descrívano

*Descrívere is a compound of scrívere.

Lui ha descritto bene la situazione.
   He described the situation well.

Lo scrittore descrive il palazzo molto
   bene.   The writer describes the
   building very well.

to wish, to want, to desire

The Seven Simple Tenses		The Seven Compound Tenses	
Singular	Plural	Singular	Plural
1 present indicative		8 present perfect	
desìdero	desideriamo	ho desiderato	abbiamo desiderato
desìderi	desiderate	hai desiderato	avete desiderato
desìdera	desìderano	ha desiderato	hanno desiderato
2 imperfect indicative		9 past perfect	
desideravo	desideravamo	avevo desiderato	avevamo desiderato
desideravi	desideravate	avevi desiderato	avevate desiderato
desiderava	desideràvano	aveva desiderato	avévano desiderato
3 past absolute		10 past anterior	
desiderai	desiderammo	èbbi desiderato	avemmo desiderato
desiderasti	desideraste	avesti desiderato	aveste desiderato
desiderò	desiderarono	èbbe desiderato	èbbero desiderato
4 future indicative		11 future perfect	
desidererò	desidereremo	avrò desiderato	avremo desiderato
desidererai	desidererete	avrai desiderato	avrete desiderato
desidererà	desidereranno	avrà desiderato	avranno desiderato
5 present conditional		12 past conditional	
desidererèi	desidereremmo	avrèi desiderato	avremmo desiderato
desidereresti	desiderereste	avresti desiderato	avreste desiderato
desidererèbbe	desidererèbbero	avrèbbe desiderato	avrèbbero desiderato
6 present subjunctive		13 past subjunctive	
desìderi	desideriamo	àbbia desiderato	abbiamo desiderato
desìderi	desideriate	àbbia desiderato	abbiate desiderato
desìderi	desìderino	àbbia desiderato	àbbiano desiderato
7 imperfect subjunctive		14 past perfect subjunctive	
desiderassi	desideràssimo	avessi desiderato	avéssimo desiderato
desiderassi	desideraste	avessi desiderato	aveste desiderato
desiderasse	desideràssero	avesse desiderato	avéssero desiderato

imperative	
—	desideriamo
desìdera (non desiderare)	desiderate
desìderi	desìderino

Desidero un bicchiere d'acqua.	Desidera aspettare? Do you wish
I want a glass of water.	to wait?

difèndere*
Ger. difendèndo — Past Part. difeso

to defend, to guard against

The Seven Simple Tenses		The Seven Compound Tenses	
Singular	Plural	Singular	Plural
1 present indicative		8 present perfect	
difèndo	difendiamo	ho difeso	abbiamo difeso
difèndi	difendete	hai difeso	avete difeso
difènde	difèndono	ha difeso	hanno difeso
2 imperfect indicative		9 past perfect	
difendevo	difendevamo	avevo difeso	avevamo difeso
difendevi	difendevate	avevi difeso	avevate difeso
difendeva	difendévano	aveva difeso	avévano difeso
3 past absolute		10 past anterior	
difesi	difendemmo	èbbi difeso	avemmo difeso
difendesti	difendeste	avesti difeso	aveste difeso
difese	difèsero	èbbe difeso	èbbero difeso
4 future indicative		11 future perfect	
difenderò	difenderemo	avrò difeso	avremo difeso
difenderai	difenderete	avrai difeso	avrete difeso
difenderà	difenderanno	avrà difeso	avranno difeso
5 present conditional		12 past conditional	
difenderèi	difenderemmo	avrèi difeso	avremmo difeso
difenderesti	difendereste	avresti difeso	avreste difeso
difenderèbbe	difenderèbbero	avrèbbe difeso	avrèbbero difeso
6 present subjunctive		13 past subjunctive	
difènda	difendiamo	àbbia difeso	abbiamo difeso
difènda	difendiate	àbbia difeso	abbiate difeso
difènda	difèndano	àbbia difeso	àbbiano difeso
7 imperfect subjunctive		14 past perfect subjunctive	
difendessi	difendéssimo	avessi difeso	avéssimo difeso
difendessi	difendeste	avessi difeso	aveste difeso
difendesse	difendéssero	avesse difeso	avéssero difeso

imperative	
—	difendiamo
difèndi (non difèndere)	difendete
difènda	difèndano

*Like **difèndere** is **offèndere**.

La ragazza difende sempre le sue amiche. The girl always defends her friends.	Lui ha sempre difeso la vittime. He has always defended victims.

to diffuse, to spread

The Seven Simple Tenses		The Seven Compound Tenses	
Singular	Plural	Singular	Plural
1 present indicative		8 present perfect	
diffondo	**diffondiamo**	**ho diffuso**	**abbiamo diffuso**
diffondi	**diffondete**	**hai diffuso**	**avete diffuso**
diffonde	**diffóndono**	**ha diffuso**	**hanno diffuso**
2 imperfect indicative		9 past perfect	
diffondevo	**diffondevamo**	**avevo diffuso**	**avevamo diffuso**
diffondevi	**diffondevate**	**avevi diffuso**	**avevate diffuso**
diffondeva	**diffondévano**	**aveva diffuso**	**avévano diffuso**
3 past absolute		10 past anterior	
diffusi	**diffondemmo**	**èbbi diffuso**	**avemmo diffuso**
diffondesti	**diffondeste**	**avesti diffuso**	**aveste diffuso**
diffuse	**diffúsero**	**èbbe diffuso**	**èbbero diffuso**
4 future indicative		11 future perfect	
diffonderò	**diffonderemo**	**avrò diffuso**	**avremo diffuso**
diffonderai	**diffonderete**	**avrai diffuso**	**avrete diffuso**
diffonderà	**diffonderanno**	**avrà diffuso**	**avranno diffuso**
5 present conditional		12 past conditional	
diffonderèi	**diffonderemmo**	**avrèi diffuso**	**avremmo diffuso**
diffonderesti	**diffondereste**	**avresti diffuso**	**avreste diffuso**
diffonderèbbe	**diffonderèbbero**	**avrèbbe diffuso**	**avrèbbero diffuso**
6 present subjunctive		13 past subjunctive	
diffonda	**diffondiamo**	**àbbia diffuso**	**abbiamo diffuso**
diffonda	**diffondiate**	**àbbia diffuso**	**abbiate diffuso**
diffonda	**diffóndano**	**àbbia diffuso**	**àbbiano diffuso**
7 imperfect subjunctive		14 past perfect subjunctive	
diffondessi	**diffondéssimo**	**avessi diffuso**	**avéssimo diffuso**
diffondessi	**diffondeste**	**avessi diffuso**	**aveste diffuso**
diffondesse	**diffondéssero**	**avesse diffuso**	**avéssero diffuso**

imperative

—	**diffondiamo**
diffondi (non **diffóndere**)	**diffondete**
diffonda	**diffóndano**

*Like **diffóndere** is **confóndere**.

Lei diffonde bugie. She spreads lies.	**Internet diffonde spesso informazioni erronee.** The Internet often spreads erroneous information.

dimenticare*

Ger. **dimenticando**   Past Part. **dimenticato**

to forget

The Seven Simple Tenses		The Seven Compound Tenses	
Singular	Plurall	Singular	Plural
1 present indicative		8 present perfect	
dimèntico	dimentichiamo	ho dimenticato	abbiamo dimenticato
dimèntichi	dimenticate	hai dimenticato	avete dimenticato
dimèntica	dimenticano	ha dimenticato	hanno dimenticato
2 imperfect indicative		9 past perfect	
dimenticavo	dimenticavamo	avevo dimenticato	avevamo dimenticato
dimenticavi	dimenticavate	avevi dimenticato	avevate dimenticato
dimenticava	dimenticavano	aveva dimenticato	avévano dimenticato
3 past absolute		10 past anterior	
dimenticai	dimenticammo	èbbi dimenticato	avemmo dimenticato
dimenticasti	dimenticaste	avesti dimenticato	aveste dimenticato
dimenticò	dimenticarono	èbbe dimenticato	èbbero dimenticato
4 future indicative		11 future perfect	
dimenticherò	dimenticheremo	avrò dimenticato	avremo dimenticato
dimenticherai	dimenticherete	avrai dimenticato	avrete dimenticato
dimenticherà	dimenticheranno	avrà dimenticato	avranno dimenticato
5 present conditional		12 past conditional	
dimenticherèi	dimentiche-remmo	avrèi dimenticato	avremmo dimenticato
dimenti-cheresti	dimentichereste	avresti dimenticato	avreste dimenticato
dimenti-cherèbbe	dimentiche-rèbbero	avrèbbe dimenticato	avrèbbero dimenticato
6 present subjunctive		13 past subjunctive	
dimèntichi	dimentichiamo	àbbia dimenticato	abbiamo dimenticato
dimèntichi	dimentichiate	àbbia dimenticato	abbiate dimenticato
dimèntichi	dimèntichino	àbbia dimenticato	àbbiano dimenticato
7 imperfect subjunctive		14 past perfect subjunctive	
dimenticassi	dimenticàssimo	avessi dimenticato	avéssimo dimenticato
dimenticassi	dimenticaste	avessi dimenticato	aveste dimenticato
dimenticasse	dimenticàssero	avesse dimenticato	avéssero dimenticato

imperative	
—	dimentichiamo
dimènta (non dimenticare)	dimenticate
dimèntichi	dimèntichino

*The verb can also be used in the reflexive form: **dimenticarsi**.

Ieri ho dimenticato la borsa a casa. Yesterday I forgot my purse at home.	Non mi dimenticherò mai il mio primo bacio. I will never forget my first kiss.

to depend

The Seven Simple Tenses		The Seven Compound Tenses	
Singular	Plural	Singular	Plural
1 present indicative		**8 present perfect**	
dipèndo	dipendiamo	sono dipeso	siamo dipesi
dipèndi	dipendete	sèi dipeso	siète dipesi
dipènde	dipèndono	è dipeso	sono dipesi
2 imperfect indicative		**9 past perfect**	
dipendevo	dipednvamo	èro dipeso	eravamo dipesi
dipendevi	dipendevate	èri dipeso	eravate dipesi
dipendeva	dipendévano	èri dipeso	èrano dipesi
3 past absolute		**10 past anterior**	
dipesi	dipendemmo	fui dipeso	fummo dipesi
dipendesti	dipendeste	fosti dipeso	foste dipesi
dipese	dipésero	fu dipeso	fùrono dipesi
4 future indicative		**11 future perfect**	
dipenderò	dipenderemo	sarò dipeso	saremo dipesi
dipenderai	dipenderete	sarai dipeso	sarete dipesi
dipenderà	dipenderanno	sarà dipeso	saranno dipesi
5 present conditional		**12 past conditional**	
dipenderèi	dipenderemmo	sarèi dipeso	saremmo dipesi
dipenderesti	dipendereste	saresti dipeso	sareste dipesi
dipenderèbbe	dipenderèbbero	sarèbbe dipeso	sarèbbero dipesi
6 present subjunctive		**13 past subjunctive**	
dipènda	dipendiamo	sia dipeso	siamo dipesi
dipènda	dipendiate	sia dipeso	siate dipesi
dipènda	dipèndano	sia dipeso	siano dipesi
7 imperfect subjunctive		**14 past perfect subjunctive**	
dipendessi	dipendéssimo	fossi dipeso	fóssimo dipesi
dipendessi	dipendeste	fossi dipeso	foste dipesi
dipendesse	dipendéssero	fosse dipeso	fóssero dipesi

imperative		
—		dipendiamo
dipèndi (non dipèndere)		dipendete
dipènda		dipèndano

Dipende dalle circostanze. It depends on the circumstances.	**Il bambino dipende dalla madre.** The child depends on his mother.

85

dipíngere*

Ger. dipingèndo Past Part. dipinto

to paint, to depict

The Seven Simple Tenses		The Seven Compound Tenses	
Singular	Plural	Singular	Plural
1 present indicative		8 present perfect	
dipingo	dipingiamo	ho dipinto	abbiamo dipinto
dipingi	dipingete	hai dipinto	avete dipinto
dipinge	dipíngono	ha dipinto	hanno dipinto
2 imperfect indicative		9 past perfect	
dipingevo	dipingevamo	avevo dipinto	avevamo dipinto
dipingevi	dipingevate	avevi dipinto	avevate dipinto
dipingeva	dipingévano	aveva dipinto	avévano dipinto
3 past absolute		10 past anterior	
dipinsi	dipingemmo	èbbi dipinto	avemmo dipinto
dipingesti	dipingeste	avesti dipinto	aveste dipinto
dipinse	dipínsero	èbbe dipinto	èbbero dipinto
4 future indicative		11 future perfect	
dipingerò	dipingeremo	avrò dipinto	avremo dipinto
dipingerai	dipingerete	avrai dipinto	avrete dipinto
dipingerà	dipingeranno	avrà dipinto	avranno dipinto
5 present conditional		12 past conditional	
dipingerèi	dipingeremmo	avrèi dipinto	avremmo dipinto
dipingeresti	dipingereste	avresti dipinto	aveste dipinto
dipingerèbbe	dipingerèbbero	avrèbbe dipinto	avrèbbero dipinto
6 present subjunctive		13 past subjunctive	
dipinga	dipingiamo	àbbia dipinto	abbiamo dipinto
dipinga	dipingiate	àbbia dipinto	abbiate dipinto
dipinga	dipígano	àbbia dipinto	àbbiano dipinto
7 imperfect subjunctive		14 past perfect subjunctive	
dipingessi	dipingéssimo	avessi dipinto	avéssimo dipinto
dipingessi	dipingeste	avessi dipinto	aveste dipinto
dipingesse	dipingéssero	avesse dipinto	avéssero dipinto

	imperative	
—		dipingiamo
dipingi (non dipíngere)		dipingete
dipinga		dipíngano

*Like **dipíngere** are **fíngere**, **spíngere**, and **tíngere**.

Michelangelo ha dipinto *Il Giudizio Universale*. Michelangelo painted *The Last Judgment*.

Il ragazzo dipinge bene. The boy paints well.

to say, to tell

The Seven Simple Tenses		The Seven Compound Tenses	
Singular	Plural	Singular	Plural
1 present indicative		8 present perfect	
dico	diciamo	ho detto	abbiamo detto
dici	dite	hai detto	avete detto
dice	dícono	ha detto	hanno detto
2 imperfect indicative		9 past perfect	
dicevo	dicevamo	avevo detto	avevamo detto
dicevi	dicevate	avevi detto	avevate detto
diceva	dicévano	aveva detto	avévano detto
3 past absolute		10 past anterior	
dissi	dicemmo	èbbi detto	avemmo detto
dicesti	diceste	avesti detto	aveste detto
disse	díssero	èbbe detto	èbbero detto
4 future indicative		11 future perfect	
dirò	diremo	avrò detto	avremo detto
dirai	direte	avrai detto	avrete detto
dirà	diranno	avrà detto	avranno detto
5 present conditional		12 past conditional	
dirèi	diremmo	avrèi detto	avremmo detto
diresti	direste	avresti detto	avreste detto
dirèbbe	dirèbbero	avrèbbe detto	avrèbbero detto
6 present subjunctive		13 past subjunctive	
dica	diciamo	àbbia detto	abbiamo detto
dica	diciate	àbbia detto	abbiate detto
dica	dícano	àbbia detto	àbbiano detto
7 imperfect subjunctive		14 past perfect subjunctive	
dicessi	dicéssimo	avessi detto	avéssimo detto
dicessi	diceste	avessi detto	aveste detto
dicesse	dicéssero	avesse detto	avéssero detto

	imperative	
—		diciamo
	di' (non dire)	dite
	dica	dícano

*Like **dire** are **disdire**, **interdire**, **predire**, and **ridire**, except for **disdici**, etc., in the Imperative.

Che dice il docente?   What is the teacher saying?   **Che ti ho detto?**   What did I tell you?

dirígere

Ger. dirigèndo   Past Part. dirètto

to direct

The Seven Simple Tenses		The Seven Compound Tenses	
Singular	Plural	Singular	Plural
1 present indicative		8 present perfect	
dirigo	dirigiamo	ho dirètto	abbiamo dirètto
dirigi	dirigete	hai dirètto	avete dirètto
dirige	dirígono	ha dirètto	hanno dirètto
2 imperfect indicative		9 past perfect	
dirigevo	dirigevamo	avevo dirètto	avevamo dirètto
dirigevi	dirigevate	avevi dirètto	avevate dirètto
dirigeva	dirigévano	aveva dirètto	avévano dirètto
3 past absolute		10 past anterior	
dirèssi	dirigemmo	èbbi dirètto	avemmo dirètto
dirigesti	dirigeste	avesti dirètto	aveste dirètto
dirèsse	dirèssero	èbbe dirètto	èbbero dirètto
4 future indicative		11 future perfect	
dirigerò	dirigeremo	avrò dirètto	avremo dirètto
dirigerai	dirigerete	avrai dirètto	avrete dirètto
dirigerà	dirigeranno	avrà diretto	avranno dirètto
5 present conditional		12 past conditional	
dirigerèi	dirigeremmo	avrèi dirètto	avremmo dirètto
dirigeresti	dirigereste	avresti dirètto	avreste dirètto
dirigerèbbe	dirigerèbbero	avrèbbe dirètto	avrèbbero dirètto
6 present subjunctive		13 past subjunctive	
diriga	dirigiamo	àbbia dirètto	abbiamo dirètto
diriga	dirigiate	àbbia dirètto	abbiate dirètto
diriga	dirígano	àbbia dirètto	àbbiano dirètto
7 imperfect subjunctive		14 past perfect subjunctive	
dirigessi	dirigéssimo	avessi dirètto	avéssimo dirètto
dirigessi	dirigeste	avessi dirètto	aveste dirètto
dirigesse	dirigéssero	avesse dirètto	avéssero dirètto

	imperative	
—		dirigiamo
dirigi (non dirígere)		dirigete
diriga		dirígano

Il vigile dirige il traffico. The policeman directs the traffic.	Lui mi diresse verso la sua casa. He directed me toward his house.

to go down, to descend, to come down

The Seven Simple Tenses		The Seven Compound Tenses	
Singular	Plural	Singular	Plural
1 present indicative		8 present perfect	
discendo	discendiamo	sono disceso	siamo discesi
discendi	discendete	sèi disceso	siète discesi
discende	discéndono	è disceso	sono discesi
2 imperfect indicative		9 past perfect	
discendevo	discendevamo	èro disceso	eravamo discesi
discendevi	discendevate	èri disceso	eravate discesi
discendeva	discendévano	èra disceso	èrano discesi
3 past absolute		10 past anterior	
discesi	discendemmo	fui disceso	fummo discesi
discendesti	discendeste	fosti disceso	foste discesi
discese	discésero	fu disceso	fúrono discesi
4 future indicative		11 future perfect	
discenderò	discenderemo	sarò disceso	saremo discesi
discenderai	discenderete	sarai disceso	sarete discesi
discenderà	discenderanno	sarà disceso	saranno discesi
5 present conditional		12 past conditional	
discenderèi	discenderemmo	sarèi disceso	saremmo discesi
discenderesti	discendereste	saresti disceso	sareste discesi
discenderèbbe	discenderèbbero	sarèbbe disceso	sarèbbero discesi
6 present subjunctive		13 past subjunctive	
discenda	discendiamo	sia disceso	siamo discesi
discenda	discendiate	sia disceso	siate discesi
discenda	discéndano	sia disceso	síano discesi
7 imperfect subjunctive		14 past perfect subjunctive	
discendessi	discendéssimo	fossi disceso	fóssimo discesi
discendessi	discendeste	fossi disceso	foste discesi
discendesse	discendéssero	fosse disceso	fóssero discesi

imperative

	discendiamo
discendi (non discéndere)	discendete
discenda	discéndano

*Discéndere is a compound of scéndere.

Marco discese in fretta dal terzo piano. Mark descended hurriedly from the third floor.	Lei è discesa da una nobile famiglia. She comes from (is descended from) a noble family.

discórrere*

Ger. **discorrèndo**   Past Part. **discorso**

to talk, to chat

The Seven Simple Tenses		The Seven Compound Tenses	
Singular	Plural	Singular	Plural
1 present indicative		8 present perfect	
discorro	**discorriamo**	**ho discorso**	**abbiamo discorso**
discorri	**discorrete**	**hai discorso**	**avete discorso**
discorre	**discórrono**	**ha discorso**	**hanno discorso**
2 imperfect indicative		9 past perfect	
discorrevo	**discorrevamo**	**avevo discorso**	**avevamo discorso**
discorrevi	**discorrevate**	**avevi discorso**	**avevate discorso**
discorreva	**discorrévano**	**aveva discorso**	**avévano discorso**
3 past absolute		10 past anterior	
discorsi	**discorremmo**	**èbbi discorso**	**avemmo discorso**
discorresti	**discorreste**	**avesti discorso**	**aveste discorso**
discorse	**discórsero**	**èbbe discorso**	**èbbero discorso**
4 future indicative		11 future perfect	
discorrerò	**discorreremo**	**avrò discorso**	**avremo discorso**
discorrerai	**discorrerete**	**avrai discorso**	**avrete discorso**
discorrerà	**discorreranno**	**avrà discorso**	**avranno discorso**
5 present conditional		12 past conditional	
discorrerèi	**discorreremmo**	**avrèi discorso**	**avremmo discorso**
discorreresti	**discorrereste**	**avresti discorso**	**avreste discorso**
discorrerèbbe	**discorrerèbbero**	**avrèbbe discorso**	**avrèbbero discorso**
6 present subjunctive		13 past subjunctive	
discorra	**discorriamo**	**àbbia discorso**	**abbiamo discorso**
discorra	**discorriate**	**àbbia discorso**	**abbiate discorso**
discorra	**discórrano**	**àbbia discorso**	**àbbiano discorso**
7 imperfect subjunctive		14 past perfect subjunctive	
discorressi	**discorréssimo**	**avessi discorso**	**avéssimo discorso**
discorressi	**discorreste**	**avessi discorso**	**aveste discorso**
discorresse	**discorréssero**	**avesse discorso**	**avéssero discorso**

	imperative	
—		**discorriamo**
discorri (non **discórrere**)		**discorrete**
discorra		**discórrano**

Discórrere is conjugated like **córrere**.

A mia sorella piace discorrere molto.	Loro discorrono sempre di politica.
My sister likes to chat a lot.	They always talk about politics.

to dissolve, to separate

The Seven Simple Tenses		The Seven Compound Tenses	
Singular	Plural	Singular	Plural
1 present indicative		8 present perfect	
dissòlvo	dissolviamo	ho dissolto	abbiamo dissolto
dissòlvi	dissolvete	hai dissolto	avete dissolto
dissòlve	dissòlvono	ha dissolto	hanno dissolto
2 imperfect indicative		9 past perfect	
dissolvevo	dissolvevamo	avevo dissolto	avevamo dissolto
dissolvevi	dissolvevate	avevi dissolto	avevate dissolto
dissolveva	dissolvévano	aveva dissolto	avévano dissolto
3 past absolute		10 past anterior	
dissolsi	dissolvemmo	èbbi dissolto	avemmo dissolto
dissolvesti	dissolveste	avesti dissolto	aveste dissolto
dissolse	dissólsero	èbbe dissolto	èbbero dissolto
4 future indicative		11 future perfect	
dissolverò	dissolveremo	avrò dissolto	avremo dissolto
dissolverai	dissolverete	avrai dissolto	avrete dissolto
dissolverà	dissolveranno	avrà dissolto	avranno dissolto
5 present conditional		12 past conditional	
dissolverèi	dissolveremmo	avrèi dissolto	avremmo dissolto
dissolveresti	dissolvereste	avresti dissolto	avreste dissolto
dissolverèbbe	dissolverèbbero	avrèbbe dissolto	avrèbbero dissolto
6 present subjunctive		13 past subjunctive	
dissòlva	dissolviamo	àbbia dissolto	abbiamo dissolto
dissòlva	dissolviate	àbbia dissolto	abbiate dissolto
dissòlva	dissòlvano	àbbia dissolto	àbbiano dissolto
7 imperfect subjunctive		14 past perfect subjunctive	
dissolvessi	dissolvéssimo	avessi dissolto	avéssimo dissolto
dissolvessi	dissolveste	avessi dissolto	aveste dissolto
dissolvesse	dissolvéssero	avesse dissolto	avéssero dissolto

	imperative	
—		dissolviamo
dissòlvi (non dissolvere)		dissolvete
dissòlva		dissòlvano

*Like **dissólvere** is **risólvere**.

dissolvere un matrimonio to dissolve a marriage		**dissolvere un dubbio** to dispel a doubt	

discútere

Ger. **discutèndo** Past Part. **discusso**

to discuss

The Seven Simple Tenses		The Seven Compound Tenses	
Singular	Plural	Singular	Plural
1 present indicative		**8 present perfect**	
discuto	discutiamo	ho discusso	abbiamo discusso
discuti	discutete	hai discusso	avete discusso
discute	discútono	ha discusso	hanno discusso
2 imperfect indicative		**9 past perfect**	
discutevo	discutevamo	avevo discusso	avevamo discusso
discutevi	discutevate	avevi discusso	avevate discusso
discuteva	discutévano	aveva discusso	avévano discusso
3 past absolute		**10 past anterior**	
discussi	discutemmo	èbbi discusso	avemmo discusso
discutesti	discuteste	avesti discusso	aveste discusso
discusse	discússero	èbbe discusso	èbbero discusso
4 future indicative		**11 future perfect**	
discuterò	discuteremo	avrò discusso	avremo discusso
discuterai	discuterete	avrai discusso	avrete discusso
discuterà	discuteranno	avrà discusso	avranno discusso
5 present conditional		**12 past conditional**	
discuterèi	discuteremmo	avrèi discusso	avremmo discusso
discuteresti	discutereste	avresti discusso	aveste discusso
discuterèbbe	discuterèbbero	avrèbbe discusso	avrèbbero discusso
6 present subjunctive		**13 past subjunctive**	
discuta	discutiamo	àbbia discusso	abbiamo discusso
discuta	discutiate	àbbia discusso	abbiate discusso
discuta	discútano	àbbia discusso	àbbiano discusso
7 imperfect subjunctive		**14 past perfect subjunctive**	
discutessi	discutéssimo	avessi discusso	avéssimo discusso
discutessi	discuteste	avessi discusso	aveste discusso
discutesse	discutéssero	avesse discusso	avéssero discusso

	imperative	
—		discutiamo
discuti (non discútere)		discutete
discuta		discútano

Il ragazzo discute di tutto con suo padre. The boy discusses everything with his father.	Lui non vuole discutere niente con me. He doesn't want to discuss anything with me.

disfare*

to undo

The Seven Simple Tenses		The Seven Compound Tenses	
Singular	Plural	Singular	Plural
1 present indicative		8 present perfect	
disfaccio	disfacciamo	ho disfatto	abbiamo disfatto
disfai	disfate	hai disfatto	avete disfatto
disfà	disfanno	ha disfatto	hanno disfatto
2 imperfect indicative		9 past perfect	
disfacevo	disfacevamo	avevo disfatto	avevamo disfatto
disfacevi	disfacevate	avevi disfatto	avevate disfatto
disfaceva	disfacévano	aveva disfatto	avévano disfatto
3 past absolute		10 past anterior	
disfeci	disfacemmo	èbbi disfatto	avemmo disfatto
disfacesti	disfaceste	avesti disfatto	aveste disfatto
disfece	disfécero	èbbe disfatto	èbbero disfatto
4 future indicative		11 future perfect	
disfarò	disfaremo	avrò disfatto	avremo disfatto
disfarai	disfarete	avrai disfatto	avrete disfatto
disfarà	disfaranno	avrà disfatto	avranno disfatto
5 present conditional		12 past conditional	
disfarèi	disfaremmo	avrèi disfatto	avremmo disfatto
disfaresti	disfareste	avresti disfatto	avreste disfatto
disfarèbbe	disfarèbbero	avrèbbe disfatto	avrèbbero disfatto
6 present subjunctive		13 past subjunctive	
disfaccia	disfacciamo	àbbia disfatto	abbiamo disfatto
disfaccia	disfacciate	àbbia disfatto	abbiate disfatto
disfaccia	disfàcciano	àbbia disfatto	àbbiano disfatto
7 imperfect subjunctive		14 past perfect subjunctive	
disfacessi	disfacéssimo	avessi disfatto	avéssimo disfatto
disfacessi	disfaceste	avessi disfatto	aveste disfatto
disfacesse	disfacéssero	avesse disfatto	avéssero disfatto

	imperative	
—	disfacciamo
disfa' (non disfare)	disfate
disfaccia	disfàcciano

*Disfare is a compound of **fare**.

In cinque minuti lui ha disfatto tutto il nostro lavoro.   In five minutes he undid all our work.

Devo ancora disfare le valigie.   I still have to unpack the suitcases.

dispiacere*

Ger. **dispiacèndo**   Past Part. **dispiaciuto**

to displease, to be sorry

The Seven Simple Tenses		The Seven Compound Tenses	
Singular	Plural	Singular	Plural
1 present indicative		8 present perfect	
dispiaccio	dispiacciamo	sono dispiaciuto	siamo dispiaciuti
dispiaci	dispiacete	sèi dispiaciuto	siète dispiaciuti
dispiace	dispiàcciono	è dispiaciuto	sono dispiaciuti
2 imperfect indicative		9 past perfect	
dispiacevo	dispiacevamo	èro dispiaciuto	eravamo dispiaciuti
dispiacevi	dispiacevate	èri dispiaciuto	eravate dispiaciuti
dispiaceva	dispiacévano	èra dispiaciuto	èrano dispiaciuti
3 past absolute		10 past anterior	
dispiacqui	dispiacemmo	fui dispiaciuto	fummo dispiaciuti
dispiacesti	dispiaceste	fosti dispiaciuto	foste dispiaciuti
dispiacque	dispiàcquero	fu dispiaciuto	fúrono dispiaciuti
4 future indicative		11 future perfect	
dispiacerò	dispiaceremo	sarò dispiaciuto	saremo dispiaciuti
dispiacerai	dispiacerete	sarai dispiaciuto	sarete dispiaciuti
dispiacerà	dispiaceranno	sarà dispiaciuto	saranno dispiaciuti
5 present conditional		12 past conditional	
dispiacerèi	dispiaceremmo	sarèi dispiaciuto	saremmo dispiaciuti
dispiaceresti	dispiacereste	saresti dispiaciuto	sareste dispiaciuti
dispiacerèbbe	dispiacerèbbero	sarèbbe dispiaciuto	sarèbbero dispiaciuti
6 present subjunctive		13 past subjunctive	
dispiaccia	dispiacciamo	sia dispiaciuto	siamo dispiaciuti
dispiaccia	dispiacciate	sia dispiaciuto	siate dispiaciuti
dispiaccia	dispiàcciano	sia dispiaciuto	síano dispiaciuti
7 imperfect subjunctive		14 past perfect subjunctive	
dispiacessi	dispiacéssimo	fossi dispiaciuto	fóssimo dispiaciuti
dispiacessi	dispiaceste	fossi dispiaciuto	foste dispiaciuti
dispiacesse	dispiacéssero	fosse dispiaciuto	fóssero dispiaciuti

	imperative	
—		dispiacciamo
dispiaci (non dispiacere)		dispiacete
dispiaccia		dispiàcciano

*__Dispiacere__ is a compound of **piacere**.

Mi dispiace, ma non posso venire alla festa.   I'm sorry, but I can't come to the party.

Gli dispiacquero le tue accuse.   He was displeased by your accusations.

to arrange, to dispose

The Seven Simple Tenses		The Seven Compound Tenses	
Singular	Plural	Singular	Plural
1 present indicative		8 present perfect	
dispongo	**disponiamo**	**ho disposto**	**abbiamo disposto**
disponi	**disponete**	**hai disposto**	**avete disposto**
dispone	**dispóngono**	**ha disposto**	**hanno disposto**
2 imperfect indicative		9 past perfect	
disponevo	**disponevamo**	**avevo disposto**	**avevamo disposto**
disponevi	**disponevate**	**avevi disposto**	**avevate disposto**
disponeva	**disponévano**	**aveva disposto**	**avévano disposto**
3 past absolute		10 past anterior	
disposi	**disponemmo**	**èbbi disposto**	**avemmo disposto**
disponesti	**disponeste**	**avesti disposto**	**aveste disposto**
dispose	**dispósero**	**èbbe disposto**	**èbbero disposto**
4 future indicative		11 future perfect	
disporrò	**disporremo**	**avrò disposto**	**avremo disposto**
disporrai	**disporrete**	**avrai disposto**	**avrete disposto**
disporrà	**disporranno**	**avrà disposto**	**avranno disposto**
5 present conditional		12 past conditional	
disporrèi	**disporremmo**	**avrèi disposto**	**avremmo disposto**
disporresti	**disporreste**	**avresti disposto**	**avreste disposto**
disporrèbbe	**disporrèbbero**	**avrèbbe disposto**	**avrèbbero disposto**
6 present subjunctive		13 past subjunctive	
disponga	**disponiamo**	**àbbia disposto**	**abbiamo disposto**
disponga	**disponiate**	**àbbia disposto**	**abbiate disposto**
disponga	**dispóngano**	**àbbia disposto**	**àbbiano disposto**
7 imperfect subjunctive		14 past perfect subjunctive	
disponessi	**disponéssimo**	**avessi disposto**	**avéssimo disposto**
disponessi	**disponeste**	**avessi disposto**	**aveste disposto**
disponesse	**disponéssero**	**avesse disposto**	**avéssero disposto**

imperative

—	**disponiamo**
disponi (non disporre)	**disponete**
disponga	**dispóngano**

*****Disporre** is a compound of **porre**.

La ragazza dispone i fiori nel vaso.
  The girl arranges the flowers in
  the vase.
Lui dispose tutto per la partenza.   He
  arranged everything for the departure.

Lei dispone di molto denaro.   She
  possesses a lot of money.

distínguere

Ger. distinguèndo   Past Part. distinto

to distinguish

The Seven Simple Tenses		The Seven Compound Tenses	
Singular	Plural	Singular	Plural
1 present indicative		8 present perfect	
distinguo	distinguiamo	ho distinto	abbiamo distinto
distingui	distinguete	hai distinto	avete distinto
distingue	distínguono	ha distinto	hanno distinto
2 imperfect indicative		9 past perfect	
distinguevo	distinguevamo	avevo distinto	avevamo distinto
distinguevi	distinguevate	avevi distinto	avevate distinto
distingueva	distinguévano	aveva distinto	avévano distinto
3 past absolute		10 past anterior	
distinsi	distinguemmo	èbbi distinto	avemmo distinto
distinguesti	distingueste	avesti distinto	aveste distinto
distinse	distínsero	èbbe distinto	èbbero distinto
4 future indicative		11 future perfect	
distinguerò	distingueremo	avrò distinto	avremo distinto
distinguerai	distinguerete	avrai distinto	avrete distinto
distinguerà	distingueranno	avrà distinto	avranno distinto
5 present conditional		12 past conditional	
distinguerèi	distingueremmo	avrèi distinto	avremmo distinto
distingueresti	distinguereste	avresti distinto	avreste distinto
distinguerèbbe	distinguerèbbero	avrèbbe distinto	avrèbbero distinto
6 present subjunctive		13 past subjunctive	
distingua	distinguiamo	àbbia distinto	abbiamo distinto
distingua	distinguiate	àbbia distinto	abbiate distinto
distingua	distínguano	àbbia distinto	àbbiano distinto
7 imperfect subjunctive		14 past perfect subjunctive	
distinguessi	distinguéssimo	avessi distinto	avéssimo distinto
distinguessi	distingueste	avessi distinto	aveste distinto
distinguesse	distinguéssero	avesse distinto	avéssero distinto

	imperative	
—		distinguiamo
distingui (non distínguere)		distinguete
distingua		distínguano

Lui non può distinguere i colori.	Io distinguo la tua voce facilmente.
He cannot distinguish colors.	I distinguish your voice easily.

Ger. **distraèndo**   Past Part. **distratto**   # distrarre*

to distract

The Seven Simple Tenses		The Seven Compound Tenses	
Singular	Plural	Singular	Plural
1 present indicative		8 present perfect	
distraggo	**distraiamo**	**ho distratto**	**abbiamo distratto**
distrai	**distraete**	**hai distratto**	**avete distratto**
distrae	**distràggono**	**ha distratto**	**hanno distratto**
2 imperfect indicative		9 past perfect	
distraevo	**distraevamo**	**avevo distratto**	**avevamo distratto**
distraevi	**distraevate**	**avevi distratto**	**avevate distratto**
distraeva	**distraévano**	**aveva distratto**	**avévano distratto**
3 past absolute		10 past anterior	
distrassi	**distraemmo**	**èbbi distratto**	**avemmo distratto**
distraesti	**distraeste**	**avesti distratto**	**aveste distratto**
distrasse	**distràssero**	**èbbe distratto**	**èbbero distratto**
4 future indicative		11 future perfect	
distrarrò	**distrarremo**	**avrò distratto**	**avremo distratto**
distrarrai	**distrarrete**	**avrai distratto**	**avrete distratto**
distrarrà	**distrarranno**	**avrà distratto**	**avranno distratto**
5 present conditional		12 past conditional	
distrarrèi	**distrarremmo**	**avrèi distratto**	**avremmo distratto**
distrarresti	**distrarreste**	**avresti distratto**	**avreste distratto**
distrarrèbbe	**distrarrèbbero**	**avrèbbe distratto**	**avrèbbero distratto**
6 present subjunctive		13 past subjunctive	
distragga	**distraiamo**	**àbbia distratto**	**abbiamo distratto**
distragga	**distraiate**	**àbbia distratto**	**abbiate distratto**
distragga	**distràggano**	**àbbia distratto**	**àbbiano distratto**
7 imperfect subjunctive		14 past perfect subjunctive	
distraessi	**distraéssimo**	**avessi distratto**	**avéssimo distratto**
distraessi	**distraeste**	**avessi distratto**	**aveste distratto**
distraesse	**distraéssero**	**avesse distratto**	**avéssero distratto**

imperative

—	**distraiamo**
distrai (non **distrarre**)	**distraete**
distragga	**distràggano**

*__Distrarre__ is a compound of **trarre**.

La mamma distrae il bambino.
  The mother distracts the child.

Il ragazzo mi distrasse con le sue
  storie.   The boy distracted me with
  his stories.

distrúggere

Ger. **distruggèndo**   Past Part. **distrutto**

to destroy

The Seven Simple Tenses		The Seven Compound Tenses	
Singular	Plural	Singular	Plural
1 present indicative		8 present perfect	
distruggo	**distruggiamo**	**ho distrutto**	**abbiamo distrutto**
distruggi	**distruggete**	**hai distrutto**	**avete distrutto**
distrugge	**distrúggono**	**ha distrutto**	**hanno distrutto**
2 imperfect indicative		9 past perfect	
distruggevo	**distruggevamo**	**avevo distrutto**	**avevamo distrutto**
distruggevi	**distruggevate**	**avevi distrutto**	**avevate distrutto**
distruggeva	**distruggévano**	**aveva distrutto**	**avévano distrutto**
3 past absolute		10 past anterior	
distrussi	**distruggemmo**	**èbbi distrutto**	**avemmo distrutto**
distruggesti	**distruggeste**	**avesti distrutto**	**aveste distrutto**
distrusse	**distrússero**	**èbbe distrutto**	**èbbero distrutto**
4 future indicative		11 future perfect	
distruggerò	**distruggeremo**	**avrò distrutto**	**avremo distrutto**
distruggerai	**distruggerete**	**avrai distrutto**	**avrete distrutto**
distruggerà	**distruggeranno**	**avrà distrutto**	**avranno distrutto**
5 present conditional		12 past conditional	
distruggerèi	**distruggeremmo**	**avrèi distrutto**	**avremmo distrutto**
distruggeresti	**distruggereste**	**avresti distrutto**	**avreste distrutto**
distruggerèbbe	**distruggerèbbero**	**avrèbbe distrutto**	**avrèbbero distrutto**
6 present subjunctive		13 past subjunctive	
distrugga	**distruggiamo**	**àbbia distrutto**	**abbiamo distrutto**
distrugga	**distruggiate**	**àbbia distrutto**	**abbiate distrutto**
distrugga	**distrúggano**	**àbbia distrutto**	**àbbiano distrutto**
7 imperfect subjunctive		14 past perfect subjunctive	
distruggessi	**distruggéssimo**	**avessi distrutto**	**avéssimo distrutto**
distruggessi	**distruggeste**	**avessi distrutto**	**aveste distrutto**
distruggesse	**distruggéssero**	**avesse distrutto**	**avéssero distrutto**

imperative

—	**distruggiamo**
distruggi (non distrúggere)	**distruggete**
distrugga	**distrúggano**

Il ragazzo distrugge il giocattolo.	Lui ha distrutto tutte le mie speranze.
The child is destroying the toy.	He destroyed all my hopes.

divenire*

to become

The Seven Simple Tenses		The Seven Compound Tenses	
Singular	Plural	Singular	Plural
1 present indicative		8 present perfect	
divèngo	diveniamo	sono divenuto	siamo divenuti
divièni	divenite	sèi divenuto	siète divenuti
diviène	divèngono	è divenuto	sono divenuti
2 imperfect indicative		9 past perfect	
divenivo	divenivamo	èro divenuto	eravamo divenuti
divenivi	divenivate	èri divenuto	eravate divenuti
diveniva	divenívano	èra divenuto	èrano divenuti
3 past absolute		10 past anterior	
divenni	divenimmo	fui divenuto	fummo divenuti
divenisti	diveniste	fosti divenuto	foste divenuti
divenne	divénnero	fu divenuto	fúrono divenuti
4 future indicative		11 future perfect	
diverrò	diverremo	sarò divenuto	saremo divenuti
diverrai	diverrete	sarai divenuto	sarete divenuti
diverrà	diverranno	sarà divenuto	saranno divenuti
5 present conditional		12 past conditional	
diverrèi	diverremmo	sarèi divenuto	saremmo divenuti
diverresti	diverreste	saresti divenuto	sareste divenuti
diverrèbbe	diverrèbbero	sarèbbe divenuto	sarèbbero divenuti
6 present subjunctive		13 past subjunctive	
divènga	diveniamo	sia divenuto	siamo divenuti
divènga	diveniate	sia divenuto	siate divenuti
divènga	divèngano	sia divenuto	síano divenuti
7 imperfect subjunctive		14 past perfect subjunctive	
divenissi	diveníssimo	fossi divenuto	fóssimo divenuti
divenissi	diveniste	fossi divenuto	foste divenuti
divenisse	diveníssero	fosse divenuto	fóssero divenuti

	imperative	
—		diveniamo
	divièni (non divenire)	divenite
	divènga	divèngano

*****Divenire** is a compound of **venire**.

Lui divenne il rettore dell'università.	Mi fai divenire matto! You drive me
He became president of the university.	mad!

diventare

Ger. **diventando**   Past Part. **diventato**

to become

The Seven Simple Tenses		The Seven Compound Tenses	
Singular	Plural	Singular	Plural
1 present indicative		8 present perfect	
divènto	**diventiamo**	**sono diventato**	**siamo diventati**
divènti	**diventate**	**sèi diventato**	**sième diventati**
divènta	**divèntano**	**è diventato**	**sono diventati**
2 imperfect indicative		9 past perfect	
diventavo	**diventavamo**	**èro diventato**	**eravamo diventati**
diventavi	**diventavate**	**èri diventato**	**eravate diventati**
diventava	**diventàvano**	**èra diventato**	**èrano diventati**
3 past absolute		10 past anterior	
diventai	**diventammo**	**fui diventato**	**fummo diventati**
diventasti	**diventaste**	**fosti diventato**	**foste diventati**
diventò	**diventàrono**	**fu diventato**	**fúrono diventati**
4 future indicative		11 future perfect	
diventerò	**diventeremo**	**sarò diventato**	**saremo diventati**
diventerai	**diventerete**	**sarai diventato**	**sarete diventati**
diventerà	**diventeranno**	**sarà diventato**	**saranno diventati**
5 present conditional		12 past conditional	
diventerèi	**diventeremmo**	**sarèi diventato**	**saremmo diventati**
diventeresti	**diventereste**	**saresti diventato**	**sareste diventati**
diventerèbbe	**diventerèbbero**	**sarèbbe diventato**	**sarèbbero diventati**
6 present subjunctive		13 past subjunctive	
divènti	**diventiamo**	**sia diventato**	**siamo diventati**
divènti	**diventiate**	**sia diventato**	**siate diventati**
divènti	**divèntino**	**sia diventato**	**síano diventati**
7 imperfect subjunctive		14 past perfect subjunctive	
diventassi	**diventassimo**	**fossi diventato**	**fóssimo diventati**
diventassi	**diventaste**	**fossi diventato**	**foste diventati**
diventasse	**diventàssero**	**fosse diventato**	**fóssero diventati**

imperative

—	**diventiamo**
diventa (non diventare)	**diventate**
diventi	**divèntino**

È diventato famoso.   He became famous.

Diventiamo vecchi.   We are becoming old.

to have a good time, to enjoy onself

The Seven Simple Tenses		The Seven Compound Tenses	
Singular	Plural	Singular	Plural
1 present indicative		8 present perfect	
mi divèrto	ci divertiamo	mi sono divertito	ci siamo divertiti
ti divèrti	vi divertite	ti sèi divertito	vi siéte divertiti
si divèrte	si divèrtono	si è divertito	si sono divertiti
2 imperfect indicative		9 past perfect	
mi divertivo	ci divertivamo	mi èro divertito	ci eravamo divertiti
ti divertivi	vi divertivate	ti èri divertito	vi eravate divertiti
si divertiva	si divertívano	si èra divertito	si èrano divertiti
3 past absolute		10 past anterior	
mi divertii	ci divertimmo	mi fui divertito	ci fummo divertiti
ti divertisti	vi divertiste	ti fosti divertito	vi foste divertiti
si divertì	si divertírono	si fu divertito	si fúrono divertiti
4 future indicative		11 future perfect	
mi divertirò	ci divertiremo	mi sarò divertito	ci saremo divertiti
ti divertirai	vi divertirete	ti sarai divertito	vi sarete divertiti
si divertirà	si divertiranno	si sarà divertito	si saranno divertiti
5 present conditional		12 past conditional	
mi divertirèi	ci divertiremmo	mi sarèi divertito	ci saremmo divertiti
ti divertiresti	vi divertireste	ti saresti divertito	vi sareste divertiti
si divertirèbbe	si divertirèbbero	si sarèbbe divertito	si sarèbbero divertiti
6 present subjunctive		13 past subjunctive	
mi divèrta	ci divertiamo	mi sia divertito	ci siamo divertiti
ti divèrta	vi divertiate	ti sia divertito	vi siate divertiti
si divèrta	si divèrtano	si sia divertito	si síano divertiti
7 imperfect subjunctive		14 past perfect subjunctive	
mi divertissi	ci divertíssimo	mi fossi divertito	ci fóssimo divertiti
ti divertissi	vi divertiste	ti fossi divertito	vi foste divertiti
si divertisse	si divertíssero	si fosse divertito	si fóssero divertiti

	imperative	
—		divertiàmoci
divèrtiti (non ti divertire)		divertítevi
si divèrta		si divèrtano

Il ragazzo si diverte da solo.	Noi non ci divertiamo a scuola.
The child amuses himself.	We don't enjoy ourselves at school.

divídere*

Ger. dividèndo   Past Part. diviso

to divide

The Seven Simple Tenses		The Seven Compound Tenses	
Singular	Plural	Singular	Plural
1 present indicative		8 present perfect	
divido	dividiamo	ho diviso	abbiamo diviso
dividi	dividete	hai diviso	avete diviso
divide	divídono	ha diviso	hanno diviso
2 imperfect indicative		9 past perfect	
dividevo	dividevamo	avevo diviso	avevamo diviso
dividevi	dividevate	avevi diviso	avevate diviso
divideva	dividévano	aveva diviso	avévano diviso
3 past absolute		10 past anterior	
divisi	dividemmo	èbbi diviso	avemmo diviso
dividesti	divideste	avesti diviso	aveste diviso
divise	divísero	èbbe diviso	èbbero diviso
4 future indicative		11 future perfect	
dividerò	divideremo	avrò diviso	avremo diviso
dividerai	dividerete	avrai diviso	avrete diviso
dividerà	divideranno	avrà diviso	avranno diviso
5 present conditional		12 past conditional	
dividerèi	divideremmo	avrèi diviso	avremmo diviso
divideresti	dividereste	avresti diviso	avreste diviso
dividerèbbe	dividerèbbero	avrèbbe diviso	avrèbbero diviso
6 present subjunctive		13 past subjunctive	
divida	dividiamo	àbbia diviso	abbiamo diviso
divida	dividiate	àbbia diviso	abbiate diviso
divida	divídano	àbbia diviso	àbbiano diviso
7 imperfect subjunctive		14 past perfect subjunctive	
dividessi	dividéssimo	avessi diviso	avéssimo diviso
dividessi	divideste	avessi diviso	aveste diviso
dividesse	dividéssero	avesse diviso	avéssero diviso

imperative

—	dividiamo
dividi (non divídere)	dividete
divida	divídano

*Like **divídere** is **condivídere**.

Quattro diviso due fa due.   Four divided by two is two.

Loro dividono il panino.   They share the sandwich.

to suffer pain, to ache

The Seven Simple Tenses		The Seven Compound Tenses	
Singular	Plural	Singular	Plural
1 present indicative		8 present perfect	
dòlgo	doliamo (dogliamo)	sono doluto	siamo doluti
duòli	dolete	sèi doluto	siète doluti
duòle	dòlgono	è doluto	sono doluti
2 imperfect indicative		9 past perfect	
dolevo	dolevamo	èro doluto	eravamo doluti
dolevi	dolevate	èri doluto	eravate doluti
doleva	dolévano	èra doluto	érano doluti
3 past absolute		10 past anterior	
dòlsi	dolemmo	fui doluto	fummo doluti
dolesti	doleste	fosti doluto	foste doluti
dòlse	dòlsero	fu doluto	fúrono doluti
4 future indicative		11 future perfect	
dorrò	dorremo	sarò doluto	saremo doluti
dorrai	dorrete	sarai doluto	sarete doluti
dorrà	dorranno	sarà doluto	saranno doluti
5 present conditional		12 past conditional	
dorrèi	dorremmo	sarèi doluto	saremmo doluti
dorresti	dorreste	saresti doluto	sareste doluti
dorrèbbe	dorrèbbero	sarèbbe doluto	sarèbbero doluti
6 present subjunctive		13 past subjunctive	
dòlga	doliamo (dogliamo)	sia doluto	siamo doluti
dòlga	doliate (dogliate)	sia doluto	siate doluti
dòlga	dòlgano	sia doluto	síano doluti
7 imperfect subjunctive		14 past perfect subjunctive	
dolessi	doléssimo	fossi doluto	fóssimo doluti
dolessi	doleste	fossi doluto	foste doluti
dolesse	doléssero	fosse doluto	fóssero doluti

	imperative	
—	doliamo (dogliamo)	
duòli (non dolere)	dolete	
dòlga	dòlgano	

Mi duole la testa. I have a headache.	Se ti dolesse il braccio come a me, non rideresti. If your arm hurt like mine does, you would not laugh.

domandare

Ger. **domandando** Past Part. **domandato**

to ask (for)

The Seven Simple Tenses		The Seven Compound Tenses	
Singular	Plural	Singular	Plural
1 present indicative		8 present perfect	
domàndo	domandiamo	ho domandato	abbiamo domandato
domàndi	domandate	hai domandato	avete domandato
domànda	domàndano	ha domandato	hanno domandato
2 imperfect indicative		9 past perfect	
domandavo	domandavamo	avevo domandato	avevamo domandato
domandavi	domandavate	avevi domandato	avevate domandato
domandava	domandàvano	aveva domandato	avévano domandato
3 past absolute		10 past anterior	
domandai	domandammo	èbbi domandato	avemmo domandato
domandasti	domandaste	avesti domandato	aveste domandato
domandò	domandàrono	èbbe domandato	èbbero domandato
4 future indicative		11 future perfect	
domanderò	domanderemo	avrò domandato	avremo domandato
domanderai	domanderete	avrai domandato	avrete domandato
domanderà	domanderanno	avrà domandato	avranno domandato
5 present conditional		12 past conditional	
domanderèi	domanderemmo	avrèi domandato	avremmo domandato
domanderesti	domandereste	avresti domandato	avreste domandato
domanderèbbe	domanderèbbero	avrèbbe domandato	avrèbbero domandato
6 present subjunctive		13 past subjunctive	
domàndi	domandiamo	àbbia domandato	abbiamo domandato
domàndi	domandiate	àbbia domandato	abbiate domandato
domàndi	domàndino	àbbia domandato	àbbiano domandato
7 imperfect subjunctive		14 past perfect subjunctive	
domandassi	domandàssimo	avessi domandato	avéssimo domandato
domandassi	domandaste	avessi domandato	aveste domandato
domandasse	domandàssero	avesse domandato	avéssero domandato

imperative	
—	domandiamo
domànda (non domandare)	domandate
domàndi	domàndino

fare una domanda   to ask a question   **domande e risposte**   questions and answers

to sleep

The Seven Simple Tenses		The Seven Compound Tenses	
Singular	Plural	Singular	Plural
1 present indicative		8 present perfect	
dòrmo	dormiamo	ho dormito	abbiamo dormito
dòrmi	dormite	hai dormito	avete dormito
dòrme	dormono	ha dormito	hanno dormito
2 imperfect indicative		9 past perfect	
dormivo	dormivamo	avevo dormito	avevamo dormito
dormivi	dormivate	avevi dormito	avevate dormito
dormiva	dormivano	aveva dormito	avévano dormito
3 past absolute		10 past anterior	
dormii	dormimmo	èbbi dormito	avemmo dormito
dormisti	dormiste	avesti dormito	aveste dormito
dormì	dormírono	èbbe dormito	èbbero dormito
4 future indicative		11 future perfect	
dormirò	dormiremo	avrò dormito	avremo dormito
dormirai	dormirete	avrai dormito	avrete dormito
dormirà	dormiranno	avrà dormito	avranno dormito
5 present conditional		12 past conditional	
dormirèi	dormiremmo	avrèi dormito	avremmo dormito
dormiresti	dormireste	avresti dormito	avreste dormito
dormirèbbe	dormirèbbero	avrèbbe dormito	avrèbbero dormito
6 present subjunctive		13 past subjunctive	
dòrma	dormiamo	àbbia dormito	abbiamo dormito
dòrma	dormiate	àbbia dormito	abbiate dormito
dòrma	dòrmano	àbbia dormito	àbbiano dormito
7 imperfect subjunctive		14 past perfect subjunctive	
dormissi	dormìssimo	avessi dormito	avessimo dormito
dormissi	dormiste	avessi dormito	aveste dormito
dormisse	dormìssero	avesse dormito	avessero dormito

	imperative	
—		dormiamo
dòrmi (non dormire)		dormite
dòrma		dòrmano

Io dormo bene ogni notte.   I sleep   dormire come un ghiro   to sleep like
  well every night.   a log

dovere*

Ger. dovèndo   Past Part. dovuto

to have to, must, ought, should; to owe

The Seven Simple Tenses		The Seven Compound Tenses	
Singular	Plural	Singular	Plural
1 present indicative		8 present perfect	
devo (debbo)	**dobbiamo**	**ho* dovuto**	**abbiamo dovuto**
devi	**dovete**	**hai dovuto**	**avete dovuto**
deve	**dévono (débbono)**	**ha dovuto**	**hanno dovuto**
2 imperfect indicative		9 past perfect	
dovevo	**dovevamo**	**avevo dovuto**	**avevamo dovuto**
dovevi	**dovevate**	**avevi dovuto**	**avevate dovuto**
doveva	**dovévano**	**aveva dovuto**	**avévano dovuto**
3 past absolute		10 past anterior	
dovei (dovètti)	**dovemmo**	**èbbi dovuto**	**avemmo dovuto**
dovesti	**doveste**	**avesti dovuto**	**aveste dovuto**
dové (dovètte)	**dovérono (dovèttero)**	**èbbe dovuto**	**èbbero dovuto**
4 future indicative		11 future perfect	
dovrò	**dovremo**	**avrò dovuto**	**avremo dovuto**
dovrai	**dovrete**	**avrai dovuto**	**avrete dovuto**
dovrà	**dovranno**	**avrà dovuto**	**avranno dovuto**
5 present conditional		12 past conditional	
dovrèi	**dovremmo**	**avrèi dovuto**	**avremmo dovuto**
dovresti	**dovreste**	**avresti dovuto**	**avreste dovuto**
dovrèbbe	**dovrèbbero**	**avrèbbe dovuto**	**avrèbbero dovuto**
6 present subjunctive		13 past subjunctive	
deva (debba)	**dobbiamo**	**àbbia dovuto**	**abbiamo dovuto**
deva (debba)	**dobbiate**	**àbbia dovuto**	**abbiate dovuto**
deva (debba)	**dévano (débbano)**	**àbbia dovuto**	**àbbiano dovuto**
7 imperfect subjunctive		14 past perfect subjunctive	
dovessi	**dovéssimo**	**avessi dovuto**	**avéssimo dovuto**
dovessi	**doveste**	**avessi dovuto**	**aveste dovuto**
dovesse	**dovéssero**	**avesse dovuto**	**avéssero dovuto**

imperative
(n/a)

***Dovere** takes **èssere** when the following infinitive requires it.

Io devo andare a scuola. I must go to school.	**Maria deve andare a dormire presto.** Mary must go to sleep early.

to elect, to choose

The Seven Simple Tenses		The Seven Compound Tenses	
Singular	Plural	Singular	Plural
1 present indicative		8 present perfect	
elèggo	eleggiamo	ho elètto	abbiamo elètto
elèggi	eleggete	hai elètto	avete elètto
elègge	elèggono	ha elètto	hanno elètto
2 imperfect indicative		9 past perfect	
eleggevo	eleggevamo	avevo elètto	avevamo elètto
eleggevi	eleggevate	avevi elètto	avevate elètto
eleggeva	eleggévano	aveva elètto	avévano elètto
3 past absolute		10 past anterior	
elèssi	eleggemmo	èbbi elètto	avemmo elètto
eleggesti	eleggeste	avesti elètto	aveste elètto
elèsse	elèssero	èbbe elètto	èbbero elètto
4 future indicative		11 future perfect	
eleggerò	eleggeremo	avrò elètto	avremo elètto
eleggerai	eleggerete	avrai elètto	avrete elètto
eleggerà	eleggeranno	avrà elètto	avranno elètto
5 present conditional		12 past conditional	
eleggerèi	eleggeremmo	avrèi elètto	avremmo elètto
eleggeresti	eleggereste	avresti elètto	aveste elètto
eleggerèbbe	eleggerèbbero	avrèbbe elètto	avrèbbero elètto
6 present subjunctive		13 past subjunctive	
elègga	eleggiamo	àbbia elètto	abbiamo elètto
elègga	eleggiate	àbbia elètto	abbiate elètto
elègga	elèggano	àbbia elètto	àbbiano elètto
7 imperfect subjunctive		14 past perfect subjunctive	
eleggessi	eleggéssimo	avessi elètto	avéssimo elètto
eleggessi	eleggeste	avessi elètto	aveste elètto
eleggesse	eleggéssero	avesse elètto	avéssero elètto

	imperative	
		eleggiamo
	elèggi (non elèggere)	eleggete
	elègga	elèggano

*Elèggere is conjugated like **lèggere** and **protèggere**.

Noi eleggiamo il presidente ogni quattro anni. We elect a president every four years.	Io eleggo di stare a casa oggi. I choose to stay home today.

emèrgere
Ger. emergèndo   Past Part. emèrso

to emerge

The Seven Simple Tenses		The Seven Compound Tenses	
Singular	Plural	Singular	Plural
1 present indicative		8 present perfect	
emèrgo	emergiamo	sono emèrso	siamo emèrsi
emèrgi	emergete	sèi emèrso	siète emèrsi
emèrge	emèrgono	è emèrso	sono emèrsi
2 imperfect indicative		9 past perfect	
emergevo	emergevamo	èro emèrso	eravamo emèrsi
emergevi	emergevate	èri emèrso	eravate emèrsi
emergeva	emergévano	èra emèrso	èrano emèrsi
3 past absolute		10 past anterior	
emèrsi	emergemmo	fui emèrso	fummo emèrsi
emergesti	emergeste	fosti emèrso	foste emèrsi
emèrse	emèrsero	fui emèrso	fúrono emèrsi
4 future indicative		11 future perfect	
emergerò	emergeremo	sarò emèrso	saremo emèrsi
emergerai	emergerete	sarai emèrso	sarete emèrsi
emergerà	emergeranno	sarà emèrso	saranno emèrsi
5 present conditional		12 past conditional	
emergerèi	emergeremmo	sarèi emèrso	saremmo emèrsi
emergeresti	emergereste	saresti emèrso	sareste emèrsi
emergerèbbe	emergerèbbero	sarèbbe emèrso	sarèbbero emèrsi
6 present subjunctive		13 past subjunctive	
emèrga	emergiamo	sia emèrso	siamo emèrsi
emèrga	emergiate	sia emèrso	siate emèrsi
emèrga	emèrgano	sia emèrso	síano emèrsi
7 imperfect subjunctive		14 past perfect subjunctive	
emergessi	emergéssimo	fossi emèrso	fóssimo emèrsi
emergessi	emergeste	fossi emèrso	foste emèrsi
emergesse	emergéssero	fosse emèrso	fóssero emèrsi

imperative	
—	emergiamo
emèrgi (non emèrgere)	emergete
emèrga	emèrgano

Lui emerse vittorioso. He emerged victorious.	La sua eccellenza emerge dai fatti. His/her excellence emerges from the facts.

to exist

The Seven Simple Tenses		The Seven Compound Tenses	
Singular	Plural	Singular	Plural
1 present indicative		8 present perfect	
esisto	esistiamo	sono esistito	siamo esistiti
esisti	esistere	sèi esistito	sième esistiti
esiste	esístono	è esistito	sono esistiti
2 imperfect indicative		9 past perfect	
esistevo	esistevamo	èro esistito	eravamo esistiti
esistevi	esistevate	èri esistito	eravate esistiti
esisteva	esistévano	èra esistito	èrano esistiti
3 past absolute		10 past anterior	
esistei (esistètti)	esistemmo	fui esistito	fummo esistiti
esistesti	esisteste	fosti esistito	foste esistiti
esisté (esistètte)	esistérono (esistèttero)	fu esistito	fúrono esistiti
4 future indicative		11 future perfect	
esisterò	esisteremo	sarò esistito	saremo esistiti
esisterai	esisterete	sarai esistito	sarete esistiti
esisterà	esisteranno	sarà esistito	saranno esistiti
5 present conditional		12 past conditional	
esisterèi	esisteremmo	sarèi esistito	saremmo esistiti
esisteresti	esistereste	saresti esistito	sareste esistiti
esisterèbbe	esisterèbbero	sarèbbe esistito	sarèbbero esistiti
6 present subjunctive		13 past subjunctive	
esista	esistiamo	sia esistito	siamo esistiti
esista	esistiate	sia esistito	siate esistiti
esista	esístano	sia esistito	siano esistiti
7 imperfect subjunctive		14 past perfect subjunctive	
esistessi	esistéssimo	fossi esistito	fóssimo esistiti
esistessi	esisteste	fossi esistito	foste esistiti
esistesse	esistéssero	fosse esistito	fóssero esistiti

imperative

—	esistiamo
esisti (non esistere)	esistete
esista	esístano

Credo che la bontà esista.   I believe that goodness exists.

Queste cose non esistono più.   These things no longer exist.

esprímere*

Ger. esprimèndo   Past Part. esprèsso

to express

The Seven Simple Tenses		The Seven Compound Tenses	
Singular	Plural	Singular	Plural
1 present indicative		8 present perfect	
esprimo	esprimiamo	ho esprèsso	abbiamo esprèsso
esprimi	esprimete	hai esprèsso	avete esprèsso
esprime	esprímono	ha esprèsso	hanno esprèsso
2 imperfect indicative		9 past perfect	
esprimevo	esprimevamo	avevo esprèsso	avevamo esprèsso
esprimevi	esprimevate	avevi esprèsso	avevate esprèsso
esprimeva	esprimévano	aveva esprèsso	avévano esprèsso
3 past absolute		10 past anterior	
esprèssi	esprimemmo	èbbi esprèsso	avemmo esprèsso
esprimesti	esprimeste	avesti esprèsso	aveste esprèsso
esprèsse	esprèssero	èbbe esprèsso	èbbero esprèsso
4 future indicative		11 future perfect	
esprimerò	esprimeremo	avrò esprèsso	avremo esprèsso
esprimerai	esprimerete	avrai esprèsso	avrete esprèsso
esprimerà	esprimeranno	avrà esprèsso	avranno esprèsso
5 present conditional		12 past conditional	
esprimerèi	esprimeremmo	avrèi esprèsso	avremmo esprèsso
esprimeresti	esprimereste	avesti esprèsso	avreste esprèsso
esprimerèbbe	esprimerèbbero	avrèbbe esprèsso	avrèbbero esprèsso
6 present subjunctive		13 past subjunctive	
esprima	esprimiamo	àbbia esprèsso	abbiamo esprèsso
esprima	esprimiate	àbbia esprèsso	abbiate esprèsso
esprima	esprímano	àbbia esprèsso	àbbiano esprèsso
7 imperfect subjunctive		14 past perfect subjunctive	
esprimessi	espriméssimo	avessi esprèsso	avéssimo esprèsso
esprimessi	esprimeste	avessi esprèsso	aveste esprèsso
esprimesse	espriméssero	avesse esprèsso	avéssero esprèsso

	imperative	
—		esprimiamo
esprimi (non esprímere)		esprimete
esprima		esprímano

*Like **esprímere** is **imprímere**.

esprimere i propri sentimenti to express one's feelings	**Non so esprimermi bene in italiano.** I cannot express myself well in Italian.

The Seven Simple Tenses		The Seven Compound Tenses	
Singular	Plural	Singular	Plural
1 present indicative		8 present perfect	
sono	siamo	sono stato	siamo stati
sèi	siè012	sèi stato	siète stati
è	sono	è stato	sono stati
2 imperfect indicative		9 past perfect	
èro	eravamo	èro stato	eravamo stati
èri	eravate	èri stato	eravate stati
èra	èrano	èra stato	èrano stati
3 past absolute		10 past anterior	
fui	fummo	fui stato	fummo stati
fosti	foste	fosti stato	foste stati
fu	fúrono	fu stato	fúrono stati
4 future indicative		11 future perfect	
sarò	saremo	sarò stato	saremo stati
sarai	sarete	sarai stato	sarete stati
sarà	saranno	sarà stato	saranno stati
5 present conditional		12 past conditional	
sarèi	saremmo	sarèi stato	saremmo stati
saresti	sareste	saresti stato	sareste stati
sarèbbe	sarèbbero	sarèbbe stato	sarèbbero stati
6 present subjunctive		13 past subjunctive	
sia	siamo	sia stato	siamo stati
sia	siate	sia stato	siate stati
sia	síano	sia stato	síano stati
7 imperfect subjunctive		14 past perfect subjunctive	
fossi	fóssimo	fossi stato	fóssimo stati
fossi	foste	fossi stato	foste stati
fosse	fóssero	fosse stato	fóssero stati

	imperative	
—		siamo
sii (non èssere)		siate
sia		síano

Io sono qui.   I am here.   essere stanco(a)   to be tired

111

estèndere*

Ger. estendèndo   Past Part. esteso

to extend

The Seven Simple Tenses		The Seven Compound Tenses	
Singular	Plural	Singular	Plural
1 present indicative		8 present perfect	
estèndo	estendiamo	ho esteso	abbiamo esteso
estèndi	estendete	hai esteso	avete esteso
estènde	estèndono	ha esteso	hanno esteso
2 imperfect indicative		9 past perfect	
estendevo	estendevamo	avevo esteso	avevamo esteso
estendevi	estendevate	avevi esteso	avevate esteso
esténdeva	estendévano	aveva esteso	avévano esteso
3 past absolute		10 past anterior	
estesi	estendemmo	èbbi esteso	avemmo esteso
estendesti	estendeste	avesti esteso	aveste esteso
estese	estésero	èbbe esteso	èbbero esteso
4 future indicative		11 future perfect	
estenderò	estenderemo	avrò esteso	avremo esteso
estenderai	estenderete	avrai esteso	avrete esteso
estenderà	estenderanno	avrà esteso	avranno esteso
5 present conditional		12 past conditional	
estenderèi	estenderemmo	avrèi esteso	avremmo esteso
estenderesti	estendereste	avresti esteso	avreste esteso
estenderèbbe	estenderèbbero	avrèbbe esteso	avrèbbero esteso
6 present subjunctive		13 past subjunctive	
estènda	estendiamo	àbbia esteso	abbiamo esteso
estènda	estendiate	àbbia esteso	abbiate esteso
estènda	estèndano	àbbia esteso	àbbiano esteso
7 imperfect subjunctive		14 past perfect subjunctive	
estendessi	estendéssimo	avessi esteso	avéssimo esteso
estendessi	estendeste	avessi esteso	aveste esteso
estendesse	estendéssero	avesse esteso	avéssero esteso

	imperative	
—		estendiamo
estèndi (non estèndere)		estendete
estènda		estèndano

*Like estèndere are attèndere, contèndere, intèndere, and pretèndere.

estendere il proprio potere to extend (increase) one's power	Lui vuole estendere la casa. He wants to expand (enlarge) the house.

The Seven Simple Tenses		The Seven Compound Tenses	
Singular	Plural	Singular	Plural
1 present indicative		8 present perfect	
faccio (fo)	facciamo	ho fatto	abbiamo fatto
fai	fate	hai fatto	avete fatto
fa	fanno	ha fatto	hanno fatto
2 imperfect indicative		9 past perfect	
facevo	facevamo	avevo fatto	avevamo fatto
facevi	facevate	avevi fatto	avevate fatto
faceva	facévano	aveva fatto	avévano fatto
3 past absolute		10 past anterior	
feci	facemmo	èbbi fatto	avemmo fatto
facesti	faceste	avesti fatto	aveste fatto
fece	fécero	èbbe fatto	èbbero fatto
4 future indicative		11 future perfect	
farò	faremo	avrò fatto	avremo fatto
farai	farete	avrai fatto	avrete fatto
farà	faranno	avrà fatto	avranno fatto
5 present conditional		12 past conditional	
farèi	faremmo	avrèi fatto	avremmo fatto
faresti	fareste	avresti fatto	avreste fatto
farèbbe	farèbbero	avrèbbe fatto	avrèbbero fatto
6 present subjunctive		13 past subjunctive	
faccia	facciamo	àbbia fatto	abbiamo fatto
faccia	facciate	àbbia fatto	abbiate fatto
faccia	fàcciano	àbbia fatto	àbbiano fatto
7 imperfect subjunctive		14 past perfect subjunctive	
facessi	facéssimo	avessi fatto	avéssimo fatto
facessi	faceste	avessi fatto	aveste fatto
facesse	facéssero	avesse fatto	avéssero fatto

	imperative
—	facciamo
fa' (non fare)	fate
faccia	fàcciano

*Like **fare** are **contraffare**, **rifare**, **sfare**, **sopraffare**, and **stupefare**; but all these compounds (except **sfare**) require an accent on the forms in **-fo** and **-fa**.

Cosa fai?	What are you doing?	Lui non fa altro che sognare. He does nothing but dream.

fermarsi

Ger. fermando   Past Part. fermato

to stop

The Seven Simple Tenses		The Seven Compound Tenses	
Singular	Plural	Singular	Plural
1 present indicative		8 present perfect	
mi fèrmo	ci fermiamo	mi sono fermato	ci siamo fermati
ti fèrmi	vi fermate	ti sèi fermato	vi siète fermati
si fèrma	si fermano	si è fermato	si sono fermati
2 imperfect indicative		9 past perfect	
mi fermavo	ci fermavamo	mi èro fermato	ci eravamo fermati
ti fermavi	vi fermavate	ti èri fermato	vi eravate fermati
si fermava	si fermàvano	si èra fermato	si èrano fermati
3 past absolute		10 past anterior	
mi fermai	ci fermammo	mi fui fermato	ci fummo fermati
ti fermasti	vi fermaste	ti fosti fermato	vi foste fermati
si fermò	si fermarono	si fu fermato	si fúrono fermati
4 future indicative		11 future perfect	
mi fermerò	ci fermeremo	mi sarò fermato	ci saremo fermati
ti fermerai	vi fermerete	ti sarai fermato	vi sarete fermati
si fermerà	si fermeranno	si sarà fermato	si saranno fermati
5 present conditional		12 past conditional	
mi fermerèi	ci fermeremmo	mi sarèi fermato	ci saremmo fermati
ti fermeresti	vi fermereste	ti saresti fermato	vi sareste fermati
si fermerèbbe	si fermerèbbero	si sarèbbe fermato	si sarèbbero fermati
6 present subjunctive		13 past subjunctive	
mi fèrmi	ci fermiamo	mi sia fermato	ci siamo fermati
ti fèrmi	vi fermiate	ti sia fermato	vi siate fermati
si fèrmi	si fèrmino	si sia fermato	si síano fermati
7 imperfect subjunctive		14 past perfect subjunctive	
mi fermassi	ci fermàssimo	mi fossi fermato	ci fóssimo fermati
ti fermassi	vi fermaste	ti fossi fermato	vi foste fermati
si fermasse	si fermàssero	si fosse fermato	si fóssero fermati

	imperative	
—		fermiamoci
	fèrmati (non ti fermare)	fermátevi
	si fermi	si fèrmino

Quando ti ho visto, mi si è fermato il   Fermati, ladro!   Stop, thief!
   cuore.   When I saw you, my heart
   stopped.

to fix, to fasten

The Seven Simple Tenses		The Seven Compound Tenses	
Singular	Plural	Singular	Plural
1 present indicative		8 present perfect	
figgo	**figgiamo**	**ho fitto**	**abbiamo fitto**
figgi	**figgete**	**hai fitto**	**avete fitto**
figge	**fíggono**	**ha fitto**	**hanno fitto**
2 imperfect indicative		9 past perfect	
figgevo	**figgevamo**	**avevo fitto**	**avevamo fitto**
figgevi	**figgevate**	**avevi fitto**	**avevate fitto**
figgeva	**figgévano**	**aveva fitto**	**avévano fitto**
3 past absolute**fissi** **figgemmo**		10 past anterior	
fissi	**figgemmo**	**èbbi fitto**	**avemmo fitto**
figgesti	**figgeste**	**avesti fitto**	**aveste fitto**
fisse	**fissero**	**èbbe fitto**	**èbbero fitto**
4 future indicative		11 future perfect	
figgerò	**figgeremo**	**avrò fitto**	**avremo fitto**
figgerai	**figgerete**	**avrai fitto**	**avrete fitto**
figgerà	**figgeranno**	**avrà fitto**	**avranno fitto**
5 present conditional		12 past conditional	
figgerèi	**figgeremmo**	**avrèi fitto**	**avremmo fitto**
figgeresti	**figgereste**	**avresti fitto**	**avreste fitto**
figgerèbbe	**figgerèbbero**	**avrèbbe fitto**	**avrèbbero fitto**
6 present subjunctive		13 past subjunctive	
figga	**figgiamo**	**àbbia fitto**	**abbiamo fitto**
figga	**figgiate**	**àbbia fitto**	**abbiate fitto**
figga	**fíggano**	**àbbia fitto**	**àbbiano fitto**
7 imperfect subjunctive		14 past perfect subjunctive	
figgessi	**figgéssimo**	**avessi fitto**	**avéssimo fitto**
figgessi	**figgeste**	**avessi fitto**	**aveste fitto**
figgesse	**figgéssero**	**avesse fitto**	**avéssero fitto**

	imperative	
—	**figgiamo**	
figgi (non fíggere)	**figgete**	
figga	**fíggano**	

*The compounds of **fíggere** are the same except for some past participles. The past participles of the compounds are as follows: **affisso, confitto, crocefisso, prefisso, sconfitto, trafitto.**

Lei mi ha fitto con grande attenzione
  She stared at me with great attention.
	Che cosa ti sei fitto in testa? What
	  has gotten into your head?

fíngere*

Ger. fingèndo

Past Part. finto

to feign, to pretend

The Seven Simple Tenses		The Seven Compound Tenses	
Singular	Plural	Singular	Plural
1 present indicative		8 present perfect	
fingo	fingiamo	ho finto	abbiamo finto
fingi	fingete	hai finto	avete finto
finge	fíngono	ha finto	hanno finto
2 imperfect indicative		9 past perfect	
fingevo	fingevamo	avevo finto	avevamo finto
fingevi	fingevate	avevi finto	avevate finto
fingeva	fingévano	aveva finto	avévano finto
3 past absolute		10 past anterior	
finsi	fingemmo	èbbi finto	avemmo finto
fingesti	fingeste	avesti finto	aveste finto
finse	fínsero	èbbe finto	èbbero finto
4 future indicative		11 future perfect	
fingerò	fingeremo	avrò finto	avremo finto
fingerai	fingerete	avrai finto	avrete finto
fingerà	fingeranno	avrà finto	avranno finto
5 present conditional		12 past conditional	
fingerèi	fingeremmo	avrèi finto	avremmo finto
fingeresti	fingereste	avresti finto	avreste finto
fingerèbbe	fingerèbbero	avrèbbe finto	avrèbbero finto
6 present subjunctive		13 past subjunctive	
finga	fingiamo	àbbia finto	abbiamo finto
finga	fingiate	àbbia finto	abbiate finto
finga	fíngano	àbbia finto	àbbiano finto
7 imperfect subjunctive		14 past perfect subjunctive	
fingessi	fingéssimo	avessi finto	avéssimo finto
fingessi	fingeste	avessi finto	aveste finto
fingesse	fingéssero	avesse finto	avéssero finto

imperative	
—	fingiamo
fingi (non fíngere)	fingete
finga	fíngano

*Like **fíngere** are **spíngere**, **stríngere**, and **tíngere**.

Lei finge di dormire. She is pretending to sleep.	**fingere indifferenza** to feign indifference

to finish

The Seven Simple Tenses		The Seven Compound Tenses	
Singular	Plural	Singular	Plural
1 present indicative		8 present perfect	
finìsco	**finiamo**	**ho finito**	**abbiamo finito**
finìsci	**finite**	**hai finito**	**avete finito**
finìsce	**finìscono**	**ha finito**	**hanno finito**
2 imperfect indicative		9 past perfect	
finivo	**finivamo**	**avevo finito**	**avevamo finito**
finivi	**finivate**	**avevi finito**	**avevate finito**
finiva	**finìvano**	**aveva finito**	**avévano finito**
3 past absolute		10 past anterior	
finìi	**finimmo**	**èbbi finito**	**avemmo finito**
finisti	**finiste**	**avesti finito**	**aveste finito**
finì	**finìrono**	**èbbe finito**	**èbbero finito**
4 future indicative		11 future perfect	
finirò	**finiremo**	**avrò finito**	**avremo finito**
finirai	**finirete**	**avrai finito**	**avrete finito**
finirà	**finiranno**	**avrà finito**	**avranno finito**
5 present conditional		12 past conditional	
finirèi	**finiremmo**	**avrèi finito**	**avremmo finito**
finiresti	**finireste**	**avresti finito**	**avreste finito**
finirèbbe	**finirèbbero**	**avrèbbe finito**	**avrèbbero finito**
6 present subjunctive		13 past subjunctive	
finisca	**finiamo**	**àbbia finito**	**abbiamo finito**
finisca	**finiate**	**àbbia finito**	**abbiate finito**
finisca	**finìscano**	**àbbia finito**	**àbbiano finito**
7 imperfect subjunctive		14 past perfect subjunctive	
finissi	**finìssimo**	**avessi finito**	**avéssimo finito**
finissi	**finiste**	**avessi finito**	**aveste finito**
finisse	**finìssero**	**avesse finito**	**avéssero finito**

	imperative	
	—	**finiamo**
	finìsci (non finire)	**finite**
	finìsca	**finìscano**

Tutto è bene ciò che finisce bene.
  All's well that ends well.

Come finisce il libro?   How does the
book end?

fóndere*

Ger. fondèndo · · · · · · · · · Past Part. fuso

to fuse, to melt

The Seven Simple Tenses		The Seven Compound Tenses	
Singular	Plural	Singular	Plural
1 present indicative		8 present perfect	
fondo	fondiamo	ho fuso	abbiamo fuso
fondi	fondete	hai fuso	avete fuso
fonde	fóndono	ha fuso	hanno fuso
2 imperfect indicative		9 past perfect	
fondevo	fondevamo	avevo fuso	avevamo fuso
fondevi	fondevate	avevi fuso	avevate fuso
fondeva	fondévano	aveva fuso	avévano fuso
3 past absolute		10 past anterior	
fusi	fondemmo	èbbi fuso	avemmo fuso
fondesti	fondeste	avesti fuso	aveste fuso
fuse	fúsero	èbbe fuso	èbbero fuso
4 future indicative		11 future perfect	
fonderò	fonderemo	avrò fuso	avremo fuso
fonderai	fonderete	avrai fuso	avrete fuso
fonderà	fonderanno	avrà fuso	avranno fuso
5 present conditional		12 past conditional	
fonderèi	fonderemmo	avrèi fuso	avremmo fuso
fonderesti	fondereste	avresti fuso	aveste fuso
fonderèbbe	fonderèbbero	avrèbbe fuso	avrèbbero fuso
6 present subjunctive		13 past subjunctive	
fonda	fondiamo	àbbia fuso	abbiamo fuso
fonda	fondiate	àbbia fuso	abbiate fuso
fonda	fóndano	àbbia fuso	àbbiano fuso
7 imperfect subjunctive		14 past perfect subjunctive	
fondessi	fondéssimo	avessi fuso	avéssimo fuso
fondessi	fondeste	avessi fuso	aveste fuso
fondesse	fondéssero	avesse fuso	avéssero fuso

imperative		
—		fondiamo
fondi (non fóndere)		fondete
fonda		fóndano

*Like **fóndere** are **confóndere**, **diffóndere**, **infóndere**, **rifóndere**, **trasfóndere**, etc.

Il sole fonde la neve. The sun melts the snow.	Lui fonderà i pezzi di metallo. He will fuse the pieces of metal.

The Seven Simple Tenses		The Seven Compound Tenses	
Singular	Plural	Singular	Plural
1 present indicative		8 present perfect	
friggo	**friggiamo**	**ho fritto**	**abbiamo fritto**
friggi	**friggete**	**hai fritto**	**avete fritto**
frigge	**fríggono**	**ha fritto**	**hanno fritto**
2 imperfect indicative		9 past perfect	
friggevo	**friggevamo**	**avevo fritto**	**avevamo fritto**
friggevi	**friggevate**	**avevi fritto**	**avevate fritto**
friggeva	**friggévano**	**aveva fritto**	**avévano fritto**
3 past absolute		10 past anterior	
frissi	**friggemmo**	**èbbi fritto**	**avemmo fritto**
friggesti	**friggeste**	**avesti fritto**	**aveste fritto**
frisse	**fríssero**	**èbbe fritto**	**èbbero fritto**
4 future indicative		11 future perfect	
friggerò	**friggeremo**	**avrò fritto**	**avremo fritto**
friggerai	**friggerete**	**ávrai fritto**	**avrete fritto**
friggerà	**friggeranno**	**avrà fritto**	**avranno fritto**
5 present conditional		12 past conditional	
friggerèi	**friggeremmo**	**avrèi fritto**	**avremmo fritto**
friggeresti	**friggereste**	**avresti fritto**	**avreste fritto**
friggerèbbe	**friggerèbbero**	**avrèbbe fritto**	**avrèbbero fritto**
6 present subjunctive		13 past subjunctive	
frigga	**friggiamo**	**àbbia fritto**	**abbiamo fritto**
frigga	**friggiate**	**àbbia fritto**	**abbiate fritto**
frigga	**fríggano**	**àbbia fritto**	**àbbiano fritto**
7 imperfect subjunctive		14 past perfect subjunctive	
friggessi	**friggéssimo**	**avessi fritto**	**avéssimo fritto**
friggessi	**friggeste**	**avessi fritto**	**aveste fritto**
friggesse	**friggéssero**	**avesse fritto**	**avéssero fritto**

imperative

	friggiamo
friggi (non fríggere)	**friggete**
frigga	**fríggano**

*Like **fríggere** are **afflíggere**, **inflíggere**, and **sconfíggere**.

Lui non sa friggere le uova.   He does   padella per friggere   frying pan
not know how to fry eggs.

giacere*

Ger. **giacèndo**   Past Part. **giaciuto**

to lie, to lay

The Seven Simple Tenses		The Seven Compound Tenses	
Singular	Plural	Singular	Plural
1 present indicative		8 present perfect	
giaccio	giacciamo	sono giaciuto	siamo giaciuti
giaci	giacete	sèi giaciuto	sìete giaciuti
giace	giàcciono	è giaciuto	sono giaciuti
2 imperfect indicative		9 past perfect	
giacevo	giacevamo	èro giaciuto	eravamo giaciuti
giacevi	giacevate	èri giaciuto	eravate giaciuti
giaceva	giacévano	èra giaciuto	èrano giaciuti
3 past absolute		10 past anterior	
giacqui	giacemmo	fui giaciuto	fummo giaciuti
giacesti	giaceste	fosti giaciuto	foste giaciuti
giacque	giàcquero	fu giaciuto	fúrono giaciuti
4 future indicative		11 future perfect	
giacerò	giaceremo	sarò giaciuto	saremo giaciuti
giacerai	giacerete	sarai giaciuto	sarete giaciuti
giacerà	giaceranno	sarà giaciuto	saranno giaciuti
5 present conditional		12 past conditional	
giacerèi	giaceremmo	sarèi giaciuto	saremmo giaciuti
giaceresti	giacereste	saresti giaciuto	sareste giaciuti
giacerèbbe	giacerèbbero	sarèbbe giaciuto	sarèbbero giaciuti
6 present subjunctive		13 past subjunctive	
giaccia	giacciamo	sia giaciuto	siamo giaciuti
giaccia	giacciate	sia giaciuto	siate giacitui
giaccia	giàcciano	sia giacituo	síano giaciuti
7 imperfect subjunctive		14 past perfect subjunctive	
giacessi	giacéssimo	fossi giaciuto	fóssimo giaciuti
giacessi	giaceste	fossi giaciuto	foste giaciuti
giacesse	giacéssero	fosse giaciuto	fóssero giaciuti

	imperative	
—		giacciamo
	giaci (non giacere)	giacete
	giaccia	giàcciano

* Conjugated like **piacere**.

Lui giace nel letto. He is lying in bed.	Lei giaceva per terra quando la vidi. She lay on the ground when I saw her.

to play (a game)

The Seven Simple Tenses		The Seven Compound Tenses	
Singular	Plural	Singular	Plural
1 present indicative		8 present perfect	
giòco	giochiamo	ho giocato	abbiamo giocato
giòchi	giocate	hai giocato	avete giocato
giòca	giocano	ha giocato	hanno giocato
2 imperfect indicative		9 past perfect	
giocavo	giocavamo	avevo giocato	avevamo giocato
giocavi	giocavate	avevi giocato	avevate giocato
giocava	giocavano	aveva giocato	avévano giocato
3 past absolute		10 past anterior	
giocai	giocammo	èbbi giocato	avemmo giocato
giocasti	giocaste	avesti giocato	aveste giocato
giocò	giocarono	èbbe giocato	èbbero giocato
4 future indicative		11 future perfect	
giocherò	giocheremo	avrò giocato	avremo giocato
giocherai	giocherete	avrai giocato	avrete giocato
giocherà	giocheranno	avrà giocato	avranno giocato
5 present conditional		12 past conditional	
giocherèi	giocheremmo	avrèi giocato	avremmo giocato
giocheresti	giochereste	avresti giocato	avreste giocato
giocherèbbe	giocherèbbero	avrèbbe giocato	avrèbbero giocato
6 present subjunctive		13 past subjunctive	
giòchi	giochiamo	àbbia giocato	abbiamo giocato
giòchi	giochiate	àbbia giocato	abbiate giocato
giòchi	giòchino	àbbia giocato	àbbiano giocato
7 imperfect subjunctive		14 past perfect subjunctive	
giocassi	giocàssimo	avessi giocato	avéssimo giocato
giocassi	giocaste	avessi giocato	aveste giocato
giocasse	giocàssero	avesse giocato	avéssero giocato
	imperative		
	—	giochiamo	
	giòca (non giocare)	giocate	
	giòchi	giòchino	

giocare a carte   to play cards   **giocare in una squadra**   to play on a team

girare

Ger. **girando**　　　　Past Part. **girato**

to turn

The Seven Simple Tenses		The Seven Compound Tenses	
Singular	Plural	Singular	Plural
1　present indicative		8　present perfect	
gìro	giriamo	ho girato	abbiamo girato
gìri	girate	hai girato	avete girato
gìra	girano	ha girato	hanno girato
2　imperfect indicative		9　past perfect	
giravo	giravamo	avevo girato	avevamo girato
giravi	giravate	avevi girato	avevate girato
girava	giravano	aveva girato	avévano girato
3　past absolute		10　past anterior	
girai	girammo	èbbi girato	avemmo girato
girasti	giraste	avesti girato	aveste girato
girò	girarono	èbbe girato	èbbero girato
4　future indicative		11　future perfect	
girerò	gireremo	avrò girato	avremo girato
girerai	girerete	avrai girato	avrete girato
girerà	gireranno	avrà girato	avranno girato
5　present conditional		12　past conditional	
girerèi	gireremmo	avrèi girato	avremmo girato
gireresti	girereste	avresti girato	avreste girato
girerèbbe	girerèbbero	avrèbbe girato	avrèbbero girato
6　present subjunctive		13　past subjunctive	
gìri	giriamo	àbbia girato	abbiamo girato
gìri	giriate	àbbia girato	abbiate girato
gìri	gìrino	àbbia girato	àbbiano girato
7　imperfect subjunctive		14　past perfect subjunctive	
girassi	giràssimo	avessi girato	avéssimo girato
girassi	giraste	avessi girato	aveste girato
girasse	giràssero	avesse girato	avèssero girato

	imperative	
	—	giriamo
	gìra (non girare)	girate
	gìri	gìrino

girare la chiave nella serratura　to turn the key in the lock
girare la testa　to feel dizzy

girare la pagina　to turn the page

to arrive, to get to

The Seven Simple Tenses		The Seven Compound Tenses	
Singular	Plural	Singular	Plural
1 present indicative		8 present perfect	
giungo	giungiamo	sono giunto	siamo giunti
giungi	giungete	sèi giunto	siète giunti
giunge	giúngono	è giunto	sono giunti
2 imperfect indicative		9 past perfect	
giungevo	giungevamo	èro giunto	eravamo giunti
giungevi	giungevate	èri giunto	eravate giunti
giungeva	giungévano	èra giunto	èrano giunti
3 past absolute		10 past anterior	
giunsi	giungemmo	fui giunto	fummo giunti
giungesti	giungeste	fosti giunto	foste giunti
giunse	giúnsero	fu giunto	fúrono giunti
4 future indicative		11 future perfect	
giungerò	giungeremo	sarò giunto	saremo giunti
giungerai	giungerete	sarai giunto	sarete giunti
giungerà	giungeranno	sarà giunto	saranno giunti
5 present conditional		12 past conditional	
giungerèi	giungeremmo	sarèi giunto	saremmo giunti
giungeresti	giungereste	saresti giunto	sareste giunti
giungerèbbe	giungerèbbero	sarèbbe giunto	sarèbbero giunti
6 present subjunctive		13 past subjunctive	
giunga	giungiamo	sia giunto	siamo giunti
giunga	giungiate	sia giunto	siate giunti
giunga	giúngano	sia giunto	síano giunti
7 imperfect subjunctive		14 past perfect subjunctive	
giungessi	giungéssimo	fossi giunto	fóssimo giunti
giungessi	giungeste	fossi giunto	foste giunti
giungesse	giungéssero	fosse giunto	fóssero giunti

imperative	
—	giungiamo
giungi (non giúngere)	giungete
giunga	giúngano

*Like **giúngere**, are **aggiúngere**, **congiúngere**, **disgiúngere**, **raggiúngere**, **soggiúngere**, and **sopraggiúngere**.

Io sono giunto(a) tardi alla festa.	Giunsi in Italia il primo agosto.
I arrived late at the party.	I arrived in Italy on August first.

godere

Ger. godèndo   Past Part. goduto

to enjoy

The Seven Simple Tenses		The Seven Compound Tenses	
Singular	Plural	Singular	Plural
1 present indicative		8 present perfect	
gòdo	godiamo	ho goduto	abbiamo goduto
gòdi	godete	hai goduto	avete goduto
gòde	gòdono	ha goduto	hanno goduto
2 imperfect indicative		9 past perfect	
godevo	godevamo	avevo goduto	avevamo goduto
godevi	godevate	avevi goduto	avevate goduto
godeva	godévano	aveva goduto	avévano goduto
3 past absolute		10 past anterior	
godei (godètti)	godemmo	èbbi goduto	avemmo goduto
godesti	godeste	avesti goduto	aveste goduto
godé (godètte)	godérono (godèttero)	èbbe goduto	èbbero goduto
4 future indicative		11 future perfect	
godrò	godremo	avrò goduto	avremo goduto
godrai	godrete	avrai goduto	avrete goduto
godrà	godranno	avrà goduto	avranno goduto
5 present conditional		12 past conditional	
godrèi	godremmo	avrèi goduto	avremmo goduto
godresti	godreste	avresti goduto	avreste goduto
godrèbbe	godrèbbero	avrèbbe goduto	avrèbbero goduto
6 present subjunctive		13 past subjunctive	
gòda	godiamo	àbbia goduto	abbiamo goduto
gòda	godiate	àbbia goduto	abbiate goduto
gòda	gòdano	àbbia goduto	àbbiano goduto
7 imperfect subjunctive		14 past perfect subjunctive	
godessi	godéssimo	avessi goduto	avéssimo goduto
godessi	godeste	avessi goduto	aveste goduto
godesse	godéssero	avesse goduto	avéssero goduto

imperative	
—	godiamo
gòdi (non godere)	godete
gòda	gòdano

Lui gode la vita. He enjoys life.	Ho goduto ogni momento del viaggio. I enjoyed every minute of the trip.

guardare

to look at, to watch

The Seven Simple Tenses		The Seven Compound Tenses	
Singular	Plural	Singular	Plural
1 present indicative		**8 present perfect**	
guàrdo	guardiamo	ho guardato	abbiamo guardato
guàrdi	guardate	hai guardato	avete guardato
guàrda	guàrdano	ha guardato	hanno guardato
2 imperfect indicative		**9 past perfect**	
guardavo	guardavamo	avevo guardato	avevamo guardato
guardavi	guardavate	avevi guardato	avevate guardato
guardava	guardàvano	aveva guardato	avévano guardato
3 past absolute		**10 past anterior**	
guardai	guardamo	èbbi guardato	avemmo guardato
guardasti	guardaste	avesti guardato	aveste guardato
guardò	guardarono	èbbe guardato	èbbero guardato
4 future indicative		**11 future perfect**	
guarderò	guarderemo	avrò guardato	avremo guardato
guarderai	guarderete	avrai guardato	avrete guardato
guarderà	guarderanno	avrà guardato	avranno guardato
5 present conditional		**12 past conditional**	
guarderèi	guarderemmo	avrèi guardato	avremmo guardato
guarderesti	guardereste	avresti guardato	avreste guardato
guarderèbbe	guarderèbbero	avrèbbe guardato	avrèbbero guardato
6 present subjunctive		**13 past subjunctive**	
guàrdi	guardiamo	àbbia guardato	abbiamo guardato
guàrdi	guardiate	àbbia guardato	abbiate guardato
guàrdi	guàrdino	àbbia guardato	àbbiano guardato
7 imperfect subjunctive		**14 past perfect subjunctive**	
guardassi	guardàssimo	avessi guardato	avéssimo guardato
guardassi	guardaste	avessi guardato	aveste guardato
guardasse	guardàssero	avesse guardato	avéssero guardato

imperative

—	guardiamo
guàrda (non guardare)	guardate
guàrdi	guàrdino

Guardate quella casa! Look at that house!

Lui guarda il paesaggio. He is looking at the view.

Noi non guardiamo mai la televisione. We never watch television.

125

illúdere
Ger. illudèndo   Past Part. illuso

to deceive, to delude

The Seven Simple Tenses		The Seven Compound Tenses	
Singular	Plural	Singular	Plural
1 present indicative		8 present perfect	
illudo	illudiamo	ho illuso	abbiamo illuso
illudi	illudete	hai illuso	avete illuso
illude	illúdono	ha illuso	hanno illuso
2 imperfect indicative		9 past perfect	
illudevo	illudevamo	avevo illuso	avevamo illuso
illudevi	illudevate	avevi illuso	avevate illuso
illudeva	illudévano	aveva illuso	avévano illuso
3 past absolute		10 past anterior	
illusi	illudemmo	èbbi illuso	avemmo illuso
illudesti	illudeste	avesti illuso	aveste illuso
illuse	illúsero	èbbe illuso	èbbero illuso
4 future indicative		11 future perfect	
illuderò	illuderemo	avrò illuso	avremo illuso
illuderai	illuderete	avrai illuso	avrete illuso
illuderà	illuderanno	avrà illuso	avranno illuso
5 present conditional		12 past conditional	
illuderèi	illuderemmo	avrèi illuso	avremmo illuso
illuderesti	illudereste	avresti illuso	avreste illuso
illuderèbbe	illuderèbbero	avrèbbe illuso	avrèbbero illuso
6 present subjunctive		13 past subjunctive	
illuda	illudiamo	àbbia illuso	abbiamo illuso
illuda	illudiate	àbbia illuso	abbiate illuso
illuda	illúdano	àbbia illuso	àbbiano illuso
7 imperfect subjunctive		14 past perfect subjunctive	
illudessi	illudéssimo	avessi illuso	avéssimo illuso
illudessi	illudeste	avessi illuso	aveste illuso
illudesse	illudéssero	avesse illuso	avéssero illuso

imperative

—	illudiamo
illudi (non illúdere)	illudete
illuda	illúdano

Lui si illude se crede questo.   He is
deceiving himself if he believes this.

Tu mi hai illuso.   You have deceived
me.

126

to plunge, to immerse

The Seven Simple Tenses		The Seven Compound Tenses	
Singular	Plural	Singular	Plural
1 present indicative		8 present perfect	
immèrgo	immergiamo	ho immèrso	abbiamo immèrso
immèrgi	immergete	hai immèrso	avete immèrso
immèrge	immèrgono	ha immèrso	hanno immèrso
2 imperfect indicative		9 past perfect	
immergevo	immergevamo	avevo immèrso	avevamo immèrso
immergevi	immergevate	avevi immèrso	avevate immèrso
immergeva	immergévano	aveva immèrso	avévano immèrso
3 past absolute		10 past anterior	
immèrsi	immergemmo	èbbi immèrso	avemmo immèrso
immergesti	immergeste	avesti immèrso	aveste immèrso
immèrse	immèrsero	èbbe immèrso	èbbero immèrso
4 future indicative		11 future perfect	
immergerò	immergeremo	avrò immèrso	avremo immèrso
immergerai	immergerete	avrai immèrso	avrete immèrso
immergerà	immergeranno	avrà immèrso	avranno immèrso
5 present conditional		12 past conditional	
immergerèi	immergeremmo	avrèi immèrso	avremmo immèrso
immergeresti	immergereste	avresti immèrso	avreste immèrso
immergerèbbe	immergerèbbero	avrèbbe immèrso	avrèbbero immèrso
6 present subjunctive		13 past subjunctive	
immèrga	immergiamo	àbbia immèrso	abbiamo immèrso
immèrga	immergiate	àbbia immèrso	abbiate immèrso
immèrga	immèrgano	àbbia immèrso	àbbiano immèrso
7 imperfect subjunctive		14 past perfect subjunctive	
immergessi	immergéssimo	avessi immèrso	avéssimo immèrso
immergessi	immergeste	avessi immèrso	aveste immèrso
immergesse	immergéssero	avesse immèrso	avéssero immèrso

	imperative	
—		immergiamo
immèrgi (non immèrgere)		immergete
immèrga		immèrgano

Lui si è immerso nell'acqua. He immersed himself in the water.	Bisogna immergere i biscotti nel caffè. One should dip the biscuits in coffee.

127

imparare

Ger. **imparando**   Past Part. **imparato**

to learn

The Seven Simple Tenses		The Seven Compound Tenses	
Singular	Plural	Singular	Plural
1 present indicative		8 present perfect	
impàro	impariamo	ho imparato	abbiamo imparato
impàri	imparate	hai imparato	avete imparato
impàra	impàrano	ha imparato	hanno imparato
2 imperfect indicative		9 past perfect	
imparavo	imparavamo	avevo imparato	avevamo imparato
imparavi	imparavate	avevi imparato	avevate imparato
imparava	imparàvano	aveva imparato	avévano imparato
3 past absolute		10 past anterior	
imparai	imparammo	èbbi imparato	avemmo imparato
imparasti	imparaste	avesti imparato	aveste imparato
imparò	imparàrono	èbbe imparato	èbbero imparato
4 future indicative		11 future perfect	
imparerò	impareremo	avrò imparato	avremo imparato
imparerai	imparerete	avrai imparato	avrete imparato
imparerà	impareranno	avrà imparato	avranno imparato
5 present conditional		12 past conditional	
imparerèi	impareremmo	avrèi imparato	avremmo imparato
impareresti	imparereste	avresti imparato	avreste imparato
imparerèbbe	imparerèbbero	avrèbbe imparato	avrèbbero imparato
6 present subjunctive		13 past subjunctive	
impàri	impariamo	àbbia imparato	abbiamo imparato
impàri	impariate	àbbia imparato	abbiate imparato
impàri	impàrino	àbbia imparato	àbbiano imparato
7 imperfect subjunctive		14 past perfect subjunctive	
imparassi	imparàssimo	avessi imparato	avéssimo imparato
imparassi	imparaste	avessi imparato	aveste imparato
imparasse	imparàssero	avesse imparato	avéssero imparato

imperative		
—		impariamo
impàra (non imparare)		imparate
impàri		impàrino

imparare a memoria   to learn by
heart

imparare a vivere   to learn manners

imporre*

to impose

The Seven Simple Tenses		The Seven Compound Tenses	
Singular	Plural	Singular	Plural
1 present indicative		8 present perfect	
impongo	imponiamo	ho imposto	abbiamo imposto
imponi	imponete	hai imposto	avete imposto
impone	impóngono	ha imposto	hanno imposto
2 imperfect indicative		9 past perfect	
imponevo	imponevamo	avevo imposto	avevamo imposto
imponevi	imponevate	avevi imposto	avevate imposto
imponeva	imponévano	aveva imposto	avévano imposto
3 past absolute		10 past anterior	
imposi	imponemmo	èbbi imposto	avemmo imposto
imponesti	imponeste	avesti imposto	aveste imposto
impose	impósero	èbbe imposto	èbbero imposto
4 future indicative		11 future perfect	
imporrò	imporremo	avrò imposto	avremo imposto
imporrai	imporrete	avrai imposto	avrete imposto
imporrà	imporranno	avrà imposto	avranno imposto
5 present conditional		12 past conditional	
imporrèi	imporremmo	avrèi imposto	avremmo imposto
imporresti	imporreste	avresti imposto	avreste imposto
imporrèbbe	imporrèbbero	avrèbbe imposto	avrèbbero imposto
6 present subjunctive		13 past subjunctive	
imponga	imponiamo	àbbia imposto	abbiamo imposto
imponga	imponiate	àbbia imposto	abbiate imposto
imponga	impóngano	àbbia imposto	àbbiano imposto
7 imperfect subjunctive		14 past perfect subjunctive	
imponessi	imponéssimo	avessi imposto	avéssimo imposto
imponessi	imponeste	avessi imposto	aveste imposto
imponesse	imponéssero	avesse imposto	avéssero imposto

	imperative	
—		imponiamo
imponi (non imporre)		imponete
imponga		impóngano

***Imporre** is a compound of **porre**.

Lui impone la sua volontà.	Lei ci impose un obbligo. She
He imposes his will.	imposed an obligation on us.

imprímere*

Ger. imprimèndo   Past Part. imprèsso

to impress; to imprint

The Seven Simple Tenses		The Seven Compound Tenses	
Singular	Plural	Singular	Plural
1 present indicative		8 present perfect	
imprimo	imprimiamo	ho imprèsso	abbiamo imprèsso
imprimi	imprimete	hai imprèsso	avete imprèsso
imprime	imprímono	ha imprèsso	hanno imprèsso
2 imperfect indicative		9 past perfect	
imprimevo	imprimevamo	avevo imprèsso	avevamo imprèsso
imprimevi	imprimevate	avevi imprèsso	avevate imprèsso
imprimeva	imprimévano	aveva imprèsso	avévano imprèsso
3 past absolute		10 past anterior	
imprèssi	imprimemmo	èbbi imprèsso	avemmo imprèsso
imprimesti	imprimeste	avesti imprèsso	aveste imprèsso
imprèsse	imprèssero	èbbe imprèsso	èbbero imprèsso
4 future indicative		11 future perfect	
imprimerò	imprimeremo	avrò imprèsso	avremo imprèsso
imprimerai	imprimerete	avrai imprèsso	avrete imprèsso
imprimerà	imprimeranno	avrà imprèsso	avranno imprèsso
5 present conditional		12 past conditional	
imprimerèi	imprimeremmo	avrèi imprèsso	avremmo imprèsso
imprimeresti	imprimereste	avresti imprèsso	avreste imprèsso
imprimerèbbe	imprimerèbbero	avrèbbe imprèsso	avrèbbero imprèsso
6 present subjunctive		13 past subjunctive	
imprima	imprimiamo	àbbia imprèsso	abbiamo imprèsso
imprima	imprimiate	àbbia imprèsso	abbiate imprèsso
imprima	imprímano	àbbia imprèsso	àbbiano imprèsso
7 imperfect subjunctive		14 past perfect subjunctive	
imprimessi	impriméssimo	avessi imprèsso	avéssimo imprèsso
imprimessi	imprimeste	avessi imprèsso	aveste imprèsso
imprimesse	impriméssero	avesse imprèsso	avéssero imprèsso

	imperative	
—		imprimiamo
imprimi (non imprímere)		imprimete
imprima		imprímano

*Like **imprímere** is **esprímere**.

Con i piedi bagnati, i bambini imprimono le orme sul tappeto. With wet feet, the children leave footprints on the carpet.	imprimersi una faccia nel cervello. to imprint a face in one's memory

The Seven Simple Tenses		The Seven Compound Tenses	
Singular	Plural	Singular	Plural
1 present indicative		8 present perfect	
includo	includiamo	ho incluso	abbiamo incluso
includi	includete	hai incluso	avete incluso
include	inclúdono	ha incluso	hanno incluso
2 imperfect indicative		9 past perfect	
includevo	includevamo	avevo incluso	avevamo incluso
includevi	includevate	avevi incluso	avevate incluso
includeva	includévano	aveva incluso	avévano incluso
3 past absolute		10 past anterior	
inclusi	includemmo	èbbi incluso	avemmo incluso
includesti	includeste	avesti incluso	aveste incluso
incluse	inclúsero	èbbe incluso	èbbero incluso
4 future indicative		11 future perfect	
includerò	includeremo	avrò incluso	avremo incluso
includerai	includerete	avrai incluso	avrete incluso
includerà	includeranno	avrà incluso	avranno incluso
5 present conditional		12 past conditional	
includerèi	includeremmo	avrèi incluso	avremmo incluso
includeresti	includereste	avresti incluso	avreste incluso
includerèbbe	includerèbbero	avrèbbe incluso	avrèbbero incluso
6 present subjunctive		13 past subjunctive	
includa	includiamo	àbbia incluso	abbiamo incluso
includa	includiate	àbbia incluso	abbiate incluso
includa	inclúdano	àbbia incluso	àbbiano incluso
7 imperfect subjunctive		14 past perfect subjunctive	
includessi	includéssimo	avessi incluso	avéssimo incluso
includessi	includeste	avessi incluso	aveste incluso
includesse	includéssero	avesse incluso	avéssero incluso

	imperative	
—		includiamo
includi (non inclúdere)		includete
includa		inclúdano

*Like **inclúdere** are **conclúdere**, and **illúdere**.

Io includerò il libro nel pacco. I will include the book in the package.	Io sono incluso(a) fra gli invitati. I am included among the guests.

incontrare

Ger. incontrando   Past Part. incontrato

to meet, to encounter

The Seven Simple Tenses		The Seven Compound Tenses	
Singular	Plural	Singular	Plural
1 present indicative		8 present perfect	
incontro	incontriamo	ho incontrato	abbiamo incontrato
incontri	incontrate	hai incontrato	avete incontrato
incontra	incontrano	ha incontrato	hanno incontrato
2 imperfect indicative		9 past perfect	
incontravo	incontravamo	avevo incontrato	avevamo incontrato
incontravi	incontravate	avevi incontrato	avevate incontrato
incontrava	incontràvano	aveva incontrato	avévano incontrato
3 past absolute		10 past anterior	
incontrai	incontrammo	èbbi incontrato	avemmo incontrato
incontrasti	incontraste	avesti incontrato	aveste incontrato
incontrò	incontràrono	èbbe incontrato	èbbero incontrato
4 future indicative		11 future perfect	
incontrerò	incontreremo	avrò incontrato	avremo incontrato
incontrerai	incontrerete	avrai incontrato	avrete incontrato
incontrerà	incontreranno	avrà incontrato	avranno incontrato
5 present conditional		12 past conditional	
incontrerèi	incontreremmo	avrèi incontrato	avremmo incontrato
incontreresti	incontrereste	avresti incontrato	avreste incontrato
incontrerèbbe	incontrerèbbero	avrèbbe incontrato	avrèbbero incontrato
6 present subjunctive		13 past subjunctive	
incontri	incontriamo	àbbia incontrato	abbiamo incontrato
incontri	incontriate	àbbia incontrato	abbiate incontrato
incontri	incontrino	àbbia incontrato	àbbiano incontrato
7 imperfect subjunctive		14 past perfect subjunctive	
incontrassi	incontràssimo	avessi incontrato	avéssimo incontrato
incontrassi	incontraste	avessi incontrato	aveste incontrato
incontrasse	incontràssero	avesse incontrato	avéssero incontrato

	imperative	
—		incontriamo
	incontra (non incontrate)	incontrate
	incontri	incontrino

L'ho incontrata in discoteca. I met her at the disco.

Ci incontriamo ogni giorno. We meet every day.

to indicate, to point at, to show

The Seven Simple Tenses		The Seven Compound Tenses	
Singular	Plural	Singular	Plural
1 present indicative		8 present perfect	
ìndico	indichiamo	ho indicato	abbiamo indicato
ìndichi	indicate	hai indicato	avete indicato
ìndica	ìndicano	ha indicato	hanno indicato
2 imperfect indicative		9 past perfect	
indicavo	indicavamo	avevo indicato	avevamo indicato
indicavi	indicavate	avevi indicato	avevate indicato
indicava	indicàvano	aveva indicato	avévano indicato
3 past absolute		10 past anterior	
indicai	indicammo	èbbi indicato	avemmo indicato
indicasti	indicaste	avesti indicato	aveste indicato
indicò	indicàrono	èbbe indicato	èbbero indicato
4 future indicative		11 future perfect	
indicherò	indicheremo	avrò indicato	avremo indicato
indicherai	indicherete	avrai indicato	avrete indicato
indicherà	indicheranno	avrà indicato	avranno indicato
5 present conditional		12 past conditional	
indicherèi	indicheremmo	avrèi indicato	avremmo indicato
indicheresti	indichereste	avresti indicato	avreste indicato
indicherèbbe	indicherèbbero	avrèbbe indicato	avrèbbero indicato
6 present subjunctive		13 past subjunctive	
ìndichi	indichiamo	àbbia indicato	abbiamo indicato
ìndichi	indichiate	àbbia indicato	abbiate indicato
ìndichi	ìndichino	àbbia indicato	àbbiano indicato
7 imperfect subjunctive		14 past perfect subjunctive	
indicassi	indicàssimo	avessi indicato	avéssimo indicato
indicassi	indicaste	avessi indicato	aveste indicato
indicasse	indicàssero	avesse indicato	avéssero indicato

imperative

—	indichiamo
ìndica (non indicare)	indicate
ìndichi	indichino

Indicò il tuo amico. He pointed at your friend.

Indica quel che devo fare. Point out what I have to do.

inferire

Ger. **inferendo**　　　Past Part. **inferito**

to infer, to deduce, to conclude

The Seven Simple Tenses		The Seven Compound Tenses	
Singular	Plural	Singular	Plural
1　present indicative		8　present perfect	
inferisco	**inferiamo**	**ho inferito**	**abbiamo inferito**
inferisci	**inferite**	**hai inferito**	**avete inferito**
inferisce	**inferiscono**	**ha inferito**	**hanno inferito**
2　imperfect indicative		9　past perfect	
inferivo	**inferivamo**	**avevo inferito**	**avevamo inferito**
inferivi	**inferivate**	**avevi inferito**	**avevate inferito**
inferiva	**inferìvano**	**aveva inferito**	**avévano inferito**
3　past absolute		10　past anterior	
inferii	**inferimmo**	**èbbi inferito**	**avemmo inferito**
inferisti	**inferiste**	**avesti inferito**	**aveste inferito**
inferì	**inferírono**	**èbbe inferito**	**èbbero inferito**
4　future indicative		11　future perfect	
inferirò	**inferiremo**	**avrò inferito**	**avremo inferito**
inferirai	**inferirete**	**avrai inferito**	**avrete inferito**
inferirà	**inferiranno**	**avrà inferito**	**avranno inferito**
5　present conditional		12　past conditional	
inferirèi	**inferiremmo**	**avrèi inferito**	**avremmo inferito**
inferiresti	**inferireste**	**avresti inferito**	**avreste inferito**
inferirèbbe	**inferirèbbero**	**avrèbbe inferito**	**avrèbbero inferito**
6　present subjunctive		13　past subjunctive	
inferisca	**inferiamo**	**àbbia inferito**	**abbiamo inferito**
inferisca	**inferiate**	**àbbia inferito**	**abbiate inferito**
inferisca	**inferìscano**	**àbbia inferito**	**àbbiano inferito**
7　imperfect subjunctive		14　past perfect subjunctive	
inferissi	**inferissimo**	**avessi inferito**	**avéssimo inferito**
inferissi	**inferiste**	**avessi inferito**	**aveste inferito**
inferisse	**inferissero**	**avesse inferito**	**avéssero inferito**

imperative	
—	**inferiamo**
inferisci (non **inferire**)	**inferite**
inferisca	**inferìscano**

Tu inferisci che noi non andiamo
　d'accordo.　You're inferring that we
　don't get along.

inferire una cosa da un'altra　to infer
　one thing from another

134

The Seven Simple Tenses		The Seven Compound Tenses	
Singular	Plural	Singular	Plural
1 present indicative		8 present perfect	
infliggo	**infliggiamo**	**ho inflitto**	**abbiamo inflitto**
infliggi	**infliggete**	**hai inflitto**	**avete inflitto**
infligge	**inflíggono**	**ha inflitto**	**hanno inflitto**
2 imperfect indicative		9 past perfect	
infliggevo	**infliggevamo**	**avevo inflitto**	**avevamo inflitto**
infliggevi	**infliggevate**	**avevi inflitto**	**avevate inflitto**
infliggeva	**infliggévano**	**aveva inflitto**	**avévano inflitto**
3 past absolute		10 past anterior	
inflissi	**infliggemmo**	**èbbi inflitto**	**avemmo inflitto**
infliggesti	**infliggeste**	**avesti inflitto**	**aveste inflitto**
inflisse	**inflíssero**	**èbbe inflitto**	**èbbero inflitto**
4 future indicative		11 future perfect	
infliggerò	**infliggeremo**	**avrò inflitto**	**avremo inflitto**
infliggerai	**infliggerete**	**avrai inflitto**	**avrete inflitto**
infliggerà	**infliggeranno**	**avrà inflitto**	**avranno inflitto**
5 present conditional		12 past conditional	
infliggerèi	**infliggeremmo**	**avrèi inflitto**	**avremmo inflitto**
infliggeresti	**infliggereste**	**avresti inflitto**	**avreste inflitto**
infliggerèbbe	**infliggerèbbero**	**avrèbbe inflitto**	**avrèbbero inflitto**
6 present subjunctive		13 past subjunctive	
infligga	**infliggiamo**	**àbbia inflitto**	**abbiamo inflitto**
infligga	**infliggiate**	**àbbia inflitto**	**abbiate inflitto**
infligga	**inflíggano**	**àbbia inflitto**	**àbbiano inflitto**
7 imperfect subjunctive		14 past perfect subjunctive	
infliggessi	**infliggéssimo**	**avessi inflitto**	**avéssimo inflitto**
infliggessi	**infliggeste**	**avessi inflitto**	**aveste inflitto**
infliggesse	**infliggéssero**	**avesse inflitto**	**avéssero inflitto**

	imperative	
—		**infliggiamo**
infliggi (non inflíggere)		**infliggete**
infligga		**inflíggano**

*Like **inflíggere** are **afflíggere**, **fríggere**, and **sconfíggere**.

---

inflìggere una sconfitta a una squadra
  to inflict defeat on a team

inflìggere una punizione   to inflict a
  punishment

insistere

Ger. **insistendo**   Past Part. **insistito**

to insist

The Seven Simple Tenses		The Seven Compound Tenses	
Singular	Plural	Singular	Plural
1 present indicative		8 present perfect	
insisto	**insistiamo**	**ho insistito**	**abbiamo insistito**
insisti	**insistete**	**hai insistito**	**avete insistito**
insiste	**insístono**	**ha insistito**	**hanno insistito**
2 imperfect indicative		9 past perfect	
insistevo	**insistevamo**	**avevo insistito**	**avevamo insistito**
insistevi	**insistevate**	**avevi insistito**	**avevate insistito**
insisteva	**insistévano**	**aveva insistito**	**avévano insistito**
3 past absolute		10 past anterior	
insistei	**insistemmo**	**èbbi insistito**	**avemmo insistito**
insistesti	**insisteste**	**avesti insistito**	**aveste insistito**
insistè	**insistérono**	**èbbe insistito**	**èbbero insistito**
4 future indicative		11 future perfect	
insisterò	**insisteremo**	**avrò insistito**	**avremo insistito**
insisterai	**insisterete**	**avrai insistito**	**avrete insistito**
insisterà	**insisteranno**	**avrà insistito**	**avranno insistito**
5 present conditional		12 past conditional	
insisterèi	**insisteremmo**	**avrèi insistito**	**avremmo insistito**
insisteresti	**insistereste**	**avresti insistito**	**avreste insistito**
insisterèbbe	**insisterèbbero**	**avrèbbe insistito**	**avrèbbero insistito**
6 present subjunctive		13 past subjunctive	
insista	**insistiamo**	**àbbia insistito**	**abbiamo insistito**
insista	**insistiate**	**àbbia insistito**	**abbiate insistito**
insista	**insístano**	**àbbia insistito**	**àbbiano insistito**
7 imperfect subjunctive		14 past perfect subjunctive	
insistessi	**insistéssimo**	**avessi insistito**	**avéssimo insistito**
insistessi	**insisteste**	**avessi insistito**	**aveste insistito**
insistesse	**insistéssero**	**avesse insistito**	**avéssero insistito**

	imperative	
—		**insistiamo**
insisti (non insistere)		**insistete**
insista		**insístano**

Se proprio insisti, verrò con te.   If
you really insist, I'll come with you.

Non insistere su questo fatto!   Do not
insist on this fact.

Ger. intendèndo   Past Part. inteso   # intèndere*

to understand; to mean

The Seven Simple Tenses		The Seven Compound Tenses	
Singular	Plural	Singular	Plural
1 present indicative		8 present perfect	
intèndo	intendiamo	ho inteso	abbiamo inteso
intèndi	intendete	hai inteso	avete inteso
intènde	intèndono	ha inteso	hanno inteso
2 imperfect indicative		9 past perfect	
intendevo	intendevamo	avevo inteso	avevamo inteso
intendevi	intendevate	avevi inteso	avevate inteso
intendeva	intendévano	aveva inteso	avévano inteso
3 past absolute		10 past anterior	
intesi	intendemmo	èbbi inteso	avemmo inteso
intendesti	intendeste	avesti inteso	aveste inteso
intese	intésero	èbbe inteso	èbbero inteso
4 future indicative		11 future perfect	
intenderò	intenderemo	avrò inteso	avremo inteso
intenderai	intenderete	avrai inteso	avrete inteso
intenderà	intenderanno	avrà inteso	avranno inteso
5 present conditional		12 past conditional	
intenderèi	intenderemmo	avrèi inteso	avremmo inteso
intenderesti	intendereste	avresti inteso	avreste inteso
intenderèbbe	intenderèbbero	avrèbbe inteso	avrèbbero inteso
6 present subjunctive		13 past subjunctive	
intènda	intendiamo	àbbia inteso	abbiamo inteso
intènda	intendiate	àbbia inteso	abbiate inteso
intènda	intèndano	àbbia inteso	àbbiano inteso
7 imperfect subjunctive		14 past perfect subjunctive	
intendessi	intendéssimo	avessi inteso	avéssimo inteso
intendessi	intendeste	avessi inteso	aveste inteso
intendesse	intendéssero	avesse inteso	avéssero inteso

imperative	
—	intendiamo
intèndi (non intèndere)	intendete
intènda	intèndano

*Like **intèndere** are **attèndere**, **contèndere**, and **pretèndere**.

Lui intendeva farlo. He intended to do it.	Gli feci intendere la mia opinione. I made him understand my opinion.

interrómpere* Ger. interrompèndo Past Part. interrotto

to interrupt

The Seven Simple Tenses		The Seven Compound Tenses	
Singular	Plural	Singular	Plural
1 present indicative		8 present perfect	
interrompo	interrompiamo	ho interrotto	abbiamo interrotto
interrompi	interrompete	hai interrotto	avete interrotto
interrompe	interrómpono	ha interrotto	hanno interrotto
2 imperfect indicative		9 past perfect	
interrompevo	interrompevamo	avevo interrotto	avevamo interrotto
interrompevi	interrompevate	avevi interrotto	avevate interrotto
interrompeva	interrompévano	aveva interrotto	avévano interrotto
3 past absolute		10 past anterior	
interruppi	interrompemmo	èbbi interrotto	avemmo interrotto
interrompesti	interrompeste	avesti interrotto	aveste interrotto
interruppe	interrúppero	èbbe interrotto	èbbero interrotto
4 future indicative		11 future perfect	
interromperò	interromperemo	avrò interrotto	avremo interrotto
interromperai	interromperete	avrai interrotto	avrete interrotto
interromperà	interromperanno	avrà interrotto	avranno interrotto
5 present conditional		12 past conditional	
interromperèi	interromperemmo	avrèi interrotto	avremmo interrotto
interromperesti	interrompereste	avresti interrotto	avreste interrotto
interromperèbbe	interromperèbbero	avrèbbe interrotto	avrèbbero interrotto
6 present subjunctive		13 past subjunctive	
interrompa	interrompiamo	àbbia interrotto	abbiamo interrotto
interrompa	interrompiate	àbbia interrotto	abbiate interrotto
interrompa	interrómpano	àbbia interrotto	àbbiano interrotto
7 imperfect subjunctive		14 past perfect subjunctive	
interrompessi	interrompéssimo	avessi interrotto	avéssimo interrotto
interrompessi	interrompeste	avessi interrotto	aveste interrotto
interrompesse	interrompéssero	avesse interrotto	avéssero interrotto

imperative

—	interrompiamo
interrompi (non interrómpere)	interrompete
interrompa	interrómpano

*Compound of **rómpere**.

Lui interrompe sempre le nostre discussioni. He always interrupts our discussions.	Non devi sempre interrompermi quando parlo. You shouldn't always interrupt me when I speak.

The Seven Simple Tenses		The Seven Compound Tenses	
Singular	Plural	Singular	Plural
1 present indicative		8 present perfect	
intervèngo	**interveniamo**	**sono intervenuto**	**siamo intervenuti**
intervièni	**intervenite**	**sèi intervenuto**	**sième intervenuti**
interviène	**intervèngono**	**è intervenuto**	**sono intervenuti**
2 imperfect indicative		9 past perfect	
intervenivo	**intervenivamo**	**èro intervenuto**	**eravamo intervenuti**
intervenivi	**intervenivate**	**èri intervenuto**	**eravate intervenuti**
interveniva	**intervenívano**	**èra intervenuto**	**èrano intervenuti**
3 past absolute		10 past anterior	
intervenni	**intervenimmo**	**fui intervenuto**	**fummo intervenuti**
intervenisti	**interveniste**	**fosti intervenuto**	**foste intervenuti**
intervenne	**intervénnero**	**fu intervenuto**	**fúrono intervenuti**
4 future indicative		11 future perfect	
interverrò	**interverremo**	**sarò intervenuto**	**saremo intervenuti**
interverrai	**interverrete**	**sarai intervenuto**	**sarete intervenuti**
interverrà	**interverranno**	**sarà intervenuto**	**saranno intervenuti**
5 present conditional		12 past conditional	
interverrèi	**interverremmo**	**sarèi intervenuto**	**saremmo intervenuti**
interverresti	**interverreste**	**saresti intervenuto**	**sareste intervenuti**
interverrèbbe	**interverrèbbero**	**sarèbbe intervenuto**	**sarèbbero intervenuti**
6 present subjunctive		13 past subjunctive	
intervènga	**interveniamo**	**sia intervenuto**	**siamo intervenuti**
intervènga	**interveniate**	**sia intervenuto**	**siate intervenuti**
intervènga	**intervèngano**	**sia intervenuto**	**síano intervenuti**
7 imperfect subjunctive		14 past perfect subjunctive	
intervenissi	**interveníssimo**	**fossi intervenuto**	**fóssimo intervenuti**
intervenissi	**interveniste**	**fossi intervenuto**	**foste intervenuti**
intervenisse	**interveníssero**	**fosse intervenuto**	**fóssero intervenuti**

	imperative	
—		**interveniamo**
intervièni (non **intervenire**)		**intervenite**
intervènga		**intervèngano**

*Compound of **venire**.

Non voglio intervenire in queste cose. I don't want to intervene in these matters.	intervenire al dibattito to enter into the debate

introdurre* Ger. introducèndo Past Part. introdotto

to introduce, to insert

The Seven Simple Tenses		The Seven Compound Tenses	
Singular	Plural	Singular	Plural
1 present indicative		8 present perfect	
introduco	introduciamo	ho introdotto	abbiamo introdotto
introduci	introducete	hai introdotto	avete introdotto
introduce	introdúcono	ha introdotto	hanno introdotto
2 imperfect indicative		9 past perfect	
introducevo	introducevamo	avevo introdotto	avevamo introdotto
introducevi	introducevate	avevi introdotto	avevate introdotto
introduceva	introducévano	aveva introdotto	avévano introdotto
3 past absolute		10 past anterior	
introdussi	introducemmo	èbbi introdotto	avemmo introdotto
introducesti	introduceste	avesti introdotto	aveste introdotto
introdusse	introdússero	èbbe introdotto	èbbero introdotto
4 future indicative		11 future perfect	
introdurrò	introdurremo	avrò introdotto	avremo introdotto
introdurrai	introdurrete	avrai introdotto	avrete introdotto
introdurrà	introdurranno	avrà introdotto	avranno introdotto
5 present conditional		12 past conditional	
introdurrèi	introdurremmo	avrèi introdotto	avremmo introdotto
introdurresti	introdurreste	avresti introdotto	avreste introdotto
introdurrèbbe	introdurrèbbero	avrèbbe introdotto	avrèbbero introdotto
6 present subjunctive		13 past subjunctive	
introduca	introduciamo	àbbia introdotto	abbiamo introdotto
introduca	introduciate	àbbia introdotto	abbiate introdotto
introduca	introdúcano	àbbia introdotto	àbbiano introdotto
7 imperfect subjunctive		14 past perfect subjunctive	
introducessi	introducéssimo	avessi introdotto	avéssimo introdotto
introducessi	introduceste	avessi introdotto	aveste introdotto
introducesse	introducéssero	avesse introdotto	avéssero introdotto

imperative

	introduciamo
introduci (non introdurre)	introducete
introduca	introdúcano

*Like **introdurre** are **condurre, dedurre, produrre, ridurre, sedurre,** and **tradurre**.

introdurre un discorso to introduce a subject	introdurre una lite to start an argument

The Seven Simple Tenses		The Seven Compound Tenses	
Singular	Plural	Singular	Plural
1 present indicative		8 present perfect	
invado	**invadiamo**	**ho invaso**	**abbiamo invaso**
invadi	**invadete**	**hai invaso**	**avete invaso**
invade	**invàdono**	**ha invaso**	**hanno invaso**
2 imperfect indicative		9 past perfect	
invadevo	**invadevamo**	**avevo invaso**	**avevamo invaso**
invadevi	**invadevate**	**avevi invaso**	**avevate invaso**
invadeva	**invadévano**	**aveva invaso**	**avévano invaso**
3 past absolute		10 past anterior	
invasi	**invademmo**	**èbbi invaso**	**avemmo invaso**
invadesti	**invadeste**	**avesti invaso**	**aveste invaso**
invase	**invàsero**	**èbbe invaso**	**èbbero invaso**
4 future indicative		11 future perfect	
invaderò	**invaderemo**	**avrò invaso**	**avremo invaso**
invaderai	**invaderete**	**avrai invaso**	**avrete invaso**
invaderà	**invaderanno**	**avrà invaso**	**avranno invaso**
5 present conditional		12 past conditional	
invaderèi	**invaderemmo**	**avrèi invaso**	**avremmo invaso**
invaderesti	**invadereste**	**avresti invaso**	**avreste invaso**
invaderèbbe	**invaderèbbero**	**avrèbbe invaso**	**avrèbbero invaso**
6 present subjunctive		13 past subjunctive	
invada	**invadiamo**	**àbbia invaso**	**abbiamo invaso**
invada	**invadiate**	**àbbia invaso**	**abbiate invaso**
invada	**invàdano**	**àbbia invaso**	**àbbiano invaso**
7 imperfect subjunctive		14 past perfect subjunctive	
invadessi	**invadéssimo**	**avessi invaso**	**avéssimo invaso**
invadessi	**invadeste**	**avessi invaso**	**aveste invaso**
invadesse	**invadéssero**	**avesse invaso**	**avéssero invaso**

	imperative	
—		**invadiamo**
	invadi (non invàdere)	**invadete**
	invada	**invàdano**

Il nemico invase la città. The enemy invaded the city.	Ogni anno i turisti invadono l'Europa. Every year tourists invade Europe.

invitare

Ger. **invitando**   Past Part. **invitato**

to invite

The Seven Simple Tenses		The Seven Compound Tenses	
Singular	Plural	Singular	Plural
1 present indicative		8 present perfect	
invìto	invitiamo	ho invitato	abbiamo invitato
invìti	invitate	hai invitato	avete invitato
invìta	invitano	ha invitato	hanno invitato
2 imperfect indicative		9 past perfect	
invitavo	invitavamo	avevo invitato	avevamo invitato
invitavi	invitavate	avevi invitato	avevate invitato
invitava	invitàvano	aveva invitato	avévano invitato
3 past absolute		10 past anterior	
invitai	invitammo	èbbi invitato	avemmo invitato
invitasti	invitaste	avesti invitato	aveste invitato
invitò	invitàrono	èbbe invitato	èbbero invitato
4 future indicative		11 future perfect	
inviterò	inviteremo	avrò invitato	avremo invitato
inviterai	inviterete	avrai invitato	avrete invitato
inviterà	inviteranno	avrà invitato	avranno invitato
5 present conditional		12 past conditional	
inviterèi	inviteremmo	avrèi invitato	avremmo invitato
inviteresti	invitereste	avresti invitato	avreste invitato
inviterèbbe	inviterèbbero	avrèbbe invitato	avrèbbero invitato
6 present subjunctive		13 past subjunctive	
inviti	invitiamo	àbbia invitato	abbiamo invitato
inviti	invitiate	àbbia invitato	abbiate invitato
inviti	invìtino	àbbia invitato	àbbiano invitato
7 imperfect subjunctive		14 past perfect subjunctive	
invitassi	invitàssimo	avessi invitato	avéssimo invitato
invitassi	invitaste	avessi invitato	aveste invitato
invitasse	invitàssero	avesse invitato	avéssero invitato

imperative		
—		invitiamo
invìta (non invitare)		invitate
invìti		invìtino

La invitai a pranzo. I invited her to lunch.	Perché non inviti Laura e Michele a cena? Why don't you invite Laura and Michael for dinner?

to wrap (up), to envelop

The Seven Simple Tenses		The Seven Compound Tenses	
Singular	Plural	Singular	Plural
1 present indicative		8 present perfect	
invòlgo	involgiamo	ho involto	abbiamo involto
invòlgi	involgete	hai involto	avete involto
invòlge	invòlgono	ha involto	hanno involto
2 imperfect indicative		9 past perfect	
involgevo	involgevamo	avevo involto	avevamo involto
involgevi	involgevate	avevi involto	avevate involto
involgeva	involgévano	aveva involto	avévano involto
3 past absolute		10 past anterior	
invòlsi	involgemmo	èbbi involto	avemmo involto
involgesti	involgeste	avesti involto	aveste involto
invòlse	invòlsero	èbbe involto	èbbero involto
4 future indicative		11 future perfect	
involgerò	involgeremo	avrò involto	avremo involto
involgerai	involgerete	avrai involto	avrete involto
involgerà	involgeranno	avrà involto	avranno involto
5 present conditional		12 past conditional	
involgerèi	involgeremmo	avrèi involto	avremmo involto
involgeresti	involgereste	avresti involto	avreste involto
involgerèbbe	involgerèbbero	avrèbbe involto	avrèbbero involto
6 present subjunctive		13 past subjunctive	
invòlga	involgiamo	àbbia involto	abbiamo involto
invòlga	involgiate	àbbia involto	abbiate involto
invòlga	invòlgano	àbbia involto	àbbiano involto
7 imperfect subjunctive		14 past perfect subjunctive	
involgessi	involgéssimo	avessi involto	avéssimo involto
involgessi	involgeste	avessi involto	aveste involto
involgesse	involgéssero	avesse involto	avéssero involto

imperative	
—	involgiamo
invòlgi (non invòlgere)	involgete
invòlga	invòlgano

*Like **involgere** are **rivolgersi** and **svolgere**.

Questa domanda involge molte questioni. This question implies many issues.	Ho involto i fiori. I wrapped up the flowers.

istruire

Ger. istruèndo Past Part. istruito

to teach, to instruct

The Seven Simple Tenses		The Seven Compound Tenses	
Singular	Plural	Singular	Plural
1 present indicative		8 present perfect	
istruisco	istruiamo	ho istruito	abbiamo istruito
istruisci	istruite	hai istruito	avete istruito
istruisce	istruíscono	ha istruito	hanno istruito
2 imperfect indicative		9 past perfect	
istruivo	istruivamo	avevo istruito	avevamo istruito
istruivi	istruivate	avevi istruito	avevate istruito
istruiva	istruívano	aveva istruito	avévano istruito
3 past absolute		10 past anterior	
istruii	istruimmo	èbbi istruito	avemmo istruito
istruisti	istruiste	avesti istruito	aveste istruito
istruì	istruírono	èbbe istruito	èbbero istruito
4 future indicative		11 future perfect	
istruirò	istruiremo	avrò istruito	avremo istruito
istruirai	istruirete	avrai istruito	avrete istruito
istruirà	istruiranno	avrà istruito	avranno istruito
5 present conditional		12 past conditional	
istruirèi	istruiremmo	avrèi istruito	avremmo istruito
istruiresti	istruireste	avresti istruito	avreste istruito
istruirèbbe	istruirèbbero	avrèbbe istruito	avrèbbero istruito
6 present subjunctive		13 past subjunctive	
istruisca	istruiamo	àbbia istruito	abbiamo istruito
istruisca	istruiate	àbbia istruito	abbiate istruito
istruisca	istruíscano	àbbia istruito	àbbiano istruito
7 imperfect subjunctive		14 past perfect subjunctive	
istruissi	istruíssimo	avessi istruito	avéssimo istruito
istruissi	istruiste	avessi istruito	aveste istruito
istruisse	istruíssero	avesse istruito	avéssero istruito

	imperative	
—	istruiamo	
istruisci (non istruire)	istruite	
istruisca	istruíscano	

Lo istruisco in italiano. I instruct him in Italian.

La istruirò su come scrivere quella lettera. I'll teach her how to write that letter.

to leave; to let

The Seven Simple Tenses		The Seven Compound Tenses	
Singular	Plural	Singular	Plural
1 present indicative		8 present perfect	
lascio	lasciamo	ho lasciato	abbiamo lasciato
lasci	lasciate	hai lasciato	avete lasciato
lascia	làsciano	ha lasciato	hanno lasciato
2 imperfect indicative		9 past perfect	
lasciavo	lasciavamo	avevo lasciato	avevamo lasciato
lasciavi	lasciavate	avevi lasciato	avevate lasciato
lasciava	lasciàvano	aveva lasciato	avévano lasciato
3 past absolute		10 past anterior	
lasciai	lasciammo	èbbi lasciato	avemmo lasciato
lasciasti	lasciaste	avesti lasciato	aveste lasciato
lasciò	lasciàrono	èbbe lasciato	èbbero lasciato
4 future indicative		11 future perfect	
lascerò	lasceremo	avrò lasciato	avremo lasciato
lascerai	lascerete	avrai lasciato	avrete lasciato
lascerà	lasceranno	avrà lasciato	avranno lasciato
5 present conditional		12 past conditional	
lascerèi	lasceremmo	avrèi lasciato	avremmo lasciato
lasceresti	lascereste	avresti lasciato	avreste lasciato
lascerèbbe	lascerèbbero	avrèbbe lasciato	avrèbbero lasciato
6 present subjunctive		13 past subjunctive	
lasci	lasciamo	àbbia lasciato	abbiamo lasciato
lasci	lasciate	àbbia lasciato	abbiate lasciato
lasci	làscino	àbbia lasciato	àbbiano lasciato
7 imperfect subjunctive		14 past perfect subjunctive	
lasciassi	lasciàssimo	avessi lasciato	avéssimo lasciato
lasciassi	lasciaste	avessi lasciato	aveste lasciato
lasciasse	lasciàssero	avesse lasciato	avéssero lasciato

	imperative	
—		lasciamo
lascia (non lasciare)		lasciate
lasci		làscino

Lasciami stare!   Leave me alone!   **Mi lasciò in città.**   He left me in the city.

lavare

Ger. lavando　　　　Past Part. lavato

to wash, to clean

The Seven Simple Tenses		The Seven Compound Tenses	
Singular	Plural	Singular	Plural
1　present indicative		8　present perfect	
làvo	laviamo	ho lavato	abbiamo lavato
làvi	lavate	hai lavato	avete lavato
làva	lavano	ha lavato	hanno lavato
2　imperfect indicative		9　past perfect	
lavavo	lavavamo	avevo lavato	avevamo lavato
lavavi	lavavate	avevi lavato	avevate lavato
lavava	lavàvano	aveva lavato	avévano lavato
3　past absolute		10　past anterior	
lavai	lavammo	èbbi lavato	avemmo lavato
lavasti	lavaste	avesti lavato	aveste lavato
lavò	lavàrono	èbbe lavato	èbbero lavato
4　future indicative		11　future perfect	
laverò	laveremo	avrò lavato	avremo lavato
laverai	laverete	avrai lavato	avrete lavato
laverà	laveranno	avrà lavato	avranno lavato
5　present conditional		12　past conditional	
laverèi	laveremmo	avrèi lavato	avremmo lavato
laveresti	lavereste	avresti lavato	avreste lavato
laverèbbe	laverèbbero	avrèbbe lavato	avrèbbero lavato
6　present subjunctive		13　past subjunctive	
làvi	laviamo	àbbia lavato	abbiamo lavato
làvi	laviate	àbbia lavato	abbiate lavato
làvi	làvino	àbbia lavato	àbbiano lavato
7　imperfect subjunctive		14　past perfect subjunctive	
lavassi	lavàssimo	avessi lavato	avessimo lavato
lavassi	lavaste	avessi lavato	aveste lavato
lavasse	lavàssero	avesse lavato	avéssero lavato

	imperative	
—	laviamo
làva (non lavare)	lavate
làvi	làvino

Ho lavato le mani del bambino.	Lei ha lavato la macchina.　She
I washed the child's hands.	washed the car.

Ger. **lavando**   Past Part. **lavato**   **lavarsi**

to wash oneself

The Seven Simple Tenses		The Seven Compound Tenses	
Singular	Plural	Singular	Plural
1 present indicative		8 present perfect	
mi làvo	ci laviamo	mi sono lavato	ci siamo lavati
ti làvi	vi lavate	ti sèi lavato	vi siète lavati
si làva	si làvano	si è lavato	si sono lavati
2 imperfect indicative		9 past perfect	
mi lavavo	ci lavavamo	mi èro lavato	ci eravamo lavati
ti lavavi	vi lavavate	ti èri lavato	vi eravate lavati
si lavava	si lavàvano	si èra lavato	si èrano lavati
3 past absolute		10 past anterior	
mi lavai	ci lavammo	mi fui lavato	ci fummo lavati
ti lavasti	vi lavaste	ti fosti lavato	vi foste lavati
si lavò	si lavàrono	si fu lavato	si fúrono lavati
4 future indicative		11 future perfect	
mi laverò	ci laveremo	mi sarò lavato	ci saremo lavati
ti laverai	vi laverete	ti sarai lavato	vi sarete lavati
si laverà	si laveranno	si sarà lavato	si saranno lavati
5 present conditional		12 past conditional	
mi laverei	ci laveremmo	mi sarèi lavato	ci saremmo lavati
ti laveresti	vi lavereste	ti saresti lavato	vi sareste lavati
si laverèbbe	si laverèbbero	si sarèbbe lavato	si sarèbbero lavati
6 present subjunctive		13 past subjunctive	
mi làvi	ci laviamo	mi sia lavato	ci siamo lavati
ti làvi	vi laviate	ti sia lavato	vi siate lavati
si làvi	si làvino	si sia lavato	si síano lavati
7 imperfect subjunctive		14 past perfect subjunctive	
mi lavassi	ci lavàssimo	mi fossi lavato	ci fóssimo lavati
ti lavassi	vi lavaste	ti fossi lavato	vi foste lavati
si lavasse	si lavàssero	si fosse lavato	si fóssero lavati

imperative

—	laviamoci
làvati (non ti lavare)	lavàtevi
si làvi	si làvino

Mi sono lavato le mani.   I washed my hands.   **lavarsi le mani dell'affare**   to wash one's hands of that business

lèggere*

Ger. leggèndo   Past Part. lètto

to read

The Seven Simple Tenses		The Seven Compound Tenses	
Singular	Plural	Singular	Plural
1 present indicative		8 present perfect	
lèggo	leggiamo	ho lètto	abbiamo lètto
lèggi	leggete	hai lètto	avete lètto
lègge	lèggono	ha lètto	hanno lètto
2 imperfect indicative		9 past perfect	
leggevo	leggevamo	avevo lètto	avevamo lètto
leggevi	leggevate	avevi lètto	avevate lètto
leggeva	leggévano	aveva lètto	avévano lètto
3 past absolute		10 past anterior	
lèssi	leggemmo	èbbi lètto	avemmo lètto
leggesti	leggeste	avesti lètto	aveste lètto
lèsse	lèssero	èbbe lètto	èbbero lètto
4 future indicative		11 future perfect	
leggerò	leggeremo	avrò lètto	avremo lètto
leggerai	leggerete	avrai lètto	avrete lètto
leggerà	leggeranno	avrà lètto	avranno lètto
5 present conditional		12 past conditional	
leggerèi	leggeremmo	avrèi lètto	avremmo lètto
leggeresti	leggereste	avresti lètto	avreste lètto
leggerèbbe	leggerèbbero	avrèbbe lètto	avrèbbero lètto
6 present subjunctive		13 past subjunctive	
lègga	leggiamo	àbbia lètto	abbiamo lètto
lègga	leggiate	àbbia lètto	abbiate lètto
lègga	lèggano	àbbia lètto	àbbiano lètto
7 imperfect subjunctive		14 past perfect subjunctive	
leggessi	leggéssimo	avessi lètto	avéssimo lètto
leggessi	leggeste	avessi lètto	aveste lètto
leggesse	leggéssero	avesse lètto	avéssero lètto

	imperative	
—	leggiamo	
lèggi (non lèggere)	leggete	
lègga	lèggano	

*Lèggere is conjugated like elèggere and protèggere.

| Ho perso gli occhiali; non posso leggere oggi.   I lost my glasses; I can't read today. | Lui legge bene.   He reads well. |

to curse

The Seven Simple Tenses		The Seven Compound Tenses	
Singular	Plural	Singular	Plural
1 present indicative		8 present perfect	
maledico	malediciamo	ho maledetto	abbiamo maledetto
maledici	maledite	hai maledetto	avete maledetto
maledice	maledícono	ha maledetto	hanno maledetto
2 imperfect indicative		9 past perfect	
maledicevo	maledicevamo	avevo maledetto	avevamo maledetto
maledicevi	maledicevate	avevi maledetto	avevate maledetto
malediceva	maledicévano	aveva maledetto	avévano maledetto
3 past absolute		10 past anterior	
maledissi	maledicemmo	èbbi maledetto	avemmo maledetto
maledicesti	malediceste	avesti maledetto	aveste maledetto
maledisse	maledíssero	èbbe maledetto	èbbero maledetto
4 future indicative		11 future perfect	
maledirò	malediremo	avrò maledetto	avremo maledetto
maledirai	maledirete	avrai maledetto	avrete maledetto
maledirà	malediranno	avrà maledetto	avranno maledetto
5 present conditional		12 past conditional	
maledirèi	malediremmo	avrèi maledetto	avremmo maledetto
malediresti	maledireste	avresti maledetto	avreste maledetto
maledirèbbe	maledirèbbero	avrèbbe maledetto	avrèbbero maledetto
6 present subjunctive		13 past subjunctive	
maledica	malediciamo	àbbia maledetto	abbiamo maledetto
maledica	malediciate	àbbia maledetto	abbiate maledetto
maledica	maledicano	àbbia maledetto	àbbiano maledetto
7 imperfect subjunctive		14 past perfect subjunctive	
maledicessi	maledicéssimo	avessi maledetto	avéssimo maledetto
maledicessi	malediceste	avessi maledetto	aveste maledetto
maledicesse	maledicéssero	avesse maledetto	avéssero maledetto

	imperative	
—		malediciamo
maledici (non maledire)		maledite
maledica		maledícano

*Compound of **dire**.

Lui maledisse la propria azione.	maledire i tiranni. to curse tyrants
He cursed his own action.	

maltrattare

Ger. **maltrattando**   Past Part. **maltrattato**

to mistreat, to ill-treat

The Seven Simple Tenses		The Seven Compound Tenses	
Singular	Plural	Singular	Plural
1 present indicative		8 present perfect	
maltràtto	maltrattiamo	ho maltrattato	abbiamo maltattato
maltràtti	maltrattate	hai maltrattato	avete maltrattato
maltràtta	maltrattano	ha maltrattato	hanno maltrattato
2 imperfect indicative		9 past perfect	
maltrattavo	maltrattavamo	avevo maltrattato	avevamo maltrattato
maltrattavi	maltrattavate	avevi maltrattato	avevate maltrattato
maltrattava	maltrattàvano	aveva maltrattato	avévano maltrattato
3 past absolute		10 past anterior	
maltrattai	maltrattammo	èbbi maltrattato	avemmo maltrattato
maltrattasti	maltrattaste	avesti maltrattato	aveste maltrattato
maltrattò	maltrattàrono	èbbe maltrattato	èbbero maltrattato
4 future indicative		11 future perfect	
maltratterò	maltratteremo	avrò maltrattato	avremo maltrattato
maltratterai	maltratterete	avrai maltrattato	avrete maltrattato
maltratterà	maltratteranno	avrà maltrattato	avranno maltrattato
5 present conditional		12 past conditional	
maltratterèi	maltratteremmo	avrèi maltrattato	avremmo maltrattato
maltratteresti	maltrattereste	avresti maltrattato	avreste maltrattato
maltratterèbbe	maltratterèbbero	avrèbbe maltrattato	avrèbbero maltrattato
6 present subjunctive		13 past subjunctive	
maltràtti	maltrattiamo	àbbia maltrattato	abbiamo maltrattato
maltràtti	maltrattiate	àbbia maltrattato	abbiate maltrattato
maltràtti	maltràttino	àbbia maltrattato	àbbiano maltrattato
7 imperfect subjunctive		14 past perfect subjunctive	
maltrattassi	maltrattàssimo	avessi maltrattato	avéssimo maltrattato
maltrattassi	maltrattaste	avessi maltrattato	aveste maltrattato
maltrattasse	maltrattàssero	avesse maltrattato	avéssero maltrattato

	imperative	
—		maltrattiamo
maltràtta (non maltrattare)		maltrattate
maltràtti		maltràttino

Lui maltratta gli animali. He mistreats animals.

maltrattare una lingua to butcher a language

mandare
to send

The Seven Simple Tenses		The Seven Compound Tenses	
Singular	Plural	Singular	Plural
1 present indicative		8 present perfect	
màndo	mandiamo	ho mandato	abbiamo mandato
màndi	mandate	hai mandato	avete mandato
mànda	mandano	ha mandato	hanno mandato
2 imperfect indicative		9 past perfect	
mandavo	mandavamo	avevo mandato	avevamo mandato
mandavi	mandavate	avevi mandato	avevate mandato
mandava	mandàvano	aveva mandato	avévano mandato
3 past absolute		10 past anterior	
mandai	mandammo	èbbi mandato	avemmo mandato
mandasti	mandaste	aveste mandato	aveste mandato
mandò	mandàrono	èbbe mandato	èbbero mandato
4 future indicative		11 future perfect	
manderò	manderemo	avrò mandato	avremo mandato
manderai	manderete	avrai mandato	avrete mandato
manderà	manderanno	avrà mandato	avranno mandato
5 present conditional		12 past conditional	
manderèi	manderemmo	avrèi mandato	avremmo mandato
manderesti	mandereste	avresti mandato	avreste mandato
manderèbbe	manderèbbero	avrèbbe mandato	avrèbbero mandato
6 present subjunctive		13 past subjunctive	
màndi	mandiamo	àbbia mandato	abbiamo mandato
màndi	mandiate	àbbia mandato	abbiate mandato
màndi	màndino	àbbia mandato	àbbiano mandato
7 imperfect subjunctive		14 past perfect subjunctive	
mandassi	mandàssimo	avessi mandato	avéssimo mandato
mandassi	mandaste	avessi mandato	aveste mandato
mandasse	mandàssero	avesse mandato	avéssero mandato

imperative

—	mandiamo
mànda (non mandare)	mandate
màndi	màndino

Mandami la lettera! Send me the letter!   **Io manderò il ragazzo a casa di buon'ora.** I will send the boy home early.

mangiare
Ger. mangiando   Past Part. mangiato

to eat

The Seven Simple Tenses		The Seven Compound Tenses	
Singular	Plural	Singular	Plural
1 present indicative		8 present perfect	
mangio	mangiamo	ho mangiato	abbiamo mangiato
mangi	mangiate	hai mangiato	avete mangiato
mangia	màngiano	ha mangiato	hanno mangiato
2 imperfect indicative		9 past perfect	
mangiavo	mangiavamo	avevo mangiato	avevamo mangiato
mangiavi	mangiavate	avevi mangiato	avevate mangiato
mangiava	mangiàvano	aveva mangiato	avévano mangiato
3 past absolute		10 past anterior	
mangiai	mangiammo	èbbi mangiato	avemmo mangiato
mangiasti	mangiaste	avesti mangiato	aveste mangiato
mangiò	mangiàrono	èbbe mangiato	èbbero mangiato
4 future indicative		11 future perfect	
mangerò	mangeremo	avrò mangiato	avremo mangiato
mangerai	mangerete	avrai mangiato	avrete mangiato
mangerà	mangeranno	avrà mangiato	avranno mangiato
5 present conditional		12 past conditional	
mangerèi	mangeremmo	avrèi mangiato	avremmo mangiato
mangeresti	mangereste	avresti mangiato	aveste mangiato
mangerèbbe	mangerèbbero	avrèbbe mangiato	avrèbbero mangiato
6 present subjunctive		13 past subjunctive	
mangi	mangiamo	àbbia mangiato	abbiamo mangiato
mangi	mangiate	àbbia mangiato	abbiate mangiato
mangi	màngino	àbbia mangiato	àbbiano mangiato
7 imperfect subjunctive		14 past perfect subjunctive	
mangiassi	mangiàssimo	avessi mangiato	avéssimo mangiato
mangiassi	mangiaste	avessi mangiato	aveste mangiato
mangiasse	mangiàssero	avesse mangiato	avéssero mangiato

	imperative	
—		mangiamo
mangia (non mangiare)		mangiate
mangi		màngino

Io mangio bene ogni giorno.   I eat well every day.

Lui mangiava una volta al giorno.
He used to eat once a day.

to maintain, to keep, to preserve

The Seven Simple Tenses		The Seven Compound Tenses	
Singular	Plural	Singular	Plural
1 present indicative		**8 present perfect**	
mantèngo	manteniamo	ho mantenuto	abbiamo mantenuto
mantièni	mantenete	hai mantenuto	avete mantenuto
mantiène	mantèngono	ha mantenuto	hanno mantenuto
2 imperfect indicative		**9 past perfect**	
mantenevo	mantenevamo	avevo mantenuto	avevamo mantenuto
mantenevi	mantenevate	avevi mantenuto	avevate mantenuto
manteneva	mantenévano	aveva mantenuto	avévano mantenuto
3 past absolute		**10 past anterior**	
mantenni	mantenemmo	èbbi mantenuto	avemmo mantenuto
mantenesti	manteneste	avesti mantenuto	aveste mantenuto
mantenne	manténnero	èbbe mantenuto	èbbero mantenuto
4 future indicative		**11 future perfect**	
manterrò	manterremo	avrò mantenuto	avremo mantenuto
manterrai	manterrete	avrai mantenuto	avrete mantenuto
manterrà	manterranno	avrà mantenuto	avranno mantenuto
5 present conditional		**12 past conditional**	
manterrèi	manterremmo	avrèi mantenuto	avremmo mantenuto
manterresti	manterreste	avresti mantenuto	avreste mantenuto
manterrèbbe	manterrèbbero	avrèbbe mantenuto	avrèbbero mantenuto
6 present subjunctive		**13 past subjunctive**	
mantènga	manteniamo	àbbia mantenuto	abbiamo mantenuto
mantènga	manteniate	àbbia mantenuto	abbiate mantenuto
mantènga	mantèngano	àbbia mantenuto	àbbiano mantenuto
7 imperfect subjunctive		**14 past perfect subjunctive**	
mantenessi	mantenéssimo	avessi mantenuto	avéssimo mantenuto
mantenessi	manteneste	avessi mantenuto	aveste mantenuto
mantenesse	mantenéssero	avesse mantenuto	avéssero mantenuto

imperative	
—	manteniamo
mantièni (non mantenere)	mantenete
mantènga	mantèngano

*Compound of **tenere**.

La mia famiglia mantiene le sue tradizioni italiane. My family maintains its Italian traditions.	Marcello si mantiene giovane. Marcello keeps himself young.

méttere*

Ger. mettèndo   Past Part. messo

to put, to place, to set

The Seven Simple Tenses		The Seven Compound Tenses	
Singular	Plural	Singular	Plural
1 present indicative		8 present perfect	
metto	mettiamo	ho messo	abbiamo messo
metti	mettete	hai messo	avete messo
mette	méttono	ha messo	hanno messo
2 imperfect indicative		9 past perfect	
mettevo	mettevamo	avevo messo	avevamo messo
mettevi	mettevate	avevi messo	avevate messo
metteva	mettévano	aveva messo	avévano messo
3 past absolute		10 past anterior	
misi	mettemmo	èbbi messo	avemmo messo
mettesti	metteste	avesti messo	aveste messo
mise	mísero	èbbe messo	èbbero messo
4 future indicative		11 future perfect	
metterò	metteremo	avrò messo	avremo messo
metterai	metterete	avrai messo	avrete messo
metterà	metteranno	avrà messo	avranno messo
5 present conditional		12 past conditional	
metterèi	metteremmo	avrèi messo	avremmo messo
metteresti	mettereste	avresti messo	avreste messo
metterèbbe	metterèbbero	avrèbbe messo	avrèbbero messo
6 present subjunctive		13 past subjunctive	
metta	mettiamo	àbbia messo	abbiamo messo
metta	mettiate	àbbia messo	abbiate messo
metta	méttano	àbbia messo	àbbiano messo
7 imperfect subjunctive		14 past perfect subjunctive	
mettessi	mettéssimo	avessi messo	avéssimo messo
mettessi	metteste	avessi messo	aveste messo
mettesse	mettéssero	avesse messo	avéssero messo

	imperative	
—		mettiamo
metti (non méttere)		mettete
metta		méttano

* Like **méttere** are **amméttere, comméttere, comprométtere, diméttere, ométtere, perméttere, prométtere, riméttere, scomméttere, sméttere, somméttere, sottométtere, trasméttere,** etc.

Non mettere il libro sulla tavola.
   Don't put the book on the table.

Che cosa ti metti per la festa?   What are you wearing to the party?
Note: As a reflexive verb, **mettersi** means *to wear*.

The Seven Simple Tenses		The Seven Compound Tenses	
Singular	Plural	Singular	Plural
1 present indicative		**8 present perfect**	
mòrdo	mordiamo	ho mòrso	abbiamo mòrso
mòrdi	mordete	hai mòrso	avete mòrso
mòrde	mòrdono	ha mòrso	hanno mòrso
2 imperfect indicative		**9 past perfect**	
mordevo	mordevamo	avevo mòrso	avevamo mòrso
mordevi	mordevate	avevi mòrso	avevate mòrso
mordeva	mordévano	aveva mòrso	avévano mòrso
3 past absolute		**10 past anterior**	
mòrsi	mordemmo	èbbi mòrso	avemmo mòrso
mordesti	mordeste	avesti mòrso	aveste mòrso
mòrse	mòrsero	èbbe mòrso	èbbero mòrso
4 future indicative		**11 future perfect**	
morderò	morderemo	avrò mòrso	avremo mòrso
morderai	morderete	avrai mòrso	avrete mòrso
morderà	morderanno	avrà mòrso	avranno mòrso
5 present conditional		**12 past conditional**	
morderèi	morderemmo	avrèi mòrso	avremmo mòrso
morderesti	mordereste	avresti mòrso	avreste mòrso
morderèbbe	morderèbbero	avrèbbe mòrso	avrèbbero mòrso
6 present subjunctive		**13 past subjunctive**	
mòrda	mordiamo	àbbia mòrso	abbiamo mòrso
mòrda	mordiate	àbbia mòrso	abbiate mòrso
mòrda	mòrdano	àbbia mòrso	àbbiano mòrso
7 imperfect subjunctive		**14 past perfect subjunctive**	
mordessi	mordéssimo	avessi mòrso	avéssimo mòrso
mordessi	mordeste	avessi mòrso	aveste mòrso
mordesse	mordéssero	avesse mòrso	avéssero mòrso

imperative

—	mordiamo
mòrdi (non mòrdere)	mordete
mòrda	mòrdano

Il mio gatto non morde.   My cat does   Il cane mi morse.   The dog bit me.
not bite.

morire

Ger. morèndo   Past Part. mòrto

to die

The Seven Simple Tenses		The Seven Compound Tenses	
Singular	Plural	Singular	Plural
1 present indicative		8 present perfect	
muòio	moriamo	sono mòrto	siamo mòrti
muòri	morite	sèi mòrto	siète mòrti
muòre	muòiono	è mòrto	sono mòrti
2 imperfect indicative		9 past perfect	
morivo	morivamo	èro mòrto	eravamo mòrti
morivi	morivate	èri mòrto	eravate mòrti
moriva	morívano	èra mòrto	èrano mòrti
3 past absolute		10 past anterior	
morii	morimmo	fui mòrto	fummo mòrti
moristi	moriste	fosti mòrto	foste mòrti
morí	morírono	fu mòrto	fúrono mòrti
4 future indicative		11 future perfect	
morrò (morirò)	morremo (moriremo)	sarò mòrto	saremo mòrti
morrai (morirai)	morrete (morirete)	sarai mòrto	sarete mòrti
morrà (morirà)	morranno (moriranno)	sarà mòrto	saranno mòrti
5 present conditional		12 past conditional	
morrèi (morirèi)	morremmo (moriremmo)	sarèi mòrto	saremmo mòrti
morresti (moriresti)	morreste (morireste)	saresti mòrto	sareste mòrti
morrèbbe (morirèbbe)	morrèbbero (morirèbbero)	sarèbbe mòrto	sarèbbero mòrti
6 present subjunctive		13 past subjunctive	
muòia	moriamo	sia mòrto	siamo mòrti
muòia	moriate	sia mòrto	siate mòrti
muòia	muòiano	sia mòrto	síano mòrti
7 imperfect subjunctive		14 past perfect subjunctive	
morissi	moríssimo	fossi mòrto	fóssimo mòrti
morissi	moriste	fossi mòrto	foste mòrti
morisse	moríssero	fosse mòrto	fóssero mòrti

imperative	
—	moriamo
muòri (non morire)	morite
muòia	muòiano

Lei muore di paura quando rimane sola. She dies of fright when she remains alone.	Michelangelo morì molti anni fa. Michelangelo died many years ago.

The Seven Simple Tenses		The Seven Compound Tenses	
Singular	Plural	Singular	Plural
1 present indicative		**8 present perfect**	
mòstro	mostriamo	ho mostrato	abbiamo mostrato
mòstri	mostrate	hai mostrato	avete mostrato
mòstra	mostrano	ha mostrato	hanno mostrato
2 imperfect indicative		**9 past perfect**	
mostravo	mostravamo	avevo mostrato	avevamo mostrato
mostravi	mostravate	avevi mostrato	avevate mostrato
mostrava	mostràvano	aveva mostrato	avévano mostrato
3 past absolute		**10 past anterior**	
mostrai	mostrammo	èbbi mostrato	avemmo mostrato
mostrasti	mostraste	avesti mostrato	aveste mostrato
mostrò	mostràrono	èbbe mostrato	èbbero mostrato
4 future indicative		**11 future perfect**	
mostrerò	mostreremo	avrò mostrato	avremo mostrato
mostrerai	mostrerete	avrai mostrato	avrete mostrato
mostrerà	mostreranno	avrà mostrato	avranno mostrato
5 present conditional		**12 past conditional**	
mostrerèi	mostreremmo	avrèi mostrato	avremmo mostrato
mostreresti	mostrereste	avresti mostrato	avreste mostrato
mostrerèbbe	mostrerèbbero	avrèbbe mostrato	avrèbbero mostrato
6 present subjunctive		**13 past subjunctive**	
mostri	mostriamo	àbbia mostrato	abbiamo mostrato
mostri	mostriate	àbbia mostrato	abbiate mostrato
mostri	mòstrino	àbbia mostrato	àbbiano mostrato
7 imperfect subjunctive		**14 past perfect subjunctive**	
mostrassi	mostràssimo	avessi mostrato	avéssimo mostrato
mostrassi	mostraste	avessi mostrato	aveste mostrato
mostrasse	mostràssero	avesse mostrato	avéssero mostrato

	imperative	
—		mostriamo
mòstra (non mostrare)		mostrate
mòstri		mòstrino

Mi mostra il libro. He shows me   mostra d'arte   art exhibition
   the book.

muòvere*

Ger. muovèndo   Past Part. mòsso

to move, to stir

The Seven Simple Tenses		The Seven Compound Tenses	
Singular	Plural	Singular	Plural
1 present indicative		**8 present perfect**	
muòvo	muoviamo	ho mòsso	abbiamo mòsso
muòvi	muovete	hai mòsso	avete mòsso
muòve	muòvono	ha mòsso	hanno mòsso
2 imperfect indicative		**9 past perfect**	
muovevo	muovevamo	avevo mòsso	avevamo mòsso
muovevi	muovevate	avevi mòsso	avevate mòsso
muoveva	muovévano	aveva mòsso	avévano mòsso
3 past absolute		**10 past anterior**	
mòssi	movemmo	èbbi mòsso	avemmo mòsso
movesti	moveste	avesti mòsso	aveste mòsso
mòsse	mòssero	èbbe mòsso	èbbero mòsso
4 future indicative		**11 future perfect**	
muoverò	muoveremo	avrò mòsso	avremo mòsso
muoverai	moverete	avrai mòsso	avrete mòsso
muoverà	muoveranno	avrà mòsso	avranno mòsso
5 present conditional		**12 past conditional**	
muoverèi	muoveremmo	avrèi mòsso	avremmo mòsso
muoveresti	muovereste	avresti mòsso	avreste mòsso
muoverèbbe	muoverèbbero	avrèbbe mòsso	avrèbbero mòsso
6 present subjunctive		**13 past subjunctive**	
muòva	muoviamo	àbbia mòsso	abbiamo mòsso
muòva	muoviate	àbbia mòsso	abbiate mòsso
muòva	muòvano	àbbia mòsso	àbbiano mòsso
7 imperfect subjunctive		**14 past perfect subjunctive**	
muovessi	muovéssimo	avessi mòsso	avéssimo mòsso
muovessi	muoveste	avessi mòsso	aveste mòsso
muovesse	muovéssero	avesse mòsso	avéssero mòsso

imperative	
—	muoviamo
muòvi (non muòvere)	muovete
muòva	muòvano

*Like **muòvere** are **commuòvere**, **promuòvere**, **rimuòvere**, **smuòvere**, and **sommuòvere**.

158

Ger. **nascèndo** Past Part. **nato** **nàscere***

to be born

The Seven Simple Tenses		The Seven Compound Tenses	
Singular	Plural	Singular	Plural
1 present indicative		8 present perfect	
nasco	nasciamo	sono nato	siamo nati
nasci	nascete	sèi nato	sième nati
nasce	nàscono	è nato	sono nati
2 imperfect indicative		9 past perfect	
nascevo	nascevamo	èro nato	eravamo nati
nascevi	nascevate	èri nato	eravate nati
nasceva	nascévano	èra nato	èrano nati
3 past absolute		10 past anterior	
nacqui	nascemmo	fui nato	fummo nati
nascesti	nasceste	fosti nato	foste nati
nacque	nàcquero	fu nato	fúrono nati
4 future indicative		11 future perfect	
nascerò	nasceremo	sarò nato	saremo nati
nascerai	nascerete	sarai nato	sarete nati
nascerà	nasceranno	sarà nato	saranno nati
5 present conditional		12 past conditional	
nascerèi	nasceremmo	sarèi nato	saremmo nati
nasceresti	nascereste	saresti nato	sareste nati
nascerèbbe	nascerèbbero	sarèbbe nato	sarèbbero nati
6 present subjunctive		13 past subjunctive	
nasca	nasciamo	sia nato	siamo nati
nasca	nasciate	sia nato	siate nati
nasca	nàscano	sia nato	síano nati
7 imperfect subjunctive		14 past perfect subjunctive	
nascessi	nascéssimo	fossi nato	fóssimo nati
nascessi	nasceste	fossi nato	foste nati
nascesse	nascéssero	fosse nato	fóssero nati

	imperative	
—		nasciamo
nasci (non nàscere)		nascete
nasca		nàscano

*Like **nàscere** is **rinàscere**.

Dante nacque nel 1265. Dante was born in 1265.

Lei non è nata ieri. She wasn't born yesterday.

159

nascóndere

Ger. **nascondèndo**   Past Part. **nascosto**

to hide

The Seven Simple Tenses		The Seven Compound Tenses	
Singular	Plural	Singular	Plural
1 present indicative		**8 present perfect**	
nascondo	nascondiamo	ho nascosto	abbiamo nascosto
nascondi	nascondete	hai nascosto	avete nascosto
nasconde	nascóndono	ha nascosto	hanno nascosto
2 imperfect indicative		**9 past perfect**	
nascondevo	nascondevamo	avevo nascosto	avevamo nascosto
nascondevi	nascondevate	avevi nascosto	avevate nascosto
nascondeva	nascondévano	aveva nascosto	avévano nascosto
3 past absolute		**10 past anterior**	
nascosi	nascondemmo	èbbi nascosto	avemmo nascosto
nascondesti	nascondeste	avesti nascosto	aveste nascosto
nascose	nascósero	èbbe nascosto	èbbero nascosto
4 future indicative		**11 future perfect**	
nasconderò	nasconderemo	avrò nascosto	avremo nascosto
nasconderai	nasconderete	avrai nascosto	avrete nascosto
nasconderà	nasconderanno	avrà nascosto	avranno nascosto
5 present conditional		**12 past conditional**	
nasconderèi	nasconderemmo	avrèi nascosto	avremmo nascosto
nasconderesti	nascondereste	avresti nascosto	avreste nascosto
nasconderèbbe	nasconderèbbero	avrèbbe nascosto	avrèbbero nascosto
6 present subjunctive		**13 past subjunctive**	
nasconda	nascondiamo	àbbia nascosto	abbiamo nascosto
nasconda	nascondiate	àbbia nascosto	abbiate nascosto
nasconda	nascóndano	àbbia nascosto	àbbiano nascosto
7 imperfect subjunctive		**14 past perfect subjunctive**	
nascondessi	nascondéssimo	avessi nascosto	avéssimo nascosto
nascondessi	nascondeste	avessi nascosto	aveste nascosto
nascondesse	nascondéssero	avesse nascosto	avéssero nascosto

	imperative	
—		nascondiamo
nascondi (non nascóndere)		nascondete
nasconda		nascóndano

Da bambino, mi nascondevo sotto il letto.   As a child, I used to hide under the bed.

Dove hai nascosto il suo libro?   Where have you hidden his book?

to harm, to hurt, to injure

The Seven Simple Tenses		The Seven Compound Tenses	
Singular	Plural	Singular	Plural
1 present indicative		8 present perfect	
nuòccio (noccio)	nociamo	ho nociuto (nuociuto)	abbiamo nociuto
nuòci	nocete	hai nociuto	avete nociuto
nuòce	nuòcciono	ha nociuto	hanno nociuto
2 imperfect indicative		9 past perfect	
nuocevo	nuocevamo	avevo nociuto	avevamo nociuto
(nocevo)	(nocevamo)	avevi nociuto	avevate nociuto
nuocevi	nuocevate	aveva nociuto	avévano nociuto
(nocevi)	(nocevate)		
nuoceva	nuocévano		
(noceva)	(nocévano)		
3 past absolute		10 past anterior	
nòcqui	nocemmo	èbbi nociuto	avemmo nociuto
nocesti	noceste	avesti nociuto	aveste nociuto
nòcque	nocquero	èbbe nociuto	èbbero nociuto
4 future indicative		11 future perfect	
nocerò	nuoceremo	avrò nociuto	avremo nociuto
nuocerai	nuocerete	avrai nociuto	avrete nociuto
nuocerà	nuoceranno	avrà nociuto	avranno nociuto
5 present conditional		12 past conditional	
nocerèi	nuoceremmo	avrèi nociuto	avremmo nociuto
nuoceresti	nuocereste	avresti nociuto	avreste nociuto
nuocerebbe	nuocerèbbero	avrèbbe nociuto	avrèbbero nociuto
6 present subjunctive		13 past subjunctive	
nuoccia (noccia)	nociamo	àbbia nociuto	abbiamo nociuto
nuoccia (noccia)	nociate	àbbia nociuto	abbiate nociuto
nuoccia (noccia)	nuòcciano	àbbia nociuto	àbbiano nociuto
	(nòcciano)		
7 imperfect subjunctive		14 past perfect subjunctive	
nuocessi	nuocéssimo	avessi nociuto	avéssimo nociuto
nuocessi	nuoceste	avessi nociuto	aveste nociuto
nuocesse	nuocéssero	avesse nociuto	avéssero nociuto

	imperative	
		nuociamo
nuòci (non nuòcere)		nuocete
nuòccia		nuòcciano

Questa cosa ti ha nociuto, non è vero?	Tentare non nuore. It doesn't hurt
This thing has hurt you, hasn't it?	to try.

occupare

Ger. **occupando**   Past Part. **occupato**

to occupy

The Seven Simple Tenses		The Seven Compound Tenses	
Singular	Plural	Singular	Plural
1 present indicative		8 present perfect	
òccupo	occupiamo	ho occupato	abbiamo occupato
òccupi	occupate	hai occupato	avete occupato
òccupa	òccupano	ha occupato	hanno occupato
2 imperfect indicative		9 past perfect	
occupavo	occupavamo	avevo occupato	avevamo occupato
occupavi	occupavate	avevi occupato	avevate occupato
occupava	occupàvano	aveva occupato	avévano occupato
3 past absolute		10 past anterior	
occupai	occupammo	èbbi occupato	avemmo occupato
occupasti	occupaste	avesti occupato	aveste occupato
occupò	occupàrono	èbbe occupato	èbbero occupato
4 future indicative		11 future perfect	
occuperò	occuperemo	avrò occupato	avremo occupato
occuperai	occuperete	avrai occupato	avrete occupato
occuperà	occuperanno	avrà occupato	avranno occupato
5 present conditional		12 past conditional	
occuperèi	occuperemmo	avrèi occupato	avremmo occupato
occuperesti	occupereste	avresti occupato	avreste occupato
occuperèbbe	occuperèbbero	avrèbbe occupato	avrèbbero occupato
6 present subjunctive		13 past subjunctive	
òccupi	occupiamo	àbbia occupato	abbiamo occupato
òccupi	occupiate	àbbia occupato	abbiate occupato
òccupi	òccupino	àbbia occupato	àbbiano occupato
7 imperfect subjunctive		14 past perfect subjunctive	
occupassi	occupàssimo	avessi occupato	avéssimo occupato
occupassi	occupaste	avessi occupato	aveste occupato
occupasse	occupàssero	avesse occupato	avéssero occupato

	imperative	
—		occupiamo
òccupa (non occupare)		occupate
òccupi		òccupino

Lui occupa questo posto.	Questi libri occupano molto spazio.
He occupies this place.	These books take up a lot of space.

offèndere*

to offend

The Seven Simple Tenses		The Seven Compound Tenses	
Singular	Plural	Singular	Plural
1 present indicative		**8 present perfect**	
offendo	offendiamo	ho offeso	abbiamo offeso
offendi	offendete	hai offeso	avete offeso
offènde	offèndono	ha offeso	hanno offeso
2 imperfect indicative		**9 past perfect**	
offendevo	offendevamo	avevo offeso	avevamo offeso
offendevi	offendevate	avevi offeso	avevate offeso
offendeva	offendévano	aveva offeso	avévano offeso
3 past absolute		**10 past anterior**	
offesi	offendemmo	èbbi offeso	avemmo offeso
offendesti	offendeste	avesti offeso	aveste offeso
offese	offésero	èbbe offeso	èbbero offeso
4 future indicative		**11 future perfect**	
offenderò	offenderemo	avrò offeso	avremo offeso
offenderai	offenderete	avrai offeso	avrete offeso
offenderà	offenderanno	avrà offeso	avranno offeso
5 present conditional		**12 past conditional**	
offenderèi	offenderemmo	avrèi offeso	avremmo offeso
offenderesti	offendereste	avresti offeso	avreste offeso
offenderèbbe	offenderèbbero	avrèbbe offeso	avrèbbero offeso
6 present subjunctive		**13 past subjunctive**	
offènda	offendiamo	àbbia offeso	abbiamo offeso
offènda	offendiate	àbbia offeso	abbiate offeso
offènda	offèndano	àbbia offeso	àbbiano offeso
7 imperfect subjunctive		**14 past perfect subjunctive**	
offendessi	offendéssimo	avessi offeso	avéssimo offeso
offendessi	offendeste	avessi offeso	aveste offeso
offendesse	offendéssero	avesse offeso	avéssero offeso

	imperative	
—		offendiamo
offèndi (non offèndere)		offendete
offènda		offèndano

*Like **offèndere** is **difèndere**.

Lui mi ha offeso.	He offended me.	Lui mi offende con le sue parole.
		He offends me with his words.

offrire*

Ger. offrèndo

Past Part. offèrto

to offer

The Seven Simple Tenses		The Seven Compound Tenses	
Singular	Plural	Singular	Plural
1 present indicative		8 present perfect	
òffro	offriamo	ho offèrto	abbiamo offèrto
òffri	offrite	hai offèrto	avete offèrto
òffre	òffrono	ha offèrto	hanno offèrto
2 imperfect indicative		9 past perfect	
offrivo	offrivamo	avevo offèrto	avevamo offèrto
offrivi	offrivate	avevi offèrto	avevate offèrto
offriva	offrívano	aveva offèrto	avévano offèrto
3 past absolute		10 past anterior	
offèrsi	offrimmo	èbbi offèrto	avemmo offèrto
offristi	offriste	avesti offèrto	aveste offèrto
offèrse	offèrsero	èbbe offèrto	èbbero offèrto
(*Or regular:* offrii, *etc.*)			
4 future indicative		11 future perfect	
offrirò	offriremo	avrò offèrto	avremo offèrto
offrirai	offrirete	avrai offèrto	avrete offèrto
offrirà	offriranno	avrà offèrto	avranno offèrto
5 present conditional		12 past conditional	
offrirèi	offriremmo	avrei offèrto	avremmo offèrto
offriresti	offrireste	avresti offèrto	avreste offèrto
offrirèbbe	offrirèbbero	avrèbbe offèrto	avrèbbero offèrto
6 present subjunctive		13 past subjunctive	
òffra	offriamo	àbbia offèrto	abbiamo offèrto
òffra	offriate	àbbia offèrto	abbiate offèrto
òffra	òffrano	àbbia offèrto	àbbiano offèrto
7 imperfect subjunctive		14 past perfect subjunctive	
offrissi	offríssimo	avessi offèrto	avéssimo offèrto
offrissi	offriste	avessi offèrto	aveste offèrto
offrisse	offríssero	avesse offèrto	avéssero offèrto

	imperative	
—		offriamo
òffri (non offrire)		offrite
òffra		òffrano

*Like **offrire** is **soffrire**.

Lei mi offre da bere. She offers me a drink.	Lui mi offrì la sua amicizia. He offered me his friendship.

The Seven Simple Tenses		The Seven Compound Tenses	
Singular	Plural	Singular	Plural
1 present indicative		**8 present perfect**	
ometto	omettiamo	ho omesso	abbiamo omesso
ometti	omettete	hai omesso	avete omesso
omette	ométtono	ha omesso	hanno omesso
2 imperfect indicative		**9 past perfect**	
omettevo	omettevamo	avevo omesso	avevamo omesso
omettevi	omettevate	avevi omesso	avevate omesso
ometteva	omettévano	aveva omesso	avévano omesso
3 past absolute		**10 past anterior**	
omisi	omettemmo	èbbi omesso	avemmo omesso
omettesti	ometteste	avesti omesso	aveste omesso
omise	omísero	èbbe omesso	èbbero omesso
4 future indicative		**11 future perfect**	
ometterò	ometteremo	avrò omesso	avremo omesso
ometterai	ometterete	avrai omesso	avrete omesso
ometterà	ometteranno	avrà omesso	avranno omesso
5 present conditional		**12 past conditional**	
ometterèi	ometteremmo	avrèi omesso	avremmo omesso
ometteresti	omettereste	avresti omesso	avreste omesso
ometterèbbe	ometterèbbero	avrèbbe omesso	avrèbbero omesso
6 present subjunctive		**13 past subjunctive**	
ometta	omettiamo	àbbia omesso	abbiamo omesso
ometta	omettiate	àbbia omesso	abbiate omesso
ometta	ométtano	àbbia omesso	àbbiano omesso
7 imperfect subjunctive		**14 past perfect subjunctive**	
omettessi	omettéssimo	avessi omesso	avéssimo omesso
omettessi	ometteste	avessi omesso	aveste omesso
omettesse	omettéssero	avesse omesso	avéssero omesso

	imperative	
—		omettiamo
ometti (non ométtere)		omettete
ometta		ométtano

*Compound of **méttere**.

Io non scrivo bene; ometto molte parole. I don't write well; I leave out many words.	Lui non ha omesso niente. He has not omitted anything.

165

opporre*

Ger. opponèndo   Past Part. opposto

to oppose

The Seven Simple Tenses		The Seven Compound Tenses	
Singular	Plural	Singular	Plural
1 present indicative		8 present perfect	
oppongo	opponiamo	ho opposto	abbiamo opposto
opponi	opponete	hai opposto	avete opposto
oppone	oppóngono	ha opposto	hanno opposto
2 imperfect indicative		9 past perfect	
opponevo	opponevamo	avevo opposto	avevamo opposto
opponevi	opponevate	avevi opposto	avevate opposto
opponeva	opponévano	aveva opposto	avévano opposto
3 past absolute		10 past anterior	
opposi	opponemmo	èbbi opposto	avemmo opposto
opponesti	opponeste	avesti opposto	aveste opposto
oppose	oppósero	èbbe opposto	èbbero opposto
4 future indicative		11 future perfect	
opporrò	opporremo	avrò opposto	avremo opposto
opporrai	opporrete	avrai opposto	avrete opposto
opporrà	opporranno	avrà opposto	avranno opposto
5 present conditional		12 past conditional	
opporrèi	opporremmo	avrèi opposto	avremmo opposto
opporresti	opporreste	avresti opposto	avreste opposto
opporrèbbe	opporrèbbero	avrèbbe opposto	avrèbbero opposto
6 present subjunctive		13 past subjunctive	
opponga	opponiamo	àbbia opposto	abbiamo opposto
opponga	opponiate	àbbia opposto	abbiate opposto
opponga	oppóngano	àbbia opposto	àbbiano opposto
7 imperfect subjunctive		14 past perfect subjunctive	
opponessi	opponéssimo	avessi opposto	avéssimo opposto
opponessi	opponeste	avessi opposto	aveste opposto
opponesse	opponéssero	avesse opposto	avéssero opposto

	imperative	
—		opponiamo
opponi (non opporre)		opponete
opponga		oppóngano

*Compound of **porre**.

Io oppongo il nemico con la bontà.
  I oppose the enemy with goodness.

Loro si oppongono alla tua decisione.
  They oppose your decision.

to oppress, to weigh down

The Seven Simple Tenses		The Seven Compound Tenses	
Singular	Plural	Singular	Plural
1 present indicative		8 present perfect	
opprìmo	opprimiamo	ho oppresso	abbiamo oppresso
opprìmi	opprimete	hai oppresso	avete oppresso
opprìme	opprìmono	ha oppresso	hanno oppresso
2 imperfect indicative		9 past perfect	
opprimevo	opprimevamo	avevo oppresso	avevamo oppresso
opprimevi	opprimevate	avevi oppresso	avevate oppresso
opprimeva	opprimévano	aveva oppresso	avévano oppresso
3 past absolute		10 past anterior	
oppressi	opprimemmo	èbbi oppresso	avemmo oppresso
opprimesti	opprimeste	avesti oppresso	aveste oppresso
oppresse	oppressero	èbbe oppresso	èbbero oppresso
4 future indicative		11 future perfect	
opprimerò	opprimeremo	avrò oppresso	avremo oppresso
opprimerai	opprimerete	avrai oppresso	avrete oppresso
opprimerà	opprimeranno	avrà oppresso	avranno oppresso
5 present conditional		12 past conditional	
opprimerèi	opprimeremmo	avrèi oppresso	avremmo oppresso
opprimeresti	opprimereste	avresti oppresso	avreste oppresso
opprimerèbbe	opprimerèbbero	avrèbbe oppresso	avrèbbero oppresso
6 present subjunctive		13 past subjunctive	
opprìma	opprimiamo	àbbia oppresso	abbiamo oppresso
opprìma	opprimiate	àbbia oppresso	abbiate oppresso
opprìma	opprìmano	àbbia oppresso	àbbiano oppresso
7 imperfect subjunctive		14 past perfect subjunctive	
opprimessi	oppriméssimo	avessi oppresso	avéssimo oppresso
opprimessi	opprimeste	avessi oppresso	aveste oppresso
opprimesse	oppriméssero	avesse oppresso	avéssero oppresso

imperative

—	opprimiamo
opprìmi (non opprimere)	opprimete
opprìma	opprìmano

*Like **opprímere** are **esprímere**, **imprímere**, **comprímere** and **reprímere**.

opprimere la gente to oppress people	**opprimere una persona dalle domande** to overwhelm a person with questions

osservare

Ger. **osservando**   Past Part. **osservato**

to observe, to watch

The Seven Simple Tenses		The Seven Compound Tenses	

Singular	Plural	Singular	Plural
1 present indicative		**8 present perfect**	
osservo	osserviamo	ho osservato	abbiamo osservato
osservi	osservate	hai osservato	avete osservato
osserva	osservano	ha osservato	hanno osservato
2 imperfect indicative		**9 past perfect**	
osservavo	osservavamo	avevo osservato	avevamo osservato
osservavi	osservavate	avevi osservato	avevate osservato
osservava	osservàvano	aveva osservato	avévano osservato
3 past absolute		**10 past anterior**	
osservai	osservammo	èbbi osservato	avemmo osservato
osservasti	osservaste	avesti osservato	aveste osservato
osservò	osservàrono	èbbe osservato	èbbero osservato
4 future indicative		**11 future perfect**	
osserverò	osserveremo	avrò osservato	avremo osservato
osserverai	osserverete	avrai osservato	avrete osservato
osserverà	osserveranno	avrà osservato	avranno osservato
5 present conditional		**12 past conditional**	
osserverèi	osserveremmo	avrèi osservato	avremmo osservato
osserveresti	osservereste	avresti osservato	avreste osservato
osserverèbbe	osserverèbbero	avrèbbe osservato	avrèbbero osservato
6 present subjunctive		**13 past subjunctive**	
osservi	osserviamo	àbbia osservato	abbiamo osservato
osservi	osserviate	àbbia osservato	abbiate osservato
osservi	ossèrvino	àbbia osservato	àbbiano osservato
7 imperfect subjunctive		**14 past perfect subjunctive**	
osservassi	osservàssimo	avessi osservato	avessimo osservato
osservassi	osservaste	avessi osservato	aveste osservato
osservasse	osservàssero	avesse osservato	avéssero osservato

imperative		
—		osserviamo
osserva (non osservare)		osservate
osservi		ossèrvino

Io osservai tutto l'incidente.	Osserva quello che faccio! Observe
I observed the whole accident.	what I am doing!

to obtain, to get

The Seven Simple Tenses		The Seven Compound Tenses	
Singular	Plural	Singular	Plural
1 present indicative		8 present perfect	
ottèngo	otteniamo	ho ottenuto	abbiamo ottenuto
ottièni	ottenete	hai ottenuto	avete ottenuto
ottiène	ottèngono	ha ottenuto	hanno ottenuto
2 imperfect indicative		9 past perfect	
ottenevo	ottenevamo	avevo ottenuto	avevamo ottenuto
ottenevi	ottenevate	avevi ottenuto	avevate ottenuto
otteneva	ottenévano	aveva ottenuto	avévano ottenuto
3 past absolute		10 past anterior	
ottenni	ottenemmo	èbbi ottenuto	avemmo ottenuto
ottenesti	otteneste	avesti ottenuto	aveste ottenuto
ottenne	otténnero	èbbe ottenuto	èbbero ottenuto
4 future indicative		11 future perfect	
otterrò	otterremo	avrò ottenuto	avremo ottenuto
otterrai	otterrete	avrai ottenuto	avrete ottenuto
otterrà	otterranno	avrà ottenuto	avranno ottenuto
5 present conditional		12 past conditional	
otterrèi	otterremmo	avrèi ottenuto	avremmo ottenuto
otterresti	otterreste	avresti ottenuto	avreste ottenuto
otterrèbbe	otterrèbbero	avrèbbe ottenuto	avrèbbero ottenuto
6 present subjunctive		13 past subjunctive	
ottènga	otteniamo	àbbia ottenuto	abbiamo ottenuto
ottènga	otteniate	àbbia ottenuto	abbiate ottenuto
ottènga	ottèngano	àbbia ottenuto	àbbiano ottenuto
7 imperfect subjunctive		14 past perfect subjunctive	
ottenessi	ottenéssimo	avessi ottenuto	avéssimo ottenuto
ottenessi	otteneste	avessi ottenuto	aveste ottenuto
ottenesse	ottenéssero	avesse ottenuto	avéssero ottenuto

	imperative	
—		otteniamo
ottièni (non ottenere)		ottenete
ottènga		ottèngano

*Compound of **tenere**.

Giovanni deve ottenere il permesso dal padre.   John must get permission from his father.

Come hai ottenuto il libro?   How did you obtain the book?

169

pagare

Ger. **pagando**   Past Part. **pagato**

to pay

The Seven Simple Tenses		The Seven Compound Tenses	
Singular	Plural	Singular	Plural
1 present indicative		8 present perfect	
pago	paghiamo	ho pagato	abbiamo pagato
paghi	pagate	hai pagato	avete pagato
paga	pagano	ha pagato	hanno pagato
2 imperfect indicative		9 past perfect	
pagavo	pagavamo	avevo pagato	avevamo pagato
pagavi	pagavate	avevi pagato	avevate pagato
pagava	pagavano	aveva pagato	avévano pagato
3 past absolute		10 past anterior	
pagai	pagammo	èbbi pagato	avemmo pagato
pagasti	pagaste	avesti pagato	aveste pagato
pagò	pagarono	èbbe pagato	èbbero pagato
4 future indicative		11 future perfect	
pagherò	pagheremo	avrò pagato	avremo pagato
pagherai	pagherete	avrai pagato	avrete pagato
pagherà	pagheranno	avrà pagato	avranno pagato
5 present conditional		12 past conditional	
pagherèi	pagheremmo	avrèi pagato	avremmo pagato
pagheresti	paghereste	avresti pagato	avreste pagato
pagherèbbe	pagherèbbero	avrèbbe pagato	avrèbbero pagato
6 present subjunctive		13 past subjunctive	
paghi	paghiamo	àbbia pagato	abbiamo pagato
paghi	paghiate	àbbia pagato	abbiate pagato
paghi	paghino	àbbia pagato	àbbiano pagato
7 imperfect subjunctive		14 past perfect subjunctive	
pagassi	pagassimo	avessi pagato	avéssimo pagato
pagassi	pagaste	avessi pagato	aveste pagato
pagasse	pagassero	avesse pagato	avéssero pagato

imperative	
—	paghiamo
paga (non pagare)	pagate
paghi	paghino

pagare i debiti   to pay one's debts
pagare in contanti   to pay in cash

Il delitto non paga.   Crime does not pay.

to appear, to seem

The Seven Simple Tenses		The Seven Compound Tenses	
Singular	Plural	Singular	Plural
1 present indicative		8 present perfect	
paio	paiamo	sono parso	siamo parsi
pari	parete	sèi parso	siète parsi
pare	pàiono	è parso	sono parsi
2 imperfect indicative		9 past perfect	
parevo	parevamo	èro parso	eravamo parsi
parevi	parevate	èri parso	eravate parsi
pareva	parévano	èra parso	èrano parsi
3 past absolute		10 past anterior	
parvi	paremmo	fui parso	fummo parsi
paresti	pareste	fosti parso	foste parsi
parve	pàrvero	fu parso	fúrono parsi
4 future indicative		11 future perfect	
parrò	parremo	sarò parso	saremo parsi
parrai	parrete	sarai parso	sarete parsi
parrà	parranno	sarà parso	saranno parsi
5 present conditional		12 past conditional	
parrèi	parremmo	sarèi parso	saremmo parsi
parresti	parreste	saresti parso	sareste parsi
parrèbbe	parrèbbero	sarèbbe parso	sarèbbero parsi
6 present subjunctive		13 past subjunctive	
paia	paiamo	sia parso	siamo parsi
paia	paiate	sia parso	siate parsi
paia	pàiano	sia parso	síano parsi
7 imperfect subjunctive		14 past perfect subjunctive	
paressi	paréssimo	fossi parso	fóssimo parsi
paressi	pareste	fossi parso	foste parsi
paresse	paréssero	fosse parso	fóssero parsi

imperative
n/a

*The compounds of **parere** are conjugated with **-ire**: e.g., **apparire**, **comparire**, **scomparire**. As for **sparire**, it is regular in its present tenses: i.e., **sparisco**, **sparisca**, etc. The imperative of **parere** is seldom if ever used: cf. *to seem* in English.

Lei pare ammalata. She seems ill.	**Non è quel che pare.** It is not what it appears to be.

parlare

Ger. **parlando**   Past Part. **parlato**

to speak, to talk

The Seven Simple Tenses		The Seven Compound Tenses	
Singular	Plural	Singular	Plural
1 present indicative		**8 present perfect**	
pàrlo	parliamo	ho parlato	abbiamo parlato
pàrli	parlate	hai parlato	avete parlato
pàrla	pàrlano	ha parlato	hanno parlato
2 imperfect indicative		**9 past perfect**	
parlavo	parlavamo	avevo parlato	avevamo parlato
parlavi	parlavate	avevi parlato	avevate parlato
parlava	parlavano	aveva parlato	avévano parlato
3 past absolute		**10 past anterior**	
parlai	parlammo	èbbi parlato	avemmo parlato
parlasti	parlaste	avesti parlato	aveste parlato
parlò	parlarono	èbbe parlato	èbbero parlato
4 future indicative		**11 future perfect**	
parlerò	parleremo	avrò parlato	avremo parlato
parlerai	parlerete	avrai parlato	avrete parlato
parlerà	parleranno	avrà parlato	avranno parlato
5 present conditional		**12 past conditional**	
parlerèi	parleremmo	avrèi parlato	avremmo parlato
parleresti	parlereste	avresti parlato	avreste parlato
parlerèbbe	parlerèbbero	avrèbbe parlato	avrèbbero parlato
6 present subjunctive		**13 past subjunctive**	
pàrli	parliamo	àbbia parlato	abbiamo parlato
pàrli	parliate	àbbia parlato	abbiate parlato
pàrli	pàrlino	àbbia parlato	àbbiano parlato
7 imperfect subjunctive		**14 past perfect subjunctive**	
parlassi	parlàssimo	avessi parlato	avessimo parlato
parlassi	parlaste	avessi parlato	aveste parlato
parlasse	parlàssero	avesse parlato	avéssero parlato

	imperative	
—		parliamo
pàrla (non parlare)		parlate
pàrli		pàrlino

Il bambino non parla ancora.	Con chi parlo? With whom am I
The baby does not talk yet.	speaking?

to leave, to go away, to set out

The Seven Simple Tenses		The Seven Compound Tenses	
Singular	Plural	Singular	Plural
1 present indicative		8 present perfect	
pàrto	partiamo	sono partito	siamo partiti
pàrti	partite	sèi partito	siète partiti
pàrte	pàrtono	è partito	sono partiti
2 imperfect indicative		9 past perfect	
partivo	partivamo	èro partito	eravamo partiti
partivi	partivate	èri partito	eravate partiti
partiva	partivano	èra partito	èrano partiti
3 past absolute		10 past anterior	
partii	partimmo	fui partito	fummo partiti
partisti	partiste	fosti partito	foste partiti
partì	partìrono	fu partito	fúrono partiti
4 future indicative		11 future perfect	
partirò	partiremo	sarò partito	saremo partiti
partirai	partirete	sarai partito	sarete partiti
partirà	partiranno	sarà partito	saranno partiti
5 present conditional		12 past conditional	
partirèi	partiremmo	sarèi partito	saremmo partiti
partiresti	partireste	saresti partito	sareste partiti
partirèbbe	partirèbbero	sarèbbe partito	sarèbbero partiti
6 present subjunctive		13 past subjunctive	
pàrta	partiamo	sia partito	siamo partiti
pàrta	partiate	sia partito	siate partiti
pàrta	pàrtano	sia partito	síano partiti
7 imperfect subjunctive		14 past perfect subjunctive	
partissi	partìssimo	fossi partito	fóssimo partiti
partissi	partiste	fossi partito	foste partiti
partisse	partìssero	fosse partito	fóssero partiti

imperative		
—		partiamo
	pàrti (non partire)	partite
	pàrta	pàrtano

Il treno parte alle otto. The train
leaves at eight.

a partire da beginning with . . .
partire a piedi to leave on foot

passeggiare

Ger. **passeggiando**   Past Part. **passeggiato**

to take a walk, to stroll

The Seven Simple Tenses		The Seven Compound Tenses	
Singular	Plural	Singular	Plural
1 present indicative		8 present perfect	
passeggio	passeggiamo	ho passeggiato	abbiamo passeggiato
passeggi	passeggiate	hai passeggiato	avete passeggiato
passeggia	passeggiano	ha passeggiato	hanno passeggiato
2 imperfect indicative		9 past perfect	
passeggiavo	passeggiavamo	avevo passeggiato	avevamo passeggiato
passeggiavi	passeggiavate	avevi passeggiato	avevate passeggiato
passeggiava	passeggiàvano	aveva passeggiato	avévano passeggiato
3 past absolute		10 past anterior	
passeggiai	passeggiammo	èbbi passeggiato	avemmo passeggiato
passeggiasti	passeggiaste	avesti passeggiato	aveste passeggiato
passeggiò	passeggiàrono	èbbe passeggiato	èbbero passeggiato
4 future indicative		11 future perfect	
passeggerò	passeggeremo	avrò passeggiato	avremo passeggiato
passeggerai	passeggerete	avrai passeggiato	avrete passeggiato
passeggerà	passeggeranno	avrà passeggiato	avranno passeggiato
5 present conditional		12 past conditional	
passeggerèi	passeggeremmo	avrèi passeggiato	avremmo passeggiato
passeggeresti	passeggereste	avresti passeggiato	avreste passeggiato
passeggerèbbe	passeggerèbbero	avrèbbe passeggiato	avrèbbero passeggiato
6 present subjunctive		13 past subjunctive	
passeggi	passeggiamo	àbbia passeggiato	abbiamo passeggiato
passeggi	passeggiate	àbbia passeggiato	abbiate passeggiato
passeggi	passeggino	àbbia passeggiato	àbbian passeggiato
7 imperfect subjunctive		14 past perfect subjunctive	
passeggiassi	passeggiàssimo	avessi passeggiato	avéssimo passeggiato
passeggiassi	passeggiaste	avessi passeggiato	aveste passeggiato
passeggiasse	passeggiàssero	avesse passeggiato	avéssero passeggiato
		imperative	
	—		passeggiamo
	passeggia (non passeggiare)		passeggiate
	passeggi		passeggino

Lui passeggia per il giardino.   Passeggiammo per un'ora.
  He strolls through the garden.   We strolled for an hour.

The Seven Simple Tenses		The Seven Compound Tenses	
Singular	Plural	Singular	Plural
1 present indicative		8 present perfect	
pèndo	pendiamo	ho penduto	abbiamo penduto
pèndi	pendete	hai penduto	avete penduto
pènde	pèndono	ha penduto	hanno penduto
2 imperfect indicative		9 past perfect	
pendevo	pendevamo	avevo penduto	avevamo penduto
pendevi	pendevate	avevi penduto	avevate penduto
pendeva	pendévano	aveva penduto	avévano penduto
3 past absolute		10 past anterior	
pendei (pendètti)	pendemmo	èbbi penduto	avemmo penduto
pendesti	pendeste	avesti penduto	aveste penduto
pendé (pendètte)	pendérono	èbbe penduto	èbbero penduto
	(pendèttero)		
4 future indicative		11 future perfect	
penderò	penderemo	avrò penduto	avremo penduto
penderai	penderete	avrai penduto	avrete penduto
penderà	penderanno	avrà penduto	avranno penduto
5 present conditional		12 past conditional	
penderèi	penderemmo	avrèi penduto	avremmo penduto
penderesti	pendereste	avresti penduto	avreste penduto
penderèbbe	penderèbbero	avrèbbe penduto	avrèbbero penduto
6 present subjunctive		13 past subjunctive	
pènda	pendiamo	àbbia penduto	abbiamo penduto
pènda	pendiate	àbbia penduto	abbiate penduto
pènda	pèndano	àbbia penduto	àbbiano penduto
7 imperfect subjunctive		14 past perfect subjunctive	
pendessi	pendéssimo	avessi penduto	avéssimo penduto
pendessi	pendeste	avessi penduto	aveste penduto
pendesse	pendéssero	avesse penduto	avéssero penduto

	imperative	
—	pendiamo	
pèndi (non pèndere)	pendete	
pènda	pèndano	

Molte mele pendono dall'albero.	La lampada pendeva dal soffitto.
Many apples hang from the tree.	The lamp was hanging from the ceiling.

pensare

Ger. **pensando**   Past Part. **pensato**

to think

The Seven Simple Tenses		The Seven Compound Tenses	
Singular	Plural	Singular	Plural
1 present indicative		**8 present perfect**	
pènso	pensiamo	ho pensato	abbiamo pensato
pènsi	pensate	hai pensato	avete pensato
pènsa	pènsano	ha pensato	hanno pensato
2 imperfect indicative		**9 past perfect**	
pensavo	pensavamo	avevo pensato	avevamo pensato
pensavi	pensavate	avevi pensato	avevate pensato
pensava	pensàvano	aveva pensato	avévano pensato
3 past absolute		**10 past anterior**	
pensai	pensammo	èbbi pensato	avemmo pensato
pensasti	pensaste	avesti pensato	aveste pensato
pensò	pensàrono	èbbe pensato	èbbero pensato
4 future indicative		**11 future perfect**	
penserò	penseremo	avrò pensato	avremo pensato
penserai	penserete	avrai pensato	avrete pensato
penserà	penseranno	avrà pensato	avranno pensato
5 present conditional		**12 past conditional**	
penserèi	penseremmo	avrèi pensato	avremmo pensato
penseresti	pensereste	avresti pensato	avreste pensato
penserèbbe	penserèbbero	avrèbbe pensato	avrèbbero pensato
6 present subjunctive		**13 past subjunctive**	
pensi	pensiamo	àbbia pensato	abbiamo pensato
pensi	pensiate	àbbia pensato	abbiate pensato
pensi	pènsino	àbbia pensato	àbbiano pensato
7 imperfect subjunctive		**14 past perfect subjunctive**	
pensassi	pensàssimo	avessi pensato	avéssimo pensato
pensassi	pensaste	avessi pensato	aveste pensato
pensasse	pensàssero	avesse pensato	avéssero pensato

	imperative	
—		pensiamo
pènsa (non pensare)		pensate
pènsi		pènsino

Penso; dunque sono. I think;	Penso di no. I think not.
therefore I am.	

percuotere*

to strike, to hit, to beat

The Seven Simple Tenses		The Seven Compound Tenses	
Singular	Plural	Singular	Plural
1 present indicative		8 present perfect	
percuòto	percuotiamo	ho percòsso	abbiamo percòsso
percuòti	percuotete	hai percòsso	avete percòsso
percuòte	percuòtono	ha percòsso	hanno percòsso
2 imperfect indicative		9 past perfect	
percuotevo	percuotevamo	avevo percòsso	avevamo percòsso
percuotevi	percuotevate	avevi percòsso	avevate percòsso
percuoteva	percuotévano	aveva percòsso	avévano percòsso
3 past absolute		10 past anterior	
percòssi	percuotemmo	èbbi percòsso	avemmo percòsso
percotesti	percoteste	avesti percòsso	aveste percòsso
percòsse	percòssero	èbbe percòsso	èbbero percòsso
4 future indicative		11 future perfect	
percuoterò	percuoteremo	avrò percòsso	avremo percòsso
percuoterai	percuoterete	avrai percòsso	avrete percòsso
percuoterà	percuoteranno	avrà percòsso	avranno percòsso
5 present conditional		12 past conditional	
percuoterèi	percuoteremmo	avrèi percòsso	avremmo percòsso
percuoteresti	percuotereste	avresti percòsso	avreste percòsso
percuoterèbbe	percuoterèbbero	avrèbbe percòsso	avrèbbero percòsso
6 present subjunctive		13 past subjunctive	
percuòta	percuotiamo	àbbia percòsso	abbiamo percòsso
percuòta	percuotiate	àbbia percòsso	abbiate percòsso
percuòta	percuòtano	àbbia percòsso	àbbiano percòsso
7 imperfect subjunctive		14 past perfect subjunctive	
percuotessi	percuotéssimo	avessi percòsso	avéssimo percòsso
percuotessi	percuoteste	avessi percòsso	aveste percòsso
percuotesse	percuotéssero	avesse percòsso	avéssero percòsso

	imperative	
—		percuotiamo
percuòti (non percuotere)		percuotete
percuòta		percuòtano

*Like **percuotere** is **scuotere**.

Il fulmine percosse la casa. Lightning	Non è bene percuotere i bambini.
struck the house.	It is not good to hit children.

177

pèrdere*

Ger. perdèndo   Past Part.pèrso (perduto)

to lose

The Seven Simple Tenses		The Seven Compound Tenses	
Singular	Plural	Singular	Plural
1 present indicative		8 present perfect	
pèrdo	perdiamo	ho pèrso (perduto)	abbiamo pèrso
pèrdi	perdete	hai pèrso	avete pèrso
pèrde	pèrdono	ha pèrso	hanno pèrso
2 imperfect indicative		9 past perfect	
perdevo	perdevamo	avevo pèrso	avevamo pèrso
perdevi	perdevate	avevi pèrso	avevate pèrso
perdeva	perdévano	aveva pèrso	avévano pèrso
3 past absolute		10 past anterior	
pèrsi	perdemmo	èbbi pèrso	avemmo pèrso
perdesti	perdeste	avesti pèrso	aveste pèrso
pèrse	pèrsero	èbbe pèrso	èbbero pèrso
(Or regular: perdei (perdètti), etc.)			
4 future indicative		11 future perfect	
perderò	perderemo	avrò pèrso	avremo pèrso
perderai	perderete	avrai pèrso	avrete pèrso
perderà	perderanno	avrà pèrso	avranno pèrso
5 present conditional		12 past conditional	
perderèi	perderemmo	avrèi pèrso	avremmo pèrso
perderesti	perdereste	avresti pèrso	avreste pèrso
perderèbbe	perderèbbero	avrèbbe pèrso	avrèbbero pèrso
6 present subjunctive		13 past subjunctive	
pèrda	perdiamo	àbbia pèrso	abbiamo pèrso
pèrda	perdiate	àbbia pèrso	abbiate pèrso
pèrda	pèrdano	àbbia pèrso	àbbiano pèrso
7 imperfect subjunctive		14 past perfect subjunctive	
perdessi	perdéssimo	avessi pèrso	avéssimo pèrso
perdessi	perdeste	avessi pèrso	aveste pèrso
perdesse	perdéssero	avesse pèrso	avéssero pèrso

imperative

—	perdiamo
pèrdi (non pèrdere)	perdete
pèrda	pèrdano

* The Past Absolute of dispèrdere is dispèrsi, and its Past Participle is dispèrso.

Non perdere tutti i soldi!   Don't lose
all the money!

178

to permit, to allow

The Seven Simple Tenses		The Seven Compound Tenses	
Singular	Plural	Singular	Plural
1 present indicative		**8 present perfect**	
permetto	**permettiamo**	**ho permesso**	**abbiamo permesso**
permetti	**permettete**	**hai permesso**	**avete permesso**
permette	**perméttono**	**ha permesso**	**hanno permesso**
2 imperfect indicative		**9 past perfect**	
permettevo	**permettevamo**	**avevo permesso**	**avevamo permesso**
permettevi	**permettevate**	**avevi permesso**	**avevate permesso**
permetteva	**permettévano**	**aveva permesso**	**avévano permesso**
3 past absolute		**10 past anterior**	
permisi	**permettemmo**	**èbbi permesso**	**avemmo permesso**
permettesti	**permetteste**	**avesti permesso**	**aveste permesso**
permise	**permísero**	**èbbe permesso**	**èbbero permesso**
4 future indicative		**11 future perfect**	
permetterò	**permetteremo**	**avrò permesso**	**avremo permesso**
permetterai	**permetterete**	**avrai permesso**	**avrete permesso**
permetterà	**permetteranno**	**avrà permesso**	**avranno permesso**
5 present conditional		**12 past conditional**	
permetterèi	**permetteremmo**	**avrèi permesso**	**avremmo permesso**
permetteresti	**permettereste**	**avresti permesso**	**avreste permesso**
permetterèbbe	**permetterèbbero**	**avrèbbe permesso**	**avrèbbero permesso**
6 present subjunctive		**13 past subjunctive**	
permetta	**permettiamo**	**àbbia permesso**	**abbiamo permesso**
permetta	**permettiate**	**àbbia permesso**	**abbiate permesso**
permetta	**perméttano**	**àbbia permesso**	**àbbiano permesso**
7 imperfect subjunctive		**14 past perfect subjunctive**	
permettessi	**permettéssimo**	**avessi permesso**	**avéssimo permesso**
permettessi	**permetteste**	**avessi permesso**	**aveste permesso**
permettesse	**permettéssero**	**avesse permesso**	**avéssero permesso**

	imperative	
—		**permettiamo**
permetti (non perméttere)		**permettete**
permetta		**perméttano**

*Compound of **méttere**.

Mi permetti di entrare? Will you permit me to enter?	**Lei non permette queste sciocchezze.** She does not permit this nonsense.

persuadere*

Ger. persuadèndo   Past Part. persuaso

to persuade

The Seven Simple Tenses		The Seven Compound Tenses	
Singular	Plural	Singular	Plural
1 present indicative		8 present perfect	
persuado	persuadiamo	ho persuaso	abbiamo persuaso
persuadi	persuadete	hai persuaso	avete persuaso
persuade	persuàdono	ha persuaso	hanno persuaso
2 imperfect indicative		9 past perfect	
persuadevo	persuadevamo	avevo persuaso	avevamo persuaso
persuadevi	persuadevate	avevi persuaso	avevate persuaso
persuadeva	persuadévano	aveva persuaso	avévano persuaso
3 past absolute		10 past anterior	
persuasi	persuademmo	èbbi persuaso	avemmo persuaso
persuadesti	persuadeste	avesti persuaso	aveste persuaso
persuase	persuàsero	èbbe persuaso	èbbero persuaso
4 future indicative		11 future perfect	
persuaderò	persuaderemo	avrò persuaso	avremo persuaso
persuaderai	persuaderete	avrai persuaso	avrete persuaso
persuaderà	persuaderanno	avrà persuaso	avranno persuaso
5 present conditional		12 past conditional	
persuaderèi	persuaderemmo	avrèi persuaso	avremmo persuaso
persuaderesti	persuadereste	avresti persuaso	avreste persuaso
persuaderèbbe	persuaderèbbero	avrèbbe persuaso	avrèbbero persuaso
6 present subjunctive		13 past subjunctive	
persuada	persuadiamo	àbbia persuaso	abbiamo persuaso
persuada	persuadiate	àbbia persuaso	abbiate persuaso
persuada	persuàdano	àbbia persuaso	àbbiano persuaso
7 imperfect subjunctive		14 past perfect subjunctive	
persuadessi	persuadéssimo	avessi persuaso	avéssimo persuaso
persuadessi	persuadeste	avessi persuaso	aveste persuaso
persuadesse	persuadéssero	avesse persuaso	avéssero persuaso

imperative	
—	persuadiamo
persuadi (non persuadere)	persuadete
persuada	persuàdano

* Like **persuadere** is **dissuadere**.

Io lo persuado a venire con me.	Le tue idee non mi persuadono.
I persuade him to come with me.	Your ideas do not persuade me.

to like, to be pleasing to

The Seven Simple Tenses		The Seven Compound Tenses	
Singular	Plural	Singular	Plural
1 present indicative		8 present perfect	
piaccio	piacciamo	sono piaciuto	siamo piaciuti
piaci	piacete	sèi piaciuto	siète piaciuti
piace	piàcciono	è piaciuto	sono piaciuti
2 imperfect indicative		9 past perfect	
piacevo	piacevamo	èro piaciuto	eravamo piaciuti
piacevi	piacevate	èri piaciuto	eravate piaciuti
piaceva	piacévano	èra piaciuto	èrano piaciuti
3 past absolute		10 past anterior	
piacqui	piacemmo	fui piaciuto	fummo piaciuti
piacesti	piaceste	fosti piaciuto	foste piaciuti
piacque	piàcquero	fu piaciuto	fúrono piaciuti
4 future indicative		11 future perfect	
piacerò	piaceremo	sarò piaciuto	saremo piaciuti
piacerai	piacerete	sarai piaciuto	sarete piaciuti
piacerà	piaceranno	sarà piaciuto	saranno piaciuti
5 present conditional		12 past conditional	
piacerèi	piaceremmo	sarèi piaciuto	saremmo piaciuti
piaceresti	piacereste	saresti piaciuto	sareste piaciuti
piacerèbbe	piacerèbbero	sarèbbe piaciuto	sarèbbero piaciuti
6 present subjunctive		13 past subjunctive	
piaccia	piacciamo	sia piaciuto	siamo piaciuti
piaccia	piacciate	sia piaciuto	piaciuti
piaccia	piàcciano	sia piaciuto	síano piaciuti
7 imperfect subjunctive		14 past perfect subjunctive	
piacessi	piacéssimo	fossi piaciuto	fóssimo piaciuti
piacessi	piaceste	fossi piaciuto	foste piaciuti
piacesse	piacéssero	fosse piaciuto	fóssero piaciuti

	imperative	
—		piacciamo
piaci (non piacere)		piacete
piaccia		piàcciano

* Like **piacere** are **compiacere**, **dispiacere**, and **spiacere**.

Ti piace leggere?	Do you like to read?	Non mi è piaciuto quel pranzo. I did not like that meal.

181

piàngere

Ger. piangèndo   Part. pianto

to weep, to cry

The Seven Simple Tenses		The Seven Compound Tenses	
Singular	Plural	Singular	Plural
1 present indicative		8 present perfect	
piango	piangiamo	ho pianto	abbiamo pianto
piangi	piangete	hai pianto	avete pianto
piange	piàngono	ha pianto	hanno pianto
2 imperfect indicative		9 past perfect	
piangevo	piangevamo	avevo pianto	avevamo pianto
piangevi	piangevate	avevi pianto	avevate pianto
piangeva	piangévano	aveva pianto	avévano pianto
3 past absolute		10 past anterior	
piansi	piangemmo	èbbi pianto	avemmo pianto
piangesti	piangeste	avesti pianto	aveste pianto
pianse	piànsero	èbbe pianto	èbbero pianto
4 future indicative		11 future perfect	
piangerò	piangeremo	avrò pianto	avremo pianto
piangerai	piangerete	avrai pianto	avrete pianto
piàngerà	piangeranno	avrà pianto	avranno pianto
5 present conditional		12 past conditional	
piangerèi	piangeremmo	avrèi pianto	avremmo pianto
piangeresti	piangereste	avresti pianto	avreste pianto
piangerèbbe	piangerèbbero	avrèbbe pianto	avrèbbero pianto
6 present subjunctive		13 past subjunctive	
pianga	piàngiamo	àbbia pianto	abbiamo pianto
pianga	piangiate	àbbia pianto	abbiate pianto
pianga	piàngano	àbbia pianto	àbbiano pianto
7 imperfect subjunctive		14 past perfect subjunctive	
piangessi	piangéssimo	avessi pianto	avéssimo pianto
piangessi	piangeste	avessi pianto	aveste pianto
piangesse	piangéssero	avesse pianto	avéssero pianto

	imperative	
—		piangiamo
	piangi (non piàngere)	piangete
	pianga	piàngano

Mio figlio ha pianto tutta la notte.   Lei non piange mai.   She never cries.
  My son cried all night.

Ger. piovèndo   Past Part. piovuto   **piòvere***

The Seven Simple Tenses		The Seven Compound Tenses	
Singular	Plural	Singular	Plural
1 present indicative		8 present perfect	
piòve	**piòvono**	**è* piovuto**	**sono piovuti**
2 imperfect indicative		9 past perfect	
pioveva	**piovévano**	**èra piovuto**	**èrano piovuti**
3 past absolute		10 past anterior	
piòvve	**piòvvero**	**fu piovuto**	**fúrono piovuti**
4 future indicative		11 future perfect	
pioverà	**pioveranno**	**sarà piovuto**	**saranno piovuti**
5 present conditional		12 past conditional	
pioverèbbe	**pioverèbbero**	**sarèbbe piovuto**	**sarèbbero piovuti**
6 present subjunctive		13 past subjunctive	
piòva	**piòvano**	**sia piovuto**	**síano piovuti**
7 imperfect subjunctive		14 past perfect subjunctive	
piovesse	**piovéssero**	**fosse piovuto**	**fóssero piovuti**

imperative
n/a

Impersonal verb (see p. v).
* **Piòvere** may be conjugated with **avere**.

Nel deserto non piove spesso. It does not rain often in the desert.	Quest'anno è piovuto molto. This year it has rained a great deal. Note: This verb is used primarily in the third person singular.

pòrgere*

Ger. porgèndo   Past Part. pòrto

to hand, to offer, to hold out

The Seven Simple Tenses		The Seven Compound Tenses	
Singular	Plural	Singular	Plural
1 present indicative		8 present perfect	
pòrgo	porgiamo	ho pòrto	abbiamo pòrto
pòrgi	porgete	hai pòrto	avete pòrto
pòrge	pòrgono	ha pòrto	hanno pòrto
2 imperfect indicative		9 past perfect	
porgevo	porgevamo	avevo pòrto	avevamo pòrto
porgevi	porgevate	avevi pòrto	avevate pòrto
porgeva	porgévano	aveva pòrto	avévano pòrto
3 past absolute		10 past anterior	
pòrsi	porgemmo	èbbi pòrto	avemmo pòrto
porgesti	porgeste	avesti pòrto	aveste pòrto
pòrse	pòrsero	èbbe pòrto	èbbero pòrto
4 future indicative		11 future perfect	
porgerò	porgeremo	avrò pòrto	avremo pòrto
porgerai	porgerete	avrai pòrto	avrete pòrto
porgerà	porgeranno	avrà pòrto	avranno pòrto
5 present conditional		12 past conditional	
porgerèi	porgeremmo	avrèi pòrto	avremmo pòrto
porgeresti	porgereste	avresti pòrto	avreste pòrto
porgerèbbe	porgerèbbero	avrèbbe pòrto	avrèbbero pòrto
6 present subjunctive		13 past subjunctive	
pòrga	porgiamo	àbbia pòrto	abbiamo pòrto
pòrga	porgiate	àbbia pòrto	abbiate pòrto
pòrga	pòrgano	àbbia pòrto	àbbiano pòrto
7 imperfect subjunctive		14 past perfect subjunctive	
porgessi	porgéssimo	avessi pòrto	avéssimo pòrto
porgessi	porgeste	avessi pòrto	aveste pòrto
porgesse	porgéssero	avesse pòrto	avéssero pòrto

	imperative	
—		porgiamo
pòrgi (non pòrgere)		porgete
pòrga		pòrgano

*Like pòrgere are accòrgersi and sòrgere.

Lui mi porse il bicchiere. He handed me the glass.	Mi porse la mano. He offered me his hand.

porre*

to put, to place, to set

The Seven Simple Tenses		The Seven Compound Tenses	
Singular	Plural	Singular	Plural
1 present indicative		8 present perfect	
pongo	poniamo	ho posto	abbiamo posto
poni	ponete	hai posto	avete posto
pone	póngono	ha posto	hanno posto
2 imperfect indicative		9 past perfect	
ponevo	ponevamo	avevo posto	avevamo posto
ponevi	ponevate	avevi posto	avevate posto
poneva	ponévano	aveva posto	avévano posto
3 past absolute		10 past anterior	
posi	ponemmo	èbbi posto	avemmo posto
ponesti	poneste	avesti posto	aveste posto
pose	pósero	èbbe posto	èbbero posto
4 future indicative		11 future perfect	
porrò	porremo	avrò posto	avremo posto
porrai	porrete	avrai posto	avrete posto
porrà	porranno	avrà posto	avranno posto
5 present conditional		12 past conditional	
porrèi	porremmo	avrèi posto	avremmo posto
porresti	porreste	avresti posto	avreste posto
porrèbbe	porrèbbero	avrèbbe posto	avrèbbero posto
6 present subjunctive		13 past subjunctive	
ponga	poniamo	àbbia posto	abbiamo posto
ponga	poniate	àbbia posto	abbiate posto
ponga	póngano	àbbia posto	àbbiano posto
7 imperfect subjunctive		14 past perfect subjunctive	
ponessi	ponéssimo	avessi posto	avéssimo posto
ponessi	poneste	avessi posto	aveste posto
ponesse	ponéssero	avesse posto	avéssero posto

	imperative	
—	poniamo	
poni (non porre)	ponete	
ponga	póngano	

* Like **porre** are **comporre, disporre, esporre, frapporre, imporre, opporre, posporre, proporre, riporre, scomporre, supporre, trasporre,** etc.

Lui ha posto il libro sullo scaffale.	Mi hai posto(a) in una cattiva
He put the book on the shelf.	situazione. You have placed me in a bad situation.

185

portare

Ger. **portando**   Past Part. **portato**

to bring, to carry; to wear

The Seven Simple Tenses		The Seven Compound Tenses	
Singular	Plural	Singular	Plural
1 present indicative		8 present perfect	
pòrto	portiamo	ho portato	abbiamo portato
pòrti	portate	hai portato	avete portato
pòrta	pòrtano	ha portato	hanno portato
2 imperfect indicative		9 past perfect	
portavo	portavamo	avevo portato	avevamo portato
portavi	portavate	avevi portato	avevate portato
portava	portàvano	aveva portato	avévano portato
3 past absolute		10 past anterior	
portai	portammo	èbbi portato	avemmo portato
portasti	portaste	avesti portato	aveste portato
portò	portàrono	èbbe portato	èbbero portato
4 future indicative		11 future perfect	
porterò	porteremo	avrò portato	avremo portato
porterai	porterete	avrai portato	avrete portato
porterà	porteranno	avrà portato	avranno portato
5 present conditional		12 past conditional	
porterèi	porteremmo	avrèi portato	avremmo portato
porteresti	portereste	avresti portato	avreste portato
porterèbbe	porterèbbero	avrèbbe portato	avrèbbero portato
6 present subjunctive		13 past subjunctive	
pòrti	portiamo	àbbia portato	abbiamo portato
pòrti	portiate	àbbia portato	abbiate portato
pòrti	pòrtino	àbbia portato	àbbiano portato
7 imperfect subjunctive		14 past perfect subjunctive	
portassi	portàssimo	avessi portato	avéssimo portato
portassi	portaste	avessi portato	aveste portato
portasse	portàssero	avesse portato	avéssero portato

imperative		
—	portiamo	
pòrta (non portare)	portate	
pòrti	pòrtino	

Io porto un abito nuovo.   I am wearing a new suit.

Tu porti molti libri oggi.   You are carrying many books today.

to possess

The Seven Simple Tenses		The Seven Compound Tenses	
Singular	Plural	Singular	Plural
1 present indicative		8 present perfect	
possièdo (possèggo)	possediamo	ho posseduto	abbiamo posseduto
possièdi	possedete	hai posseduto	avete posseduto
possiède	possièdono	ha posseduto	hanno posseduto
	(possèggono)		
2 imperfect indicative		9 past perfect	
possedevo	possedevamo	avevo posseduto	avevamo posseduto
possedevi	possedevate	avevi posseduto	avevate posseduto
possedeva	possedévano	aveva posseduto	avévano posseduto
3 past absolute		10 past anterior	
possedei (possedètti)	possedemmo	èbbi posseduto	avemmo posseduto
possedesti	possedeste	avesti posseduto	aveste posseduto
possedé (possedètte)	posséderono	èbbe posseduto	èbbero posseduto
	(possedèttero)		
4 future indicative		11 future perfect	
possederò	possederemo	avrò posseduto	avremo posseduto
possederai	possederete	avrai posseduto	avrete posseduto
possederà	possederanno	avrà posseduto	avranno posseduto
5 present conditional		12 past conditional	
possederèi	possederemmo	avrèi posseduto	avremmo posseduto
possederesti	possedereste	avresti posseduto	avreste posseduto
possederèbbe	possederèbbero	avrèbbe posseduto	avrèbbero posseduto
6 present subjunctive		13 past subjunctive	
possièda (possègga)	possediamo	àbbia posseduto	abbiamo posseduto
possièda (possègga)	possediate	àbbia posseduto	abbiate posseduto
possièda (possègga)	possièdano	àbbia posseduto	àbbiano posseduto
	(possèggano)		
7 imperfect subjunctive		14 past perfect subjunctive	
possedessi	possedéssimo	avessi posseduto	avéssimo posseduto
possedessi	possedeste	avessi posseduto	aveste posseduto
possedesse	possedéssero	avesse posseduto	avéssero posseduto

	imperative	
—	possediamo	
possièdi (non possedere)	possedete	
possièda	possièdano	

Possiede una buona memoria.   He has
a good memory.

Non possediamo molto denaro.
We do not possess much money.

potere*

Ger. potèndo   Past Part. potuto

to be able, can, may

The Seven Simple Tenses		The Seven Compound Tenses	
Singular	Plural	Singular	Plural
1 present indicative		8 present perfect	
pòsso	possiamo	ho* potuto	abbiamo potuto
puòi	potete	hai potuto	avete potuto
può	pòssono	ha potuto	hanno potuto
2 imperfect indicative		9 past perfect	
potevo	potevamo	avevo potuto	avevamo potuto
potevi	potevate	avevi potuto	avevate potuto
poteva	potévano	aveva potuto	avévano potuto
3 past absolute		10 past anterior	
potei	potemmo	èbbi potuto	avemmo potuto
potesti	poteste	avesti potuto	aveste potuto
poté	potérono	èbbe potuto	èbbero potuto
4 future indicative		11 future perfect	
potró	potremo	avrò potuto	avremo potuto
potrai	potrete	avrai potuto	avrete potuto
potrà	potranno	avrà potuto	avranno potuto
5 present conditional		12 past conditional	
potrèi	potremmo	avrèi potuto	avremmo potuto
potresti	potreste	avresti potuto	aveste potuto
potrèbbe	potrèbbero	avrèbbe potuto	avrèbbero potuto
6 present subjunctive		13 past subjunctive	
pòssa	possiamo	àbbia potuto	abbiamo potuto
pòssa	possiate	àbbia potuto	abbiate potuto
pòssa	pòssano	àbbia potuto	àbbiano potuto
7 imperfect subjunctive		14 past perfect subjunctive	
potessi	potéssimo	avessi potuto	avéssimo potuto
potessi	poteste	avessi potuto	aveste potuto
potesse	potéssero	avesse potuto	avéssero potuto
		imperative	
		n/a	

* **Potere** takes **èssere** when the following infinitive requires it.

Non posso venire oggi. I cannot come today.	**Puoi scrivere tu se vuoi.** You can write if you want to.

The Seven Simple Tenses		The Seven Compound Tenses	
Singular	Plural	Singular	Plural
1 present indicative		8 present perfect	
predico	prediciamo	ho predetto	abbiamo predetto
predici	predite	hai predetto	avete predetto
predice	predicono	ha predetto	hanno predetto
2 imperfect indicative		9 past perfect	
predicevo	predicevamo	avevo predetto	avevamo predetto
predicevi	predicevate	avevi predetto	avevate predetto
prediceva	predicévano	aveva predetto	avévano predetto
3 past absolute		10 past anterior	
predissi	predicemmo	èbbi predetto	avemmo predetto
predicesti	prediceste	avesti predetto	aveste predetto
predisse	predíssero	èbbe predetto	èbbero predetto
4 future indicative		11 future perfect	
predirò	prediremo	avrò predetto	avremo predetto
predirai	predirete	avrai predetto	avrete predetto
predirà	prediranno	avrà predetto	avranno predetto
5 present conditional		12 past conditional	
predirèi	prediremmo	avrèi predetto	avremmo predetto
prediresti	predireste	avresti predetto	avreste predetto
predirèbbe	predirèbbero	avrèbbe predetto	avrèbbero predetto
6 present subjunctive		13 past subjunctive	
predica	prediciamo	àbbia predetto	abbiamo predetto
predica	prediciate	àbbia predetto	abbiate predetto
predica	predícano	àbbia predetto	àbbiano predetto
7 imperfect subjunctive		14 past perfect subjunctive	
predicessi	predicéssimo	avessi predetto	avéssimo predetto
predicessi	prediceste	avessi predetto	aveste predetto
predicesse	predicéssero	avesse predetto	avéssero predetto

	imperative	
—		prediciamo
predici (non predire)		predite
predica		predícano

*Compound of **dire**.

Lei predice il futuro. She predicts the future.	Lui predice che io vincerò. He predicts that I will win.

prèmere*

Ger. premèndo
Past Part. premuto

to press, to squeeze;
to be urgent

The Seven Simple Tenses		The Seven Compound Tenses	
Singular	Plural	Singular	Plural
1 present indicative		**8 present perfect**	
prèmo	premiamo	ho premuto	abbiamo premuto
prèmi	premete	hai premuto	avete premuto
prème	prèmono	ha premuto	hanno premuto
2 imperfect indicative		**9 past perfect**	
premevo	premevamo	avevo premuto	avevamo premuto
premevi	premevate	avevi premuto	avevate premuto
premeva	premévano	aveva premuto	avévano premuto
3 past absolute		**10 past anterior**	
premei (premètti)	prememmo	èbbi premuto	avemmo premuto
premesti	premeste	avesti premuto	aveste premuto
premé (premètte)	premérono (premèttero)	èbbe premuto	èbbero premuto
4 future indicative		**11 future perfect**	
premerò	premeremo	avrò premuto	avremo premuto
premerai	premerete	avrai premuto	avrete premuto
premerà	premeranno	avrà premuto	avranno premuto
5 present conditional		**12 past conditional**	
premerèi	premeremmo	avrèi premuto	avremmo premuto
premeresti	premereste	avresti premuto	avreste premuto
premerèbbe	premerèbbero	avrèbbe premuto	avrèbbero premuto
6 present subjunctive		**13 past subjunctive**	
prèma	premiamo	àbbia premuto	abbiamo premuto
prèma	premiate	àbbia premuto	abbiate premuto
prèma	prèmano	àbbia premuto	àbbiano premuto
7 imperfect subjunctive		**14 past perfect subjunctive**	
premessi	preméssimo	avessi premuto	avéssimo premuto
premessi	premeste	avessi premuto	aveste premuto
premesse	preméssero	avesse premuto	avéssero premuto

	imperative	
—	premiamo
prèmi (non prèmere)	premete
prèma	prèmano

*The compounds of **prèmere** are **comprímere**, **deprímere**, **esprímere**,
imprímere, **opprímere**, **reprímere**, **sopprímere**, all irregular in the
Past Absolute and Past Participle.

Lui mi preme la mano.   He squeezes my hand.
Io premo il bottone.   I press the button.

Mi preme la tua felicità.   Your happiness is what I care about.

to take

The Seven Simple Tenses		The Seven Compound Tenses	
Singular	Plural	Singular	Plural
1 present indicative		8 present perfect	
prèndo	prendiamo	ho preso	abbiamo preso
prèndi	prendete	hai preso	avete preso
prènde	prèndono	ha preso	hanno preso
2 imperfect indicative		9 past perfect	
prendevo	prendevamo	avevo preso	avevamo preso
prendevi	prendevate	avevi preso	avevate preso
prendeva	prendévano	aveva preso	avévano preso
3 past absolute		10 past anterior	
presi	prendemmo	èbbi preso	avemmo preso
prendesti	prendeste	avesti preso	aveste preso
prese	présero	èbbe preso	èbbero preso
4 future indicative		11 future perfect	
prenderò	prenderemo	avrò preso	avremo preso
prenderai	prenderete	avrai preso	avrete preso
prenderà	prenderanno	avrà preso	avranno preso
5 present conditional		12 past conditional	
prenderèi	prenderemmo	avrèi preso	avremmo preso
prenderesti	prendereste	avresti preso	avreste preso
prenderèbbe	prenderèbbero	avrèbbe preso	avrèbbero preso
6 present subjunctive		13 past subjunctive	
prènda	prendiamo	àbbia preso	abbiamo preso
prènda	prendiate	àbbia preso	abbiate preso
prènda	prèndano	àbbia preso	àbbiano preso
7 imperfect subjunctive		14 past perfect subjunctive	
prendessi	prendéssimo	avessi preso	avéssimo preso
prendessi	prendeste	avessi preso	aveste preso
prendesse	prendéssero	avesse preso	avéssero preso

imperative

—	prendiamo
prèndi (non prèndere)	prendete
prènda	prèndano

*Like **prèndere** are **apprèndere**, **comprèndere**, **intraprèndere**, **riprèndere**, **sorprèndere**, etc.

Non prendo più il caffè. I don't take
coffee any more.

Lui prende la medicina. He takes
the medicine.

preparare

Ger. preparando   Past Part. preparato

to prepare

The Seven Simple Tenses		The Seven Compound Tenses	
Singular	Plural	Singular	Plural
1 present indicative		8 present perfect	
prepàro	prepariamo	ho preparato	abbiamo preparato
prepàri	preparate	hai preparato	avete preparato
prepàra	prepàrano	ha preparato	hanno preparato
2 imperfect indicative		9 past perfect	
preparavo	preparavamo	avevo preparato	avevamo preparato
preparavi	preparavate	avevi preparato	avevate preparato
preparava	preparavano	aveva preparato	avévano preparato
3 past absolute		10 past anterior	
preparai	preparammo	èbbi preparato	avemmo preparato
preparasti	preparaste	avesti preparato	aveste preparato
preparò	preparàrono	èbbe preparato	èbbero preparato
4 future indicative		11 future perfect	
preparerò	prepareremo	avrò preparato	avremo preparato
preparerai	preparerete	avrai preparato	avrete preparato
preparerà	prepareranno	avrà preparato	avranno preparato
5 present conditional		12 past conditional	
preparerèi	prepareremmo	avrèi preparato	avremmo preparato
prepareresti	preparereste	avresti preparato	avreste preparato
preparerèbbe	preparerèbbero	avrèbbe preparato	avrèbbero preparato
6 present subjunctive		13 past subjunctive	
prepàri	prepariamo	àbbia preparato	abbiamo preparato
prepàri	prepariate	àbbia preparato	abbiate preparato
prepàri	prepàrino	àbbia preparato	àbbiano preparato
7 imperfect subjunctive		14 past perfect subjunctive	
preparassi	preparàssimo	avessi preparato	avéssimo preparato
preparassi	preparaste	avessi preparato	aveste preparato
preparasse	preparàssero	avesse preparato	avéssero preparato

	imperative	
—		prepariamo
prepàra (non preparare)		preparate
prepàri		prepàrino

La studentessa deve preparare la lezione. The student must prepare the lesson.

Non ho ancora preparato il caffè. I haven't prepared the coffee yet.

to present, to introduce

The Seven Simple Tenses		The Seven Compound Tenses	
Singular	Plural	Singular	Plural
1 present indicative		8 present perfect	
presento	**presentiamo**	**ho presentato**	**abbiamo presentato**
presenti	**presentate**	**hai presentato**	**avete presentato**
presenta	**presentano**	**ha presentato**	**hanno presentato**
2 imperfect indicative		9 past perfect	
presentavo	**presentavamo**	**avevo presentato**	**avevamo presentato**
presentavi	**presentavate**	**avevi presentato**	**avevate presentato**
presentava	**presentàvano**	**aveva presentato**	**avévano presentato**
3 past absolute		10 past anterior	
presentai	**presentammo**	**èbbi presentato**	**avemmo presentato**
presentasti	**presentaste**	**avesti presentato**	**aveste presentato**
presentò	**presentàrono**	**èbbe presentato**	**èbbero presentato**
4 future indicative		11 future perfect	
presenterò	**presenteremo**	**avrò presentato**	**avremo presentato**
presenterai	**presenterete**	**avrai presentato**	**avrete presentato**
presenterà	**presenteranno**	**avrà presentato**	**avranno presentato**
5 present conditional		12 past conditional	
presenterèi	**presenteremmo**	**avrèi presentato**	**avremmo presentato**
presenteresti	**presentereste**	**avresti presentato**	**avreste presentato**
presenterèbbe	**presenterèbbero**	**avrèbbe presentato**	**avrèbbero presentato**
6 present subjunctive		13 past subjunctive	
presenti	**presentiamo**	**àbbia presentato**	**abbiamo presentato**
presenti	**presentiate**	**àbbia presentato**	**abbiate presentato**
presenti	**presentino**	**àbbia presentato**	**àbbiano presentato**
7 imperfect subjunctive		14 past perfect subjunctive	
presentassi	**presentàssimo**	**avessi presentato**	**avéssimo presentato**
presentassi	**presentaste**	**avessi presentato**	**aveste presentato**
presentasse	**presentàssero**	**avesse presentato**	**avéssero presentato**

imperative

—	**presentiamo**
presenta (non **presentare**)	**presentate**
presenti	**presentino**

Ti ho presentato Maria ieri.   I
introduced Mary to you yesterday.

Domani devo presentare il mio saggio
in classe.   Tomorrow I have to
present my essay in class.

prestare

Ger. prestando   Past Part. prestato

to lend

The Seven Simple Tenses		The Seven Compound Tenses	
Singular	Plural	Singular	Plural
1 present indicative		8 present perfect	
prèsto	prestiamo	ho prestato	abbiamo prestato
prèsti	prestate	hai prestato	avete prestato
prèsta	prèstano	ha prestato	hanno prestato
2 imperfect indicative		9 past perfect	
prestavo	prestavamo	avevo prestato	avevamo prestato
prestavi	prestavate	avevi prestato	avevate prestato
prestava	prestàvano	aveva prestato	avévano prestato
3 past absolute		10 past anterior	
prestai	prestammo	èbbi prestato	avemmo prestato
prestasti	prestaste	avesti prestato	aveste prestato
prestò	prestàrono	èbbe prestato	èbbero prestato
4 future indicative		11 future perfect	
presterò	presteremo	avrò prestato	avremo prestato
presterai	presterete	avrai prestato	avrete prestato
presterà	presteranno	avrà prestato	avranno prestato
5 present conditional		12 past conditional	
presterèi	presteremmo	avrèi prestato	avremmo prestato
presteresti	prestereste	avresti prestato	avreste prestato
presterèbbe	presterèbbero	avrèbbe prestato	avrèbbero prestato
6 present subjunctive		13 past subjunctive	
prèsti	prestiamo	àbbia prestato	abbiamo prestato
prèsti	prestiate	àbbia prestato	abbiate prestato
prèsti	prèstino	àbbia prestato	àbbiano prestato
7 imperfect subjunctive		14 past perfect subjunctive	
prestassi	prestàssimo	avessi prestato	avéssimo prestato
prestassi	prestaste	avessi prestato	aveste prestato
prestasse	prestàssero	avesse prestato	avéssero prestato

imperative	
—	prestiamo
prèsta (non prestare)	prestate
prèsti	prèstino

Io non presto soldi a nessuno. I do not lend money to anyone.

Prestami il libro, per piacere. Lend me the book, please.

to claim, to contend, to demand

The Seven Simple Tenses		The Seven Compound Tenses	
Singular	Plural	Singular	Plural
1 present indicative		8 present perfect	
pretèndo	pretendiamo	ho preteso	abbiamo preteso
pretèndi	pretendete	hai preteso	avete preteso
pretènde	pretèndono	ha preteso	hanno preteso
2 imperfect indicative		9 past perfect	
pretendevo	pretendevamo	avevo preteso	avevamo preteso
pretendevi	pretendevate	avevi preteso	avevate preteso
pretendeva	pretendévano	aveva preteso	avévano preteso
3 past absolute		10 past anterior	
pretesi	pretendemmo	èbbi preteso	avemmo preteso
pretendesti	pretendeste	avesti preteso	aveste preteso
pretese	pretésero	èbbe preteso	èbbero preteso
4 future indicative		11 future perfect	
pretenderò	pretenderemo	avrò preteso	avremo preteso
pretenderai	pretenderete	avrai preteso	avrete preteso
pretenderà	pretenderanno	avrà preteso	avranno preteso
5 present conditional		12 past conditional	
pretenderèi	pretenderemmo	avrèi preteso	avremmo preteso
pretenderesti	pretendereste	avresti preteso	avreste preteso
pretenderèbbe	pretenderèbbero	avrèbbe preteso	avrèbbero preteso
6 present subjunctive		13 past subjunctive	
pretènda	pretendiamo	àbbia preteso	abbiamo preteso
pretènda	pretendiate	àbbia preteso	abbiate preteso
pretènda	pretèndano	àbbia preteso	àbbiano preteso
7 imperfect subjunctive		14 past perfect subjunctive	
pretendessi	pretendéssimo	avessi preteso	avéssimo preteso
pretendessi	pretendeste	avessi preteso	aveste preteso
pretendesse	pretendéssero	avesse preteso	avéssero preteso

	imperative	
—		pretendiamo
pretèndi (non pretèndere)		pretendete
pretènda		pretèndano

*Like **pretèndere** are **attèndere**, **contèndere**, and **intèndere**.

Pretendo una spiegazione. I demand an explanation.

Loro pretendono di sapere tutto. They claim to know everything.

prevalere*

Ger. prevalèndo   Past Part. prevalso

to prevail

The Seven Simple Tenses		The Seven Compound Tenses	
Singular	Plural	Singular	Plural
1 present indicative		8 present perfect	
prevalgo	prevaliamo	sono prevalso	siamo prevalsi
prevali	prevalete	sèi prevalso	siète prevalsi
prevale	prevàlgono	è prevalso	sono prevalsi
2 imperfect indicative		9 past perfect	
prevalevo	prevalevamo	èro prevalso	eravamo prevalsi
prevalevi	prevalevate	èri prevalso	eravate prevalsi
prevaleva	prevalévano	èra prevalso	èrano prevalsi
3 past absolute		10 past anterior	
prevalsi	prevalemmo	fui prevalso	fummo prevalsi
prevalesti	prevaleste	fosti prevalso	foste prevalsi
prevalse	prevàlsero	fu prevalso	fúrono prevalsi
4 future indicative		11 future perfect	
prevarrò	prevarremo	sarò prevalso	saremo prevalsi
prevarrai	prevarrete	sarai prevalso	sarete prevalsi
prevarrà	prevarranno	sarà prevalso	saranno prevalsi
5 present conditional		12 past conditional	
prevarrèi	prevarremmo	sarèi prevalso	saremmo prevalsi
prevarresti	prevarreste	saresti prevalso	sareste prevalsi
prevarrèbbe	prevarrèbbero	sarèbbe prevalso	sarèbbero prevalsi
6 present subjunctive		13 past subjunctive	
prevalga	prevaliamo	sia prevalso	siamo prevalsi
prevalga	prevaliate	sia prevalso	siate prevalsi
prevalga	prevàlgano	sia prevalso	síano prevalsi
7 imperfect subjunctive		14 past perfect subjunctive	
prevalessi	prevaléssimo	fossi prevalso	fossimo prevalsi
prevalessi	prevaleste	fossi prevalso	foste prevalsi
prevalesse	prevaléssero	fosse prevalso	fossero prevalsi

	imperative	
—		prevaliamo
prevali (non prevalere)		prevalete
prevalga		prevàlgano

*Compound of **valere**.

La sua opinione prevalse. His
  opinion prevailed.

Lui prevale su di tutti. He prevails
  over everyone.

to foresee

The Seven Simple Tenses		The Seven Compound Tenses	
Singular	Plural	Singular	Plural
1 present indicative		8 present perfect	
prevedo	**prevediamo**	**ho previsto**	**abbiamo previsto**
prevedi	**prevedete**	(**preveduto**)	
prevede	**prevédono**	**hai previsto**	**avete previsto**
		ha previsto	**hanno previsto**
2 imperfect indicative		9 past perfect	
prevedevo	**prevedevamo**	**avevo previsto**	**avevamo previsto**
prevedevi	**prevedevate**	**avevi previsto**	**avevate previsto**
prevedeva	**prevedévano**	**aveva previsto**	**avévano previsto**
3 past absolute		10 past anterior	
previdi	**prevedemmo**	**èbbi previsto**	**avemmo previsto**
prevedesti	**prevedeste**	**avesti previsto**	**aveste previsto**
previde	**prevídero**	**èbbe previsto**	**èbbero previsto**
4 future indicative		11 future perfect	
prevedrò	**prevedremo**	**avrò previsto**	**avremo previsto**
prevedrai	**prevedrete**	**avrai previsto**	**avrete previsto**
prevedrà	**prevedranno**	**avrà previsto**	**avranno previsto**
5 present conditional		12 past conditional	
prevedrèi	**prevedremmo**	**avrèi previsto**	**avremmo previsto**
prevedresti	**prevedreste**	**avresti previsto**	**avreste previsto**
prevedrèbbe	**prevedèbbero**	**avrèbbe previsto**	**avrèbbero previsto**
6 present subjunctive		13 past subjunctive	
preveda	**prevediamo**	**àbbia previsto**	**abbiamo previsto**
preveda	**prevediate**	**àbbia previsto**	**abbiate previsto**
preveda	**prevédano**	**àbbia previsto**	**àbbiano previsto**
7 imperfect subjunctive		14 past perfect subjunctive	
prevedessi	**prevedéssimo**	**avessi previsto**	**avéssimo previsto**
prevedessi	**prevedeste**	**avessi previsto**	**aveste previsto**
prevedesse	**prevedéssero**	**avesse previsto**	**avéssero previsto**

	imperative	
—		**prevediamo**
prevedi (non prevedere)		**prevedete**
preveda		**prevédano**

*Compound of **vedere**.

La mia amica previde la catastrofe.   Io prevedo tutte le possibilità.
  My friend foresaw the catastrophe.   I foresee all the possibilities.

prevenire*

Ger. prevenèndo   Past Part. prevenuto

to precede, to anticipate, to prevent

The Seven Simple Tenses		The Seven Compound Tenses	
Singular	Plural	Singular	Plural
1 present indicative		8 present perfect	
prevèngo	preveniamo	ho prevenuto	abbiamo prevenuto
previèni	prevenite	hai prevenuto	avete prevenuto
previène	prevèngono	ha prevenuto	hanno prevenuto
2 imperfect indicative		9 past perfect	
prevenivo	prevenivamo	avevo prevenuto	avevamo prevenuto
prevenivi	prevenivate	avevi prevenuto	avevate prevenuto
preveniva	prevenívano	aveva prevenuto	avévano prevenuto
3 past absolute		10 past anterior	
prevenni	prevenimmo	èbbi prevenuto	avemmo prevenuto
prevenisti	preveniste	avesti prevenuto	aveste prevenuto
prevenne	prevénnero	èbbe prevenuto	èbbero prevenuto
4 future indicative		11 future perfect	
preverrò	preverremo	avrò prevenuto	avremo prevenuto
preverrai	preverrete	avrai prevenuto	avrete prevenuto
preverrà	preverranno	avrà prevenuto	avranno prevenuto
5 present conditional		12 past conditional	
preverrèi	preverremmo	avrèi prevenuto	avremmo prevenuto
preverresti	preverreste	avresti prevenuto	aveste prevenuto
preverrèbbe	preverrèbbero	avrèbbe prevenuto	avrèbbero prevenuto
6 present subjunctive		13 past subjunctive	
prevènga	preveniamo	àbbia prevenuto	abbiamo prevenuto
prevènga	preveniate	àbbia prevenuto	abbiate prevenuto
prevènga	prevèngano	àbbia prevenuto	àbbiano prevenuto
7 imperfect subjunctive		14 past perfect subjunctive	
prevenissi	preveníssimo	avessi prevenuto	avéssimo prevenuto
prevenissi	preveniste	avessi prevenuto	aveste prevenuto
prevenisse	preveníssero	avesse prevenuto	avéssero prevenuto

	imperative	
—		preveniamo
previèni (non prevenire)		prevenite
prevènga		prevèngano

*Compound of **venire**.

---

prevenire una domanda   to anticipate a question   prevenire un pericolo   to prevent a danger

to produce

The Seven Simple Tenses		The Seven Compound Tenses	
Singular	Plural	Singular	Plural
1 present indicative		8 present perfect	
produco	produciamo	ho prodotto	abbiamo prodotto
produci	producete	hai prodotto	avete prodotto
produce	prodúcono	ha prodotto	hanno prodotto
2 imperfect indicative		9 past perfect	
producevo	producevamo	avevo prodotto	avevamo prodotto
producevi	producevate	avevi prodotto	avevate prodotto
produceva	producévano	aveva prodotto	avévano prodotto
3 past absolute		10 past anterior	
produssi	producemmo	èbbi prodotto	avemmo prodotto
producesti	produceste	avesti prodotto	aveste prodotto
produsse	prodússero	èbbe prodotto	èbbero prodotto
4 future indicative		11 future perfect	
produrrò	produrremo	avrò prodotto	avremo prodotto
produrrai	produrrete	avrai prodotto	avrete prodotto
produrrà	produrranno	avrà prodotto	avranno prodotto
5 present conditional		12 past conditional	
produrrèi	produrremmo	avrèi prodotto	avremmo prodotto
produrresti	produrreste	avresti prodotto	avreste prodotto
produrrèbbe	produrrèbbero	avrèbbe prodotto	avrèbbero prodotto
6 present subjunctive		13 past subjunctive	
produca	produciamo	àbbia prodotto	abbiamo prodotto
produca	produciate	àbbia prodotto	abbiate prodotto
produca	prodúcano	àbbia prodotto	àbbiano prodotto
7 imperfect subjunctive		14 past perfect subjunctive	
producessi	producéssimo	avessi prodotto	avéssimo prodotto
producessi	produceste	avessi prodotto	aveste prodotto
producesse	producéssero	avesse prodotto	avéssero prodotto

	imperative	
—		produciamo
produci (non produrre)		producete
produca		prodúcano

*Like **produrre** are **condurre, dedurre, indurre, introdurre, ridurre, riprodurre, sedurre**, and **tradurre**.

L'artigiano produce oggetti di buona qualità. The artisan produces good quality objects.	Cosa producevano in questa fabbrica? What did they produce in this factory?

prométtere*

Ger. promettèndo   Past Part. promesso

to promise

The Seven Simple Tenses		The Seven Compound Tenses	
Singular	Plural	Singular	Plural
1 present indicative		8 present perfect	
prometto	promettiamo	ho promesso	abbiamo promesso
prometti	promettete	hai promesso	avete promesso
promette	prométtono	ha promesso	hanno promesso
2 imperfect indicative		9 past perfect	
promettevo	promettevamo	avevo promesso	avevamo promesso
promettevi	promettevate	avevi promesso	avevate promesso
prometteva	promettévano	aveva promesso	avévano promesso
3 past absolute		10 past anterior	
promisi	promettemmo	èbbi promesso	avemmo promesso
promettesti	prometteste	avesti promesso	aveste promesso
promise	promísero	èbbe promesso	èbbero promesso
4 future indicative		11 future perfect	
prometterò	prometteremo	avrò promesso	avremo promesso
prometterai	prometterete	avrai promesso	avrete promesso
prometterà	prometteranno	avrà promesso	avranno promesso
5 present conditional		12 past conditional	
prometterèi	prometteremmo	avrèi promesso	avremmo promesso
prometteresti	promettereste	avresti promesso	avreste promesso
prometterèbbe	prometterèbbero	avrèbbe promesso	avrèbbero promesso
6 present subjunctive		13 past subjunctive	
prometta	promettiamo	àbbia promesso	abbiamo promesso
prometta	promettiate	àbbia promesso	abbiate promesso
prometta	prométtano	àbbia promesso	àbbiano promesso
7 imperfect subjunctive		14 past perfect subjunctive	
promettessi	promettéssimo	avessi promesso	avéssimo promesso
promettessi	prometteste	avessi promesso	aveste promesso
promettesse	promettéssero	avesse promesso	avéssero promesso

	imperative	
—		promettiamo
prometti (non prométtere)		promettete
prometta		prométtano

*Compound of méttere.

Ha promesso di venire presto.	Il governo promette molte cose. The
She promised to come early.	government promises many things.

promuòvere*

to promote

The Seven Simple Tenses		The Seven Compound Tenses	
Singular	Plural	Singular	Plural
1 present indicative		8 present perfect	
promuòvo	promuoviamo	ho promòsso	abbiamo promòsso
promuòvi	promuovete	hai promòsso	avete promòsso
promuòve	promuòvono	ha promòsso	hanno promòsso
2 imperfect indicative		9 past perfect	
promuovevo	promuovevamo	avevo promòsso	avevamo promòsso
promuovevi	promuovevate	avevi promòsso	avevate promòsso
promuoveva	promuovévano	aveva promòsso	avévano promòsso
3 past absolute		10 past anterior	
promòssi	promovemmo	èbbi promòsso	avemmo promòsso
promovesti	promoveste	avesti promòsso	aveste promòsso
promòsse	promòssero	èbbe promòsso	èbbero promòsso
4 future indicative		11 future perfect	
promuoverò	promuoveremo	avrò promòsso	avremo promòsso
promuoverai	promuoverete	avrai promòsso	avrete promòsso
promuoverà	promuoveranno	avrà promòsso	avranno promòsso
5 present conditional		12 past conditional	
promuoverèi	promuoveremmo	avrèi promòsso	avremmo promòsso
promuoveresti	promuovereste	avresti promòsso	avreste promòsso
promuoverèbbe	promuoverèbbero	avrèbbe promòsso	avrèbbero promòsso
6 present subjunctive		13 past subjunctive	
promuòva	promuoviamo	àbbia promòsso	abbiamo promòsso
promuòva	promuoviate	àbbia promòsso	abbiate promòsso
promuòva	promuòvano	àbbia promòsso	àbbiano promòsso
7 imperfect subjunctive		14 past perfect subjunctive	
promuovessi	promuovéssimo	avessi promòsso	avéssimo promòsso
promuovessi	promuoveste	avessi promòsso	aveste promòsso
promuovesse	promuovéssero	avesse promòsso	avéssero promòsso

	imperative	
—		promuoviamo
promuòvi (non promuovere)		promuovete
promuòva		promuòvano

*Compound of **muòvere**.

---

promuovere scambi culturali to promote cultural exchanges	essere promosso to be promoted

201

pronunziare*   Ger. pronunziando   Past Part. pronunziato

to pronounce

The Seven Simple Tenses		The Seven Compound Tenses	
Singular	Plural	Singular	Plural
1 present indicative		8 present perfect	
pronùnzio	pronunziamo	ho pronunziato	abbiamo pronunziato
pronùnzi	pronunziate	hai pronunziato	avete pronunziato
pronùnzia	pronùnziano	ha pronunziato	hanno pronunziato
2 imperfect indicative		9 past perfect	
pronunziavo	pronunziavamo	avevo pronunziato	avevamo pronunziato
pronunziavi	pronunziavate	avevi pronunziato	avevate pronunziato
pronunziava	pronunziàvano	aveva pronunziato	avévano pronunziato
3 past absolute		10 past anterior	
pronunziai	pronunziammo	èbbi pronunziato	avemmo pronunziato
pronunziasti	pronunziaste	avesti pronunziato	aveste pronunziato
pronunziò	pronunziàrono	èbbe pronunziato	èbbero pronunziato
4 future indicative		11 future perfect	
pronunzierò	pronunzieremo	avrò pronunziato	avremo pronunziato
pronunzierai	pronunzierete	avrai pronunziato	avrete pronunziato
pronunzierà	pronunzieranno	avrà pronunziato	avranno pronunziato
5 present conditional		12 past conditional	
pronunzierèi	pronunzieremmo	avrèi pronunziato	avremmo pronunziato
pronunzieresti	pronunziereste	avresti pronunziato	avreste pronunziato
pronunzi-	pronunzi-	avrèbbe	avrèbbero
erèbbe	erèbbero	pronunziato	pronunziato
6 present subjunctive		13 past subjunctive	
pronùnzi	pronunziamo	àbbia pronunziato	abbiamo pronunziato
pronùnzi	pronunziate	àbbia pronunziato	abbiate pronunziato
pronùnzi	pronùnzino	àbbia pronunziato	àbbiano pronunziato
7 imperfect subjunctive		14 past perfect subjunctive	
pronunziassi	pronunziassimo	avessi pronunziato	avéssimo pronunziato
pronunziassi	pronunziaste	avessi pronunziato	aveste pronunziato
pronunziasse	pronunziàssero	avesse pronunziato	avéssero pronunziato

	imperative	
—		pronunziamo
pronùnzia (non pronunziare)		pronunziate
pronùnzi		pronùnzino

An alternative form is **pronunciare**.

Ho pronunziato bene la parola.	Bisogna pronunziare bene le parole.
I pronounced the word well.	One has to pronounce words well.

The Seven Simple Tenses		The Seven Compound Tenses	
Singular	Plural	Singular	Plural
1 present indicative		8 present perfect	
propongo	**proponiamo**	**ho proposto**	**abbiamo proposto**
proponi	**proponete**	**hai proposto**	**avete proposto**
propone	**propóngono**	**ha proposto**	**hanno proposto**
2 imperfect indicative		9 past perfect	
proponevo	**proponevamo**	**avevo proposto**	**avevamo proposto**
proponevi	**proponevate**	**avevi proposto**	**avevate proposto**
proponeva	**proponévano**	**aveva proposto**	**avévano proposto**
3 past absolute		10 past anterior	
proposi	**proponemmo**	**èbbi proposto**	**avemmo proposto**
proponesti	**proponeste**	**avesti proposto**	**aveste proposto**
propose	**propósero**	**èbbe proposto**	**èbbero proposto**
4 future indicative		11 future perfect	
proporrò	**proporremo**	**avrò proposto**	**avremo proposto**
proporrai	**proporrete**	**avrai proposto**	**avrete proposto**
proporrà	**proporranno**	**avrà proposto**	**avranno proposto**
5 present conditional		12 past conditional	
proporrèi	**proporremmo**	**avrèi proposto**	**avremmo proposto**
proporresti	**proporreste**	**avresti proposto**	**aveste proposto**
proporrèbbe	**proporrèbbero**	**avrèbbe proposto**	**avrèbbero proposto**
6 present subjunctive		13 past subjunctive	
proponga	**proponiamo**	**àbbia proposto**	**abbiamo proposto**
proponga	**proponiate**	**àbbia proposto**	**abbiate proposto**
proponga	**propóngano**	**àbbia proposto**	**àbbiano proposto**
7 imperfect subjunctive		14 past perfect subjunctive	
proponessi	**proponéssimo**	**avessi proposto**	**avéssimo proposto**
proponessi	**proponeste**	**avessi proposto**	**aveste proposto**
proponesse	**proponéssero**	**avesse proposto**	**avéssero proposto**

imperative	
—	**proponiamo**
proponi (non **proporre**)	**proponete**
proponga	**propóngano**

*Compound of **porre**.

Lui propone molte cose, ma non fa niente. He proposes many things but does nothing.	Ho proposto una cosa che non gli piace. I proposed something he doesn't like.

protèggere*   Ger. proteggèndo   Past Part. protètto

to protect

The Seven Simple Tenses		The Seven Compound Tenses	
Singular	Plural	Singular	Plural
1 present indicative		8 present perfect	
protèggo	proteggiamo	ho protètto	abbiamo protètto
protèggi	proteggete	hai protètto	avete protètto
protègge	protèggono	ha protètto	hanno protètto
2 imperfect indicative		9 past perfect	
proteggevo	proteggevamo	avevo protètto	avevamo protètto
proteggevi	proteggevate	avevi protètto	avevate protètto
proteggeva	proteggévano	aveva protètto	avévano protètto
3 past absolute		10 past anterior	
protèssi	proteggemmo	èbbi protètto	avemmo protètto
proteggesti	proteggeste	avesti protètto	aveste protètto
protèsse	protèssero	èbbe protètto	èbbero protètto
4 future indicative		11 future perfect	
proteggerò	proteggeremo	avrò protètto	avremo protètto
proteggerai	proteggerete	avrai protètto	avrete protètto
proteggerà	proteggeranno	avrà protètto	avranno protètto
5 present conditional		12 past conditional	
proteggerèi	proteggeremmo	avrèi protètto	avremmo protètto
proteggeresti	proteggereste	avresti protètto	avreste protètto
proteggerèbbe	proteggerèbbero	avrèbbe protètto	avrèbbero protètto
6 present subjunctive		13 past subjunctive	
protègga	proteggiamo	àbbia protètto	abbiamo protètto
protègga	proteggiate	àbbia protètto	abbiate protètto
protègga	protèggano	àbbia protètto	àbbiano protètto
7 imperfect subjunctive		14 past perfect subjunctive	
proteggessi	proteggéssimo	avessi protètto	avéssimo protètto
proteggessi	proteggeste	avessi protètto	aveste protètto
proteggesse	proteggéssero	avesse protètto	avéssero protètto

	imperative	
—		proteggiamo
protèggi (non protèggere)		proteggete
protègga		protèggano

*Protèggere is conjugated like elèggere and lèggere.

Io proteggo tutti i miei oggetti di valore. I protect all my valuable objects.	La madre protege il figlio. The mother protects her son.

to provide

The Seven Simple Tenses		The Seven Compound Tenses	
Singular	Plural	Singular	Plural
1 present indicative		8 present perfect	
provvedo	**provvediamo**	**ho provveduto**	**abbiamo provveduto**
provvedi	**provvedete**	**(provvisto)**	
provvede	**provvédono**	**hai provveduto**	**avete provveduto**
		ha provveduto	**hanno provveduto**
2 imperfect indicative			
provvedevo	**provvedevamo**	9 past perfect	
provvedevi	**provvedevate**	**avevo provveduto**	**avevamo provveduto**
provvedeva	**provvedévano**	**avevi provveduto**	**avevate provveduto**
		aveva provveduto	**avévano provveduto**
3 past absolute			
provvidi	**provvedemmo**	10 past anterior	
provvedesti	**provvedeste**	**èbbi provveduto**	**avemmo provveduto**
provvide	**provvídero**	**avesti provveduto**	**aveste provveduto**
		èbbe provveduto	**èbbero provveduto**
4 future indicative			
provvederò	**provvederemo**	11 future perfect	
provvederai	**provvederete**	**avrò provveduto**	**avremo provveduto**
provvederà	**provvederanno**	**avrai provveduto**	**avrete provveduto**
		avrà provveduto	**avranno provveduto**
5 present conditional			
provvederèi	**provvederemmo**	12 past conditional	
provvederesti	**provvedereste**	**avrèi provveduto**	**avremmo provveduto**
provvederèbbe	**provvederèbbero**	**avresti provveduto**	**avreste provveduto**
		avrèbbe	**avrèbbero**
6 present subjunctive		**provveduto**	**provveduto**
provveda	**provvediamo**		
provveda	**provvediate**	13 past subjunctive	
provveda	**provvédano**	**àbbia provveduto**	**abbiamo provveduto**
		àbbia provveduto	**abbiate provveduto**
7 imperfect subjunctive		**àbbia provveduto**	**àbbiano provveduto**
provvedessi	**provvedéssimo**		
provvedessi	**provvedeste**	14 past perfect subjunctive	
provvedesse	**provvedéssero**	**avessi provveduto**	**avéssimo provveduto**
		avessi provveduto	**aveste provveduto**
		avesse provveduto	**avéssero provveduto**

imperative	
—	**provvediamo**
provvedi (non provvedere)	**provvedete**
provveda	**provvédano**

*Compound of **vedere**.

provvedere al necessario to provide the necessities		**provvedere alla famiglia.** to provide for the family	

pulire

Ger. **pulendo**   Past Part. **pulito**

to clean

The Seven Simple Tenses		The Seven Compound Tenses	
Singular	Plural	Singular	Plural
1 present indicative		8 present perfect	
pulisco	**puliamo**	**ho pulito**	**abbiamo pulito**
pulisci	**pulite**	**hai pulito**	**avete pulito**
pulisce	**puliscono**	**ha pulito**	**hanno pulito**
2 imperfect indicative		9 past perfect	
pulivo	**pulivamo**	**avevo pulito**	**avevamo pulito**
pulivi	**pulivate**	**avevi pulito**	**avevate pulito**
puliva	**pulivano**	**aveva pulito**	**avévano pulito**
3 past absolute		10 past anterior	
pulii	**pulimmo**	**èbbi pulito**	**avemmo pulito**
pulisti	**puliste**	**avesti pulito**	**aveste pulito**
pulì	**pulìrono**	**èbbe pulito**	**èbbero pulito**
4 future indicative		11 future perfect	
pulirò	**puliremo**	**avrò pulito**	**avremo pulito**
pulirai	**pulirete**	**avrai pulito**	**avrete pulito**
pulirà	**puliranno**	**avrà pulito**	**avranno pulito**
5 present conditional		12 past conditional	
pulirèi	**puliremmo**	**avrèi pulito**	**avremmo pulito**
puliresti	**pulireste**	**avresti pulito**	**avreste pulito**
pulirèbbe	**pulirèbbero**	**avrèbbe pulito**	**avrèbbero pulito**
6 present subjunctive		13 past subjunctive	
pulisca	**puliamo**	**àbbia pulito**	**abbiamo pulito**
pulisca	**puliate**	**àbbia pulito**	**abbiate pulito**
pulisca	**puliscano**	**àbbia pulito**	**àbbiano pulito**
7 imperfect subjunctive		14 past perfect subjunctive	
pulissi	**pulìssimo**	**avessi pulito**	**avéssimo pulito**
pulissi	**puliste**	**avessi pulito**	**aveste pulito**
pulisse	**pulìssero**	**avesse pulito**	**avéssero pulito**

imperative

pulisci (non pulire)	**puliamo pulite**
pulisca	**puliscano**

Devo pulire la casa.   I must clean
the house.

Faccio pulire quest'abito.   I am
having this suit cleaned.

to prick, to pinch, to sting

The Seven Simple Tenses		The Seven Compound Tenses	
Singular	Plural	Singular	Plural
1 present indicative		8 present perfect	
pungo	**pungiamo**	**ho punto**	**abbiamo punto**
pungi	**pungete**	**hai punto**	**avete punto**
punge	**púngono**	**ha punto**	**hanno punto**
2 imperfect indicative		9 past perfect	
pungevo	**pungevamo**	**avevo punto**	**avevamo punto**
pungevi	**pungevate**	**avevi punto**	**avevate punto**
pungeva	**pungévano**	**aveva punto**	**avévano punto**
3 past absolute		10 past anterior	
punsi	**pungemmo**	**èbbi punto**	**avemmo punto**
pungesti	**pungeste**	**avesti punto**	**aveste punto**
punse	**púnsero**	**èbbe punto**	**èbbero punto**
4 future indicative		11 future perfect	
pungerò	**pungeremo**	**avrò punto**	**avremo punto**
pungerai	**pungerete**	**avrai punto**	**avrete punto**
pungerà	**pungeranno**	**avrà punto**	**avranno punto**
5 present conditional		12 past conditional	
pungerèi	**pungeremmo**	**avrèi punto**	**avremmo punto**
pungeresti	**pungereste**	**avresti punto**	**avreste punto**
pungerèbbe	**pungerèbbero**	**avrèbbe punto**	**avrèbbero punto**
6 present subjunctive		13 past subjunctive	
punga	**pungiamo**	**àbbia punto**	**abbiamo punto**
punga	**pungiate**	**àbbia punto**	**abbiate punto**
punga	**púngano**	**àbbia punto**	**àbbian punto**
7 imperfect subjunctive		14 past perfect subjunctive	
pungessi	**pungéssimo**	**avessi punto**	**avéssimo punto**
pungessi	**pungeste**	**avessi punto**	**aveste punto**
pungesse	**pungéssero**	**avesse punto**	**avéssero punto**

imperative	
—	**pungiamo**
pungi (non **púngere**)	**pungete**
punga	**púngano**

*Like **púngere** are **aggiúngere**, **congiúngere**, **giúngere**, and **raggiúngere**.

Quella zanzara mi ha punto tre volte.	Il freddo mi punge la faccia.
That mosquito has stung me three times.	The cold stings my face.

raccomandare Ger. raccomandando Past Part. raccomandato

to recommend

The Seven Simple Tenses		The Seven Compound Tenses	
Singular	Plural	Singular	Plural
1 present indicative		8 present perfect	
raccomando	raccomandiamo	ho raccomandato	abbiamo raccomandato
raccomandi	raccomandate	hai raccomandato	avete raccomandato
raccomanda	raccomandano	ha raccomandato	hanno raccomandato
2 imperfect indicative		9 past perfect	
raccomandavo	raccomandavamo	avevo raccomandato	avevamo raccomandato
raccomandavi	raccomandavate	avevi raccomandato	avevate raccomandato
raccomandava	raccomandàvano	aveva raccomandato	avévano raccomandato
3 past absolute		10 past anterior	
raccomandai	raccomandammo	èbbi raccomandato	avemmo raccomandato
raccomandasti	raccomandaste	avesti raccomandato	aveste raccomandato
raccomandò	raccomandàrono	èbbe raccomandato	èbbero raccomandato
4 future indicative		11 future perfect	
raccomanderò	raccomanderemo	avrò raccomandato	avremo raccomandato
raccomanderai	raccomanderete	avrai raccomandato	avrete raccomandato
raccomenderà	raccomanderanno	avrà raccomandato	avranno raccomandato
5 present conditional		12 past conditional	
raccomanderèi	raccomanderemmo	avrèi raccomandato	avremmo raccomandato
raccomanderesti	raccomandereste	avresti raccomandato	avreste raccomandato
raccomanderèbbe	raccomanderèbbero	avrèbbe raccomandato	avrèbbero raccomandato
6 present subjunctive		13 past subjunctive	
raccomandi	raccomandiamo	àbbia raccomandato	abbiamo raccomandato
raccomandi	raccomandiate	àbbia raccomandato	abbiate raccomandato
raccomandi	raccomandino	àbbia raccomandato	àbbiano raccomandato
7 imperfect subjunctive		14 past perfect subjunctive	
raccomandassi	raccomandàssimo	avessi raccomandato	avéssimo raccomandato
raccomandassi	raccomandaste	avessi raccomandato	aveste raccomandato
raccomandasse	raccomandàssero	avesse raccomandato	avéssero raccomandato

imperative	
—	raccomandiamo
raccomanda (non raccomandare)	raccomandate
raccomandi	raccomandino

to shave, to graze, to raze

The Seven Simple Tenses		The Seven Compound Tenses	
Singular	Plural	Singular	Plural
1 present indicative		8 present perfect	
rado	radiamo	ho raso	abbiamo raso
radi	radete	hai raso	avete raso
rade	ràdono	ha raso	hanno raso
2 imperfect indicative		9 past perfect	
radevo	radevamo	avevo raso	avevamo raso
radevi	radevate	avevi raso	avevate raso
radeva	radévano	aveva raso	avévano raso
3 past absolute		10 past anterior	
rasi	rademmo	èbbi raso	avemmo raso
radesti	radeste	avesti raso	aveste raso
rase	ràsero	èbbe raso	èbbero raso
4 future indicative		11 future perfect	
raderò	raderemo	avrò raso	avremo raso
raderai	raderete	avrai raso	avrete raso
raderà	raderanno	avrà raso	avranno raso
5 present conditional		12 past conditional	
raderèi	raderemmo	avrèi raso	avremmo raso
raderesti	radereste	avresti raso	avreste raso
raderèbbe	raderèbbero	avrèbbe raso	avrèbbero raso
6 present subjunctive		13 past subjunctive	
rada	radiamo	àbbia raso	abbiamo raso
rada	radiate	àbbia raso	abbiate raso
rada	ràdano	àbbia raso	àbbiano raso
7 imperfect subjunctive		14 past perfect subjunctive	
radessi	radéssimo	avessi raso	avéssimo raso
radessi	radeste	avessi raso	aveste raso
radesse	radéssero	avesse raso	avéssero raso

	imperative	
—		radiamo
	radi (non ràdere)	radete
	rada	ràdano

radere la barba	to shave one's beard	radere a terra	to raze to the ground
radere la strada	to graze the road		

raggiúngere*   Ger. raggiungèndo   Past Part. raggiunto

to reach, to catch up to, to get to

The Seven Simple Tenses		The Seven Compound Tenses	
Singular	Plural	Singular	Plural
1 present indicative		8 present perfect	
raggiùngo	raggiungiamo	ho raggiunto	abbiamo raggiunto
raggiùngi	raggiungete	hai raggiunto	avete raggiunto
raggiùnge	raggiúngono	ha raggiunto	hanno raggiunto
2 imperfect indicative		9 past perfect	
raggiungevo	raggiungevamo	avevo raggiunto	avevamo raggiunto
raggiungevi	raggiungevate	avevi raggiunto	avevate raggiunto
raggiungeva	raggiungévano	aveva raggiunto	avévano raggiunto
3 past absolute		10 past anterior	
raggiunsi	raggiungemmo	èbbi raggiunto	avemmo raggiunto
raggiungesti	raggiungeste	avesti raggiunto	aveste raggiunto
raggiunse	raggiúnsero	èbbe raggiunto	èbbero raggiunto
4 future indicative		11 future perfect	
raggiungerò	raggiungeremo	avrò raggiunto	avremo raggiunto
raggiungerai	raggiungerete	avrai raggiunto	avrete raggiunto
raggiungerà	raggiungeranno	avrà raggiunto	avranno raggiunto
5 present conditional		12 past conditional	
raggiungerèi	raggiungeremmo	avrèi raggiunto	avremmo raggiunto
raggiungeresti	raggiungereste	avresti raggiunto	aveste raggiunto
raggiungerèbbe	raggiungerèbbero	avrèbbe raggiunto	avrèbbero raggiunto
6 present subjunctive		13 past subjunctive	
raggiunga	raggiungiamo	àbbia raggiunto	abbiamo raggiunto
raggiunga	raggiungiate	àbbia raggiunto	abbiate raggiunto
raggiunga	raggiúngano	àbbia raggiunto	àbbiano raggiunto
7 imperfect subjunctive		14 past perfect subjunctive	
raggiungessi	raggiungéssimo	avessi raggiunto	avéssimo raggiunto
raggiungessi	raggiungeste	avessi raggiunto	aveste raggiunto
raggiungesse	raggiungéssero	avesse raggiunto	avéssero raggiunto

imperative	
—	raggiungiamo
raggiùngi (non raggiungere)	raggiungete
raggiùnga	raggiúngano

*Like **raggiúngere** are **aggiúngere**, **congiúngere**, **giúngere**, and **púngere**.

Li raggiungerò. I will catch up to them.	raggiungere buoni risultati to achieve good results

to draw up, to edit

The Seven Simple Tenses		The Seven Compound Tenses	
Singular	Plural	Singular	Plural
1 present indicative		8 present perfect	
redigo	redigiamo	ho redatto	abbiamo redatto
redigi	redigete	hai redatto	avete redatto
redige	redígono	ha redatto	hanno redatto
2 imperfect indicative		9 past perfect	
redigevo	redigevamo	avevo redatto	avevamo redatto
redigevi	redigevate	avevi redatto	avevate redatto
redigeva	redigévano	aveva redatto	avévano redatto
3 past absolute		10 past anterior	
redassi	redigemmo	èbbi redatto	avemmo redatto
redigesti	redigeste	avesti redatto	aveste redatto
redasse	redàssero	èbbe redatto	èbbero redatto
4 future indicative		11 future perfect	
redigerò	redigeremo	avrò redatto	avremo redatto
redigerai	redigerete	avrai redatto	avrete redatto
redigerà	redigeranno	avrà redatto	avranno redatto
5 present conditional		12 past conditional	
redigerèi	redigeremmo	avrèi redatto	avremmo redatto
redigeresti	redigereste	avresti redatto	avreste redatto
redigerèbbe	redigerèbbero	avrèbbe redatto	avrèbbero redatto
6 present subjunctive		13 past subjunctive	
rediga	redigiamo	àbbia redatto	abbiamo redatto
rediga	redigiate	àbbia redatto	abbiate redatto
rediga	redígano	àbbia redatto	àbbiano redatto
7 imperfect subjunctive		14 past perfect subjunctive	
redigessi	redigéssimo	avessi redatto	avéssimo redatto
redigessi	redigeste	avessi redatto	aveste redatto
redigesse	redigéssero	avesse redatto	avéssero redatto

imperative		
—	redigiamo	
redigi (non redígere)	redigete	
rediga	redígano	

Il redattore redige l'articolo. The editor edits the article.

Questo libro deve essere redatto prudentemente. This book must be edited prudently.

règgere*

Ger. reggèndo   Past Part. rètto

to support, to bear, to hold (in hand)

The Seven Simple Tenses		The Seven Compound Tenses	
Singular	Plural	Singular	Plural
1 present indicative		8 present perfect	
règgo	reggiamo	ho rètto	abbiamo rètto
règgi	reggete	hai rètto	avete rètto
règge	règgono	ha rètto	hanno rètto
2 imperfect indicative		9 past perfect	
reggevo	reggevamo	avevo rètto	avevamo rètto
reggevi	reggevate	avevi rètto	avevate rètto
reggeva	reggévano	aveva rètto	avévano rètto
3 past absolute		10 past anterior	
rèssi	reggemmo	èbbi rètto	avemmo rètto
reggesti	reggeste	avesti rètto	aveste rètto
rèsse	rèssero	èbbe rètto	èbbero rètto
4 future indicative		11 future perfect	
reggerò	reggeremo	avrò rètto	avremo rètto
reggerai	reggerete	avrai rètto	avrete rètto
reggerà	reggeranno	avrà rètto	avranno rètto
5 present conditional		12 past conditional	
reggerèi	reggeremmo	avrèi rètto	avremmo rètto
reggeresti	reggereste	avresti rètto	aveste rètto
reggerèbbe	reggerèbbero	avrèbbe rètto	avrèbbero rètto
6 present subjunctive		13 past subjunctive	
règga	reggiamo	àbbia rètto	abbiamo rètto
règga	reggiate	àbbia rètto	abbiate rètto
règga	règgano	àbbia rètto	àbbiano rètto
7 imperfect subjunctive		14 past perfect subjunctive	
reggessi	reggéssimo	avessi rètto	avéssimo rètto
reggessi	reggeste	avessi rètto	aveste rètto
reggesse	reggéssero	avesse rètto	avéssero rètto

	imperative	
—	reggiamo
règgi (non règgere)	reggete
règga	règgano

* Like **règgere** are **corrèggere** and **sorrèggere**.

Io non reggo il dolore bene. I don't bear pain well.	L'arco è retto da due colonne. The arch is supported by two columns.

rèndere

to render, to give back

The Seven Simple Tenses		The Seven Compound Tenses	
Singular	Plural	Singular	Plural
1 present indicative		**8 present perfect**	
rèndo	rendiamo	ho reso	abbiamo reso
rèndi	rendete	hai reso	avete reso
rènde	rèndono	ha reso	hanno reso
2 imperfect indicative		**9 past perfect**	
rendevo	rendevamo	avevo reso	avevamo reso
rendevi	rendevate	avevi reso	avevate reso
rendeva	rendévano	aveva reso	avévano reso
3 past absolute		**10 past anterior**	
resi	rendemmo	èbbi reso	avemmo reso
rendesti	rendeste	avesti reso	aveste reso
rese	résero	èbbe reso	èbbero reso
4 future indicative		**11 future perfect**	
renderò	renderemo	avrò reso	avremo reso
renderai	renderete	avrai reso	avrete reso
renderà	renderanno	avrà reso	avranno reso
5 present conditional		**12 past conditional**	
renderèi	renderemmo	avrèi reso	avremmo reso
renderesti	rendereste	avresti reso	avreste reso
renderèbbe	renderèbbero	avrèbbe reso	avrèbbero reso
6 present subjunctive		**13 past subjunctive**	
rènda	rendiamo	àbbia reso	abbiamo reso
rènda	rendiate	àbbia reso	abbiate reso
rènda	rèndano	àbbia reso	àbbiano reso
7 imperfect subjunctive		**14 past perfect subjunctive**	
rendessi	rendéssimo	avessi reso	avéssimo reso
rendessi	rendeste	avessi reso	aveste reso
rendesse	rendéssero	avesse reso	avéssero reso

imperative

—	rendiamo
rèndi (non rèndere)	rendete
rènda	rèndano

rendere il libro to give the book back   **rendersi conto di** to become aware of

resistere

Ger. **resistendo**   Past Part. **resistito**

to resist

The Seven Simple Tenses		The Seven Compound Tenses	
Singular	Plural	Singular	Plural
1 present indicative		8 present perfect	
resisto	**resistiamo**	**ho resistito**	**abbiamo resistito**
resisti	**resistete**	**hai resistito**	**avete resistito**
resiste	**resístono**	**ha resistito**	**hanno resistito**
2 imperfect indicative		9 past perfect	
resistevo	**resistevamo**	**avevo resistito**	**avevamo resistito**
resistevi	**resistevate**	**avevi resistito**	**avevate resistito**
resisteva	**resistévano**	**aveva resistito**	**avévano resistito**
3 past absolute		10 past anterior	
resistèi	**resistemmo**	**èbbi resistito**	**avemmo resistito**
resistesti	**resisteste**	**avesti resistito**	**aveste resistito**
resisté	**resistérono**	**èbbe resistito**	**èbbero resistito**
4 future indicative		11 future perfect	
resisterò	**resisteremo**	**avrò resistito**	**avremo resistito**
resisterai	**resisterete**	**avrai resistito**	**avrete resistito**
resisterà	**resisteranno**	**avrà resistito**	**avranno resistito**
5 present conditional		12 past conditional	
resisterèi	**resisteremmo**	**avrèi resistito**	**avremmo resistito**
resisteresti	**resistereste**	**avresti resistito**	**avreste resistito**
resisterèbbe	**resisterèbbero**	**avrèbbe resistito**	**avrèbbero resistito**
6 present subjunctive		13 past subjunctive	
resista	**resistiamo**	**àbbia resistito**	**abbiamo resistito**
resista	**resistiate**	**àbbia resistito**	**abbiate resistito**
resista	**resístano**	**àbbia resistito**	**àbbiano resistito**
7 imperfect subjunctive		14 past perfect subjunctive	
resistessi	**resistéssimo**	**avessi resistito**	**avéssimo resistito**
resistessi	**resisteste**	**avessi resistito**	**aveste resistito**
resistesse	**resistéssero**	**avesse resistito**	**avéssero resistito**

	imperative	
—		**resistiamo**
resisti (non resistere)		**resistete**
resista		**resístano**

Le grandi opere resistono nel tempo. The great works resist the passage of time.	resistere alla tentazione to resist temptation

to resume, to summarize; to rehire

The Seven Simple Tenses		The Seven Compound Tenses	
Singular	Plural	Singular	Plural
1 present indicative		8 present perfect	
riassumo	**riassumiamo**	**ho riassunto**	**abbiamo riassunto**
riassumi	**riassumete**	**hai riassunto**	**avete riassunto**
riassume	**riassúmono**	**ha riassunto**	**hanno riassunto**
2 imperfect indicative		9 past perfect	
riassumevo	**riassumevamo**	**avevo riassunto**	**avevamo riassunto**
riassumevi	**riassumevate**	**avevi riassunto**	**avevate riassunto**
riassumeva	**riassumévano**	**aveva riassunto**	**avévano riassunto**
3 past absolute		10 past anterior	
riassunsi	**riassumemmo**	**èbbi riassunto**	**avemmo riassunto**
riassumesti	**riassumeste**	**avesti riassunto**	**aveste riassunto**
riassunse	**riassúnsero**	**èbbe riassunto**	**èbbero riassunto**
4 future indicative		11 future perfect	
riassumerò	**riassumeremo**	**avrò riassunto**	**avremo riassunto**
riassumerai	**riassumerete**	**avrai riassunto**	**avrete riassunto**
riassumerà	**riassumeranno**	**avrà riassunto**	**avranno riassunto**
5 present conditional		12 past conditional	
riassumerèi	**riassumeremmo**	**avrèi riassunto**	**avremmo riassunto**
riassumeresti	**riassumereste**	**avresti riassunto**	**avreste riassunto**
riassumerèbbe	**riassumerèbbero**	**avrèbbe riassunto**	**avrèbbero riassunto**
6 present subjunctive		13 past subjunctive	
riassuma	**riassumiamo**	**àbbia riassunto**	**abbiamo riassunto**
riassuma	**riassumiate**	**àbbia riassunto**	**abbiate riassunto**
riassuma	**riassúmano**	**àbbia riassunto**	**àbbiano riassunto**
7 imperfect subjunctive		14 past perfect subjunctive	
riassumessi	**riassuméssimo**	**avessi riassunto**	**avéssimo riassunto**
riassumessi	**riassumeste**	**avessi riassunto**	**aveste riassunto**
riassumesse	**riassuméssero**	**avesse riassunto**	**avéssero riassunto**

imperative

—	**riassumiamo**
riassumi (non riassúmere)	**riassumete**
riassuma	**riassúmano**

*Compound of **assúmere**.

Devo riassumere la storia per la classe. I have to summarize the story for the class.	L'uomo fu riassunto dopo tre settimane. The man was rehired after three weeks.

rídere*

Ger. ridèndo

Past Part. riso

to laugh

The Seven Simple Tenses		The Seven Compound Tenses	
Singular	Plural	Singular	Plural
1 present indicative		**8 present perfect**	
rido	ridiamo	ho riso	abbiamo riso
ridi	ridete	hai riso	avete riso
ride	rídono	ha riso	hanno riso
2 imperfect indicative		**9 past perfect**	
ridevo	ridevamo	avevo riso	avevamo riso
ridevi	ridevate	avevi riso	avevate riso
rideva	ridévano	aveva riso	avévano riso
3 past absolute		**10 past anterior**	
risi	ridemmo	èbbi riso	avemmo riso
ridesti	rideste	avesti riso	aveste riso
rise	rísero	èbbe riso	èbbero riso
4 future indicative		**11 future perfect**	
riderò	rideremo	avrò riso	avremo riso
riderai	riderete	avrai riso	avrete riso
riderà	rideranno	avrà riso	avranno riso
5 present conditional		**12 past conditional**	
riderèi	rideremmo	avrèi riso	avremmo riso
rideresti	ridereste	avresti riso	avreste riso
riderèbbe	riderèbbero	avrèbbe riso	avrèbbero riso
6 present subjunctive		**13 past subjunctive**	
rida	ridiamo	àbbia riso	abbiamo riso
rida	ridiate	àbbia riso	abbiate riso
rida	rídano	àbbia riso	àbbiano riso
7 imperfect subjunctive		**14 past perfect subjunctive**	
ridessi	ridéssimo	avessi riso	avéssimo riso
ridessi	rideste	avessi riso	aveste riso
ridesse	ridéssero	avesse riso	avéssero riso

	imperative	
—		ridiamo
	ridi (non rídere)	ridete
	rida	rídano

*Like **rídere** are **arrídere**, **derídere**, **irrídere**, and **sorrídere**.

Ho riso molto oggi. I laughed a lot today.	Loro non ridono molto. They don't laugh much.

The Seven Simple Tenses		The Seven Compound Tenses	
Singular	Plural	Singular	Plural
1 present indicative		8 present perfect	
ridico	ridiciamo	ho ridetto	abbiamo ridetto
ridici	ridite	hai ridetto	avete ridetto
ridice	ridícono	ha ridetto	hanno ridetto
2 imperfect indicative		9 past perfect	
ridicevo	ridicevamo	avevo ridetto	avevamo ridetto
ridicevi	ridicevate	avevi ridetto	avevate ridetto
ridiceva	ridicévano	aveva ridetto	avévano ridetto
3 past absolute		10 past anterior	
ridissi	ridicemmo	èbbi ridetto	avemmo ridetto
ridicesti	ridiceste	avesti ridetto	aveste ridetto
ridisse	ridíssero	èbbe ridetto	èbbero ridetto
4 future indicative		11 future perfect	
ridirò	ridiremo	avrò ridetto	avremo ridetto
ridirai	ridirete	avrai ridetto	avrete ridetto
ridirà	ridiranno	avrà ridetto	avranno ridetto
5 present conditional		12 past conditional	
ridirèi	ridiremmo	avrèi ridetto	avremmo ridetto
ridiresti	ridireste	avresti ridetto	avreste ridetto
ridirèbbe	ridirèbbero	avrèbbe ridetto	avrèbbero ridetto
6 present subjunctive		13 past subjunctive	
ridica	ridiciamo	àbbia ridetto	abbiamo ridetto
ridica	ridiciate	àbbia ridetto	abbiate ridetto
ridica	ridicano	àbbia ridetto	àbbiano ridetto
7 imperfect subjunctive		14 past perfect subjunctive	
ridicessi	ridicéssimo	avessi ridetto	avéssimo ridetto
ridicessi	ridiceste	avessi ridetto	aveste ridetto
ridicesse	ridicéssero	avesse ridetto	avéssero ridetto

imperative	
—	ridiciamo
ridici (non ridire)	ridite
ridica	ridícano

*Compound of **dire**.

Io ho ridetto la storia ad ogni persona.	Questo lo hai detto e ridetto molte
I repeated the story for each person.	volte. You have said and said this many times.

217

ridurre*

Ger. riducèndo   Past Part. ridotto

to reduce

The Seven Simple Tenses		The Seven Compound Tenses	
Singular	Plural	Singular	Plural
1 present indicative		8 present perfect	
riduco	riduciamo	ho ridotto	abbiamo ridotto
riduci	riducete	hai ridotto	avete ridotto
riduce	ridúcono	ha ridotto	hanno ridotto
2 imperfect indicative		9 past perfect	
riducevo	riducevamo	avevo ridotto	avevamo ridotto
riducevi	riducevate	avevi ridotto	avevate ridotto
riduceva	riducévano	aveva ridotto	avévano ridotto
3 past absolute		10 past anterior	
ridussi	riducemmo	èbbi ridotto	avemmo ridotto
riducesti	riduceste	avesti ridotto	aveste ridotto
ridusse	ridússero	èbbe ridotto	èbbero ridotto
4 future indicative		11 future perfect	
ridurrò	ridurremo	avrò ridotto	avremo ridotto
ridurrai	ridurrete	avrai ridotto	avrete ridotto
ridurrà	ridurranno	avrà ridotto	avranno ridotto
5 present conditional		12 past conditional	
ridurrèi	ridurremmo	avrèi ridotto	avremmo ridotto
ridurresti	ridurreste	avresti ridotto	avreste ridotto
ridurrèbbe	ridurrèbbero	avrèbbe ridotto	avrèbbero ridotto
6 present subjunctive		13 past subjunctive	
riduca	riduciamo	àbbia ridotto	abbiamo ridotto
riduca	riduciate	àbbia ridotto	abbiate ridotto
riduca	ridúcano	àbbia ridotto	àbbiano ridotto
7 imperfect subjunctive		14 past perfect subjunctive	
riducessi	riducéssimo	avessi ridotto	avéssimo ridotto
riducessi	riduceste	avessi ridotto	aveste ridotto
riducesse	riducéssero	avesse ridotto	avéssero ridotto

	imperative	
—		riduciamo
	riduci (non ridurre)	riducete
	riduca	ridúcano

*Like **ridurre** are **condurre**, **dedurre**, **indurre**, **introdurre**, **riprodurre**, **sedurre**, and **tradurre**.

Non ridurti a questo. Don't reduce yourself to this (don't lower yourself).

ridurre in pezzi   to reduce in pieces

to do again, to make again

The Seven Simple Tenses		The Seven Compound Tenses	
Singular	Plural	Singular	Plural
1 present indicative		8 present perfect	
rifaccio	**rifacciamo**	**ho rifatto**	**abbiamo rifatto**
rifai	**rifate**	**hai rifatto**	**avete rifatto**
rifà	**rifanno**	**ha rifatto**	**hanno rifatto**
2 imperfect indicative		9 past perfect	
rifacevo	**rifacevamo**	**avevo rifatto**	**avevamo rifatto**
rifacevi	**rifacevate**	**avevi rifatto**	**avevate rifatto**
rifaceva	**rifacévano**	**aveva rifatto**	**avévano rifatto**
3 past absolute		10 past anterior	
rifeci	**rifacemmo**	**èbbi rifatto**	**avemmo rifatto**
rifacesti	**rifaceste**	**avesti rifatto**	**aveste rifatto**
rifece	**rifécero**	**èbbe rifatto**	**èbbero rifatto**
4 future indicative		11 future perfect	
rifarò	**rifaremo**	**avrò rifatto**	**avremo rifatto**
rifarai	**rifarete**	**avrai rifatto**	**avrete rifatto**
rifarà	**rifaranno**	**avrà rifatto**	**avranno rifatto**
5 present conditional		12 past conditional	
rifarèi	**rifaremmo**	**avrèi rifatto**	**avremmo rifatto**
rifaresti	**rifareste**	**avresti rifatto**	**avreste rifatto**
rifarèbbe	**rifarèbbero**	**avrèbbe rifatto**	**avrèbbero rifatto**
6 present subjunctive		13 past subjunctive	
rifaccia	**rifacciamo**	**àbbia rifatto**	**abbiamo rifatto**
rifaccia	**rifacciate**	**àbbia rifatto**	**abbiate rifatto**
rifaccia	**rifàcciano**	**àbbia rifatto**	**àbbiano rifatto**
7 imperfect subjunctive		14 past perfect subjunctive	
rifacessi	**rifacéssimo**	**avessi rifatto**	**avéssimo riffatto**
rifacessi	**rifaceste**	**avessi rifatto**	**aveste rifatto**
rifacesse	**rifacésero**	**avesse rifatto**	**avéssero rifatto**

	imperative	
—		**rifacciamo**
rifai (non rifare)		**rifate**
rifaccia		**rifàcciano**

*Compound of **fare**.

Non rifare il letto. Don't make the bed.	**È tutto da rifare.** It must all be done again.

riflettere

Ger. riflettendo   Past Part. riflettuto (riflesso)

to reflect

The Seven Simple Tenses		The Seven Compound Tenses	
Singular	Plural	Singular	Plural
1 present indicative		8 present perfect	
rifletto	riflettiamo	ho riflettuto (riflesso)	abbiamo riflettuto
rifletti	riflettete	hai riflettuto	avete riflettuto
riflette	riflettono	ha riflettuto	hanno riflettuto
2 imperfect indicative		9 past perfect	
riflettevo	riflettevamo	avevo riflettuto	avevamo riflettuto
riflettevi	riflettevate	avevi riflettuto	avevate riflettuto
rifletteva	riflettévano	aveva riflettuto	avévano riflettuto
3 past absolute		10 past anterior	
riflettèi	riflettemmo	èbbi riflettuto	avemmo riflettuto
riflettesti	rifletteste	avesti riflettuto	aveste riflettuto
rifletté	riflettérono	èbbe riflettuto	èbbero riflettuto
4 future indicative		11 future perfect	
rifletterò	rifletteremo	avrò rifflettuto	avremo riflettuto
rifletterai	rifletterete	avrai riflettuto	avrete riflettuto
rifletterà	rifletteranno	avrà riflettuto	avranno riflettuto
5 present conditional		12 past conditional	
rifletterèi	rifletteremmo	avrèi riflettuto	avremmo riflettuto
rifletteresti	riflettereste	avresti riflettuto	avreste riflettuto
rifletterèbbe	rifletterèbbero	avrèbbe riflettuto	avrèbbero riflettuto
6 present subjunctive		13 past subjunctive	
rifletta	riflettiamo	àbbia riflettuto	abbiamo riflettuto
rifletta	riflettiate	àbbia riflettuto	abbiate riflettuto
rifletta	riflettano	àbbia riflettuto	àbbiano riflettuto
7 imperfect subjunctive		14 past perfect subjunctive	
riflettessi	riflettéssimo	avessi riflettuto	avéssimo riflettuto
riflettessi	rifletteste	avessi riflettuto	aveste riflettuto
riflettesse	riflettéssero	avesse riflettuto	avéssero riflettuto

	imperative	
—		riflettiamo
rifletti (non riflettere)		riflettete
rifletta		riflettano

Lo specchio riflette l'immagine.	Il voto riflette il suo lavoro.
The mirror reflects the image.	The grade reflects his work.

The Seven Simple Tenses		The Seven Compound Tenses	
Singular	Plural	Singular	Plural
1 present indicative		8 present perfect	
rimango	rimaniamo	sono rimasto	siamo rimasti
rimani	rimanete	sèi rimasto	siète rimasti
rimane	rimàngono	è rimasto	sono rimasti
2 imperfect indicative		9 past perfect	
rimanevo	rimanevamo	èro rimasto	eravamo rimasti
rimanevi	rimanevate	èri rimasto	eravate rimasti
rimaneva	rimanévano	èra rimasto	èrano rimasti
3 past absolute		10 past anterior	
rimasi	rimanemmo	fui rimasto	fummo rimasti
rimanesti	rimaneste	fosti rimasto	foste rimasti
rimase	rimàsero	fu rimasto	fúrono rimasti
4 future indicative		11 future perfect	
rimarrò	rimarremo	sarò rimasto	saremo rimasti
rimarrai	rimarrete	sarai rimasto	sarete rimasti
rimarrà	rimarranno	sarà rimasto	saranno rimasti
5 present conditional		12 past conditional	
rimarrèi	rimarremmo	sarèi rimasto	saremmo rimasti
rimarresti	rimarreste	saresti rimasto	sareste rimasti
rimarrèbbe	rimarrèbbero	sarèbbe rimasto	sarèbbero rimasti
6 present subjunctive		13 past subjunctive	
rimanga	rimaniamo	sia rimasto	siamo rimasti
rimanga	rimaniate	sia rimasto	siate rimasti
rimanga	rimàngano	sia rimasto	síano rimasti
7 imperfect subjunctive		14 past perfect subjunctive	
rimanessi	rimanéssimo	fossi rimasto	fóssimo rimasti
rimanessi	rimaneste	fossi rimasto	foste rimasti
rimanesse	rimanéssero	fosse rimasto	fóssero rimasti

	imperative	
—		rimaniamo
	rimani (non rimanere)	rimanete
	rimanga	rimàngano

Roberto è rimasto a casa perché era ammalato.   Robert stayed home because he was ill.

Solo questo è rimasto.   Only this is left.

rincréscere*

Ger. **rincrescèndo** Past Part. **rincresciuto**

to be sorry, to regret

The Seven Simple Tenses		The Seven Compound Tenses	
Singular	Plural	Singular	Plural
1 present indicative		8 present perfect	
rincresco	**rincresciamo**	**sono rincresciuto**	**siamo rincresciuti**
rincresci	**rincrescete**	**sèi rincresciuto**	**sìete rincresciuti**
rincresce	**rincréscono**	**è rincresciuto**	**sono rincresciuti**
2 imperfect indicative		9 past perfect	
rincrescevo	**rincrescevamo**	**èro rincresciuto**	**eravamo rincresciuti**
rincrescevi	**rincrescevate**	**èri rincresciuto**	**eravate rincresciuti**
rincresceva	**rincrescévano**	**èra rincresciuto**	**èrano rincresciuti**
3 past absolute		10 past anterior	
rincrebbi	**rincrescemmo**	**fui rincresciuto**	**fummo rincresciuti**
rincrescesti	**rincresceste**	**fosti rincresciuto**	**foste rincresciuti**
rincrebbe	**rincrébbero**	**fu rincresciuto**	**fúrono rincresciuti**
4 future indicative		11 future perfect	
rincrescerò	**rincresceremo**	**sarò rincresciuto**	**saremo rincresciuti**
rincrescerai	**rincrescerete**	**sarai rincresciuto**	**sarete rincresciuti**
rincrescerà	**rincresceranno**	**sarà rincresciuto**	**saranno rincresciuti**
5 present conditional		12 past conditional	
rincrescerèi	**rincresceremmo**	**sarèi rincresciuto**	**saremmo rincresciuti**
rincresceresti	**rincrescereste**	**saresti rincresciuto**	**sareste rincresciuti**
rincrescerèbbe	**rincrescerèbbero**	**sarèbbe rincresciuto**	**sarèbbero rincresciuti**
6 present subjunctive		13 past subjunctive	
rincresca	**rincresciamo**	**sia rincresciuto**	**siamo rincresciuti**
rincresca	**rincresciate**	**sia rincresciuto**	**siate rincresciuti**
rincresca	**rincréscano**	**sia rincresciuto**	**síano rincresciuti**
7 imperfect subjunctive		14 past perfect subjunctive	
rincrescessi	**rincrescéssimo**	**fossi rincresciuto**	**fóssimo rincresciuti**
rincrescessi	**rincresceste**	**fossi rincresciuto**	**foste rincresciuti**
rincrescesse	**rincrescéssero**	**fosse rincresciuto**	**fóssero rincresciuti**
		imperative	
	—		**rincresciamo**
	rincresci (non rincréscere)		**rincrescete**
	rincresca		**rincréscano**

*Compound of **créscere**.

Mi rincresce che non l'ho visto.
  I'm sorry that I did not see him.

Mi rincresce quello che é successo.
  I'm sorry about what happened.

The Seven Simple Tenses		The Seven Compound Tenses	
Singular	Plural	Singular	Plural
1 present indicative		8 present perfect	
ringràzio	ringraziamo	ho ringraziato	abbiamo ringraziato
ringràzi	ringraziate	hai ringraziato	avete ringraziato
ringràzia	ringraziano	ha ringraziato	hanno ringraziato
2 imperfect indicative		9 past perfect	
ringraziavo	ringraziavamo	avevo ringraziato	avevamo ringraziato
ringraziavi	ringraziavate	avevi ringraziato	avevate ringraziato
ringraziava	ringraziàvano	aveva ringraziato	avévano ringraziato
3 past absolute		10 past anterior	
ringraziai	ringraziammo	èbbi ringraziato	avemmo ringraziato
ringraziasti	ringraziaste	avesti ringraziato	aveste ringraziato
ringraziò	ringraziàrono	èbbe ringraziato	èbbero ringraziato
4 future indicative		11 future perfect	
ringrazierò	ringrazieremo	avrò ringraziato	avremo ringraziato
ringrazierai	ringrazierete	avrai ringraziato	avrete ringraziato
ringrazierà	ringrazieranno	avrà ringraziato	avranno ringraziato
5 present conditional		12 past conditional	
ringrazierèi	ringrazieremmo	avrèi ringraziato	avremmo ringraziato
ringrazieresti	ringraziereste	avresti ringraziato	avreste ringraziato
ringrazierèbbe	ringrazierèbbero	avrèbbe ringraziato	avrèbbero ringraziato
6 present subjunctive		13 past subjunctive	
ringràzi	ringraziamo	àbbia ringraziato	abbiamo ringraziato
ringràzi	ringraziate	àbbia ringraziato	abbiate ringraziato
ringràzi	ringràzino	àbbia ringraziato	àbbiano ringraziato
7 imperfect subjunctive		14 past perfect subjunctive	
ringraziassi	ringraziàssimo	avessi ringraziato	avéssimo ringraziato
ringraziassi	ringraziaste	avessi ringraziato	aveste ringraziato
ringraziasse	ringraziàssero	avesse ringraizato	avéssero ringraziato

	imperative	
—		ringraziamo
	ringràzia (non ringraziare)	ringraziate
	ringràzi	ringràzino

ringraziare di cuore to thank heartily	Sia ringraziato il cielo! Thank heavens!

riscaldare

Ger. **riscaldando**   Past Part. **riscaldato**

to heat, to warm up

The Seven Simple Tenses		The Seven Compound Tenses	
Singular	Plural	Singular	Plural
1 present indicative		**8 present perfect**	
riscàldo	riscaldiamo	ho riscaldato	abbiamo riscaldato
riscàldi	riscaldate	hai riscaldato	avete riscaldato
riscàlda	riscaldano	ha riscaldato	hanno riscaldato
2 imperfect indicative		**9 past perfect**	
riscaldavo	riscaldavamo	avevo riscaldato	avevamo riscaldato
riscaldavi	riscaldavate	avevi riscaldato	avevate riscaldato
riscaldava	riscaldàvano	aveva riscaldato	avévano riscaldato
3 past absolute		**10 past anterior**	
riscaldai	riscaldammo	èbbi riscaldato	avemmo riscaldato
riscaldasti	riscaldaste	avesti riscaldato	aveste riscaldato
riscaldò	riscaldàrono	èbbe riscaldato	èbbero riscaldato
4 future indicative		**11 future perfect**	
riscalderò	riscalderemo	avrò riscaldato	avremo riscaldato
riscalderai	riscalderete	avrai riscaldato	avrete riscaldato
riscalderà	riscalderanno	avrà riscaldato	avranno riscaldato
5 present conditional		**12 past conditional**	
riscalderèi	riscalderemmo	avrèi riscaldato	avremmo riscaldato
riscalderesti	riscaldereste	avresti riscaldato	avreste riscaldato
riscalderèbbe	riscalderèbbero	avrèbbe riscaldato	avrèbbero riscaldato
6 present subjunctive		**13 past subjunctive**	
riscàldi	riscaldiamo	àbbia riscaldato	abbiamo riscaldato
riscàldi	riscaldiate	àbbia riscaldato	abbiate riscaldato
riscàldi	riscàldino	àbbia riscaldato	àbbiano riscaldato
7 imperfect subjunctive		**14 past perfect subjunctive**	
riscaldassi	riscaldàssimo	avessi riscaldato	avéssimo riscaldato
riscaldassi	riscaldaste	avessi riscaldato	aveste riscaldato
riscaldasse	riscaldàssero	avesse riscaldato	avéssero riscaldato

	imperative	
—		riscaldiamo
riscàlda (non riscaldare)		riscaldate
riscàldi		riscàldino

Il cameriere riscalda il caffè.   The waiter is warming up the coffee.

Il sole riscalda l'aria.   The sun warms up the air.

224

The Seven Simple Tenses		The Seven Compound Tenses	
Singular	Plural	Singular	Plural
1 present indicative		8 present perfect	
risòlvo	risolviamo	ho risolto (risoluto)	abbiamo risolto
risòlvi	risolvete	hai risolto	avete risolto
risòlve	risòlvono	ha risolto	hanno risolto
2 imperfect indicative		9 past perfect	
risolvevo	risolvevamo	avevo risolto	avevamo risolto
risolvevi	risolvevate	avevi risolto	avevate risolto
risolveva	risolvévano	aveva risolto	avévano risolto
3 past absolute		10 past anterior	
risolsi	risolvemmo	èbbi risolto	avemmo risolto
risolvesti	risolveste	avesti risolto	aveste risolto
risolse	risólsero	èbbe risolto	èbbero risolto
4 future indicative		11 future perfect	
risolverò	risolveremo	avrò risolto	avremo risolto
risolverai	risolverete	avrai risolto	avrete risolto
risolverà	risolveranno	avrà risolto	avranno risolto
5 present conditional		12 past conditional	
risolverèi	risolveremmo	avrèi risolto	avremmo risolto
risolveresti	risolvereste	avresti risolto	avreste risolto
risolverèbbe	risolverèbbero	avrèbbe risolto	avrèbbero risolto
6 present subjunctive		13 past subjunctive	
risòlva	risolviamo	àbbia risolto	abbiamo risolto
risòlva	risolviate	àbbia risolto	abbiate risolto
risòlva	risòlvano	àbbia risolto	àbbiano risolto
7 imperfect subjunctive		14 past perfect subjunctive	
risolvessi	risolvéssimo	avessi risolto	avéssimo risolto
risolvessi	risolveste	avessi risolto	aveste risolto
risolvesse	risolvéssero	avesse risolto	avéssero risolto

imperative

—	risolviamo
risòlvi (non risolvere)	risolvete
risòlva	risòlvano

risolvere un dubbio	to resolve a doubt	risolvere una questione	to settle an issue

225

rispóndere

Ger. rispondèndo   Past Part. rispòsto

to answer, to reply

The Seven Simple Tenses		The Seven Compound Tenses	
Singular	Plural	Singular	Plural
1 present indicative		8 present perfect	
rispondo	rispondiamo	ho rispòsto	abbiamo rispòsto
rispondi	rispondete	hai rispòsto	avete rispòsto
risponde	rispóndono	ha rispòsto	hanno rispòsto
2 imperfect indicative		9 past perfect	
rispondevo	rispondevamo	avevo rispòsto	avevamo rispòsto
rispondevi	rispondevate	avevi rispòsto	avevate rispòsto
rispondeva	rispondévano	aveva rispòsto	avévano rispòsto
3 past absolute		10 past anterior	
risposi	rispondemmo	èbbi rispòsto	avemmo rispòsto
rispondesti	rispondeste	avesti rispòsto	aveste rispòsto
rispose	rispósero	èbbe rispòsto	èbbero rispòsto
4 future indicative		11 future perfect	
risponderò	risponderemo	avrò rispòsto	avremo rispòsto
risponderai	risponderete	avrai rispòsto	avrete rispòsto
risponderà	risponderanno	avrà rispòsto	avranno rispòsto
5 present conditional		12 past conditional	
risponderèi	risponderemmo	avrèi rispòsto	avremmo rispòsto
risponderesti	rispondereste	avresti rispòsto	avreste rispòsto
risponderèbbe	risponderèbbero	avrèbbe rispòsto	avrèbbero rispòsto
6 present subjunctive		13 past subjunctive	
risponda	rispondiamo	àbbia rispòsto	abbiamo rispòsto
risponda	rispondiate	àbbia rispòsto	abbiate rispòsto
risponda	rispóndano	àbbia rispòsto	àbbiano rispòsto
7 imperfect subjunctive		14 past perfect subjunctive	
rispondessi	rispondéssimo	avessi rispòsto	avéssimo rispòsto
rispondessi	rispondeste	avessi rispòsto	aveste rispòsto
rispondesse	rispondéssero	avesse rispòsto	avéssero rispòsto

	imperative	
—		rispondiamo
rispondi (non rispóndere)		rispondete
risponda		rispóndano

Perché Pietro non risponde alle mie lettere? Why doesn't Peter answer my letters?

Lui rispose bruscamente. He replied brusquely.

ritenere*

to hold, to detain, to stop, to retain

The Seven Simple Tenses		The Seven Compound Tenses	
Singular	Plural	Singular	Plural
1 present indicative		8 present perfect	
ritèngo	riteniamo	ho ritenuto	abbiamo ritenuto
ritièni	ritenete	hai ritenuto	avete ritenuto
ritiène	ritèngono	ha ritenuto	hanno ritenuto
2 imperfect indicative		9 past perfect	
ritenevo	ritenevamo	avevo ritenuto	avevamo ritenuto
ritenevi	ritenevate	avevi ritenuto	avevate ritenuto
riteneva	ritenévano	aveva ritenuto	avévano ritenuto
3 past absolute		10 past anterior	
ritenni	ritenemmo	èbbi ritenuto	avemmo ritenuto
ritenesti	riteneste	avesti ritenuto	aveste ritenuto
ritenne	riténnero	èbbe ritenuto	èbbero ritenuto
4 future indicative		11 future perfect	
riterrò	riterremo	avrò ritenuto	avremo ritenuto
riterrai	riterrete	avrai ritenuto	avrete ritenuto
riterrà	riterranno	avrà ritenuto	avranno ritenuto
5 present conditional		12 past conditional	
riterrèi	riterremmo	avrèi ritenuto	avremmo ritenuto
riterresti	riterreste	avresti ritenuto	avreste ritenuto
riterrèbbe	riterrèbbero	avrèbbe ritenuto	avrèbbero ritenuto
6 present subjunctive		13 past subjunctive	
ritènga	riteniamo	àbbia ritenuto	abbiamo ritenuto
ritènga	riteniate	àbbia ritenuto	abbiate ritenuto
ritènga	ritèngano	àbbia ritenuto	àbbiano ritenuto
7 imperfect subjunctive		14 past perfect subjunctive	
ritenessi	ritenéssimo	avessi ritenuto	avéssimo ritenuto
ritenessi	riteneste	avessi ritenuto	aveste ritenuto
ritenesse	ritenéssero	avesse ritenuto	avéssero ritenuto

	imperative	
—	riteniamo	
ritièni (non ritenere)	ritenete	
ritènga	ritèngano	

*Compound of **tenere**.

ritenere le lacrime to hold back one's tears	ritenere una cosa giusta to hold something as being right
ritenere il posto to keep one's place	

ritornare*

Ger. **ritornando**   Past Part. **ritornato**

to return, to come back, to go back

The Seven Simple Tenses		The Seven Compound Tenses	
Singular	Plural	Singular	Plural
1 present indicative		8 present perfect	
ritòrno	ritorniamo	sono ritornato	siamo ritornati
ritòrni	ritornate	sèi ritornato	siète ritornati
ritòrna	ritòrnano	è ritornato	sono ritornati
2 imperfect indicative		9 past perfect	
ritornavo	ritornavamo	èro ritornato	eravamo ritornati
ritornavi	ritornavate	èri ritornato	eravate ritornati
ritornava	ritornàvano	èra ritornato	èrano ritornati
3 past absolute		10 past anterior	
ritornai	ritornammo	fui ritornato	fummo ritornati
ritornasti	ritornaste	fosti ritornato	foste ritornati
ritornò	ritornàrono	fu ritornato	fúrono ritornati
4 future indicative		11 future perfect	
ritornerò	ritorneremo	sarò ritornato	saremo ritornati
ritornerai	ritornerete	sarai ritornato	sarete ritornati
ritornerà	ritorneranno	sarà ritornato	saranno ritornati
5 present conditional		12 past conditional	
ritornerèi	ritorneremmo	sarèi ritornato	saremmo ritornati
ritorneresti	ritornereste	saresti ritornato	sareste ritornati
ritornerèbbe	ritornerèbbero	sarèbbe ritornato	sarèbbero ritornati
6 present subjunctive		13 past subjunctive	
ritòrni	ritorniamo	sia ritornato	siamo ritornati
ritòrni	ritorniate	sia ritornato	siate ritornati
ritòrni	ritòrnino	sia ritornato	síano ritornati
7 imperfect subjunctive		14 past perfect subjunctive	
ritornassi	ritornàssimo	fossi ritornato	fóssimo ritornati
ritornassi	ritornaste	fossi ritornato	foste ritornati
ritornasse	ritornàssero	fosse ritornato	fóssero ritornati

	imperative	
—		ritorniamo
	ritòrna (non ritornare)	ritornate
	ritòrni	ritòrnino

*Also written as **tornare**.

Non ritornerò più. I will never come
back.

ritornare indietro nel tempo   to go
back in time

228

to withdraw; to portray

The Seven Simple Tenses		The Seven Compound Tenses	
Singular	Plural	Singular	Plural
1 present indicative		8 present perfect	
ritraggo	**ritraiamo**	**ho ritratto**	**abbiamo ritratto**
ritrai	**ritraete**	**hai ritratto**	**avete ritratto**
ritrae	**ritràggono**	**ha ritratto**	**hanno ritratto**
2 imperfect indicative		9 past perfect	
ritraevo	**ritraevamo**	**avevo ritratto**	**avevamo ritratto**
ritraevi	**ritraevate**	**avevi ritratto**	**avevate ritratto**
ritraeva	**ritraévano**	**aveva ritratto**	**avévano ritratto**
3 past absolute		10 past anterior	
ritrassi	**ritraemmo**	**èbbi ritratto**	**avemmo ritratto**
ritraesti	**ritraeste**	**avesti ritratto**	**aveste ritratto**
ritrasse	**ritràssero**	**èbbe ritratto**	**èbbero ritratto**
4 future indicative		11 future perfect	
ritrarrò	**ritrarremo**	**avrò ritratto**	**avremo ritratto**
ritrarrai	**ritrarrete**	**avrai ritratto**	**avrete ritratto**
ritrarrà	**ritrarranno**	**avrà ritratto**	**avranno ritratto**
5 present conditional		12 past conditional	
ritrarrèi	**ritrarremmo**	**avrèi ritratto**	**avremmo ritratto**
ritrarresti	**ritrarreste**	**avresti ritratto**	**avreste ritratto**
ritrarrèbbe	**ritrarrèbbero**	**avrèbbe ritratto**	**avrèbbero ritratto**
6 present subjunctive		13 past subjunctive	
ritragga	**ritraiamo**	**àbbia ritratto**	**abbiamo ritratto**
ritragga	**ritraiate**	**àbbia ritratto**	**abbiate ritratto**
ritragga	**ritràggano**	**àbbia ritratto**	**àbbiano ritratto**
7 imperfect subjunctive		14 past perfect subjunctive	
ritraessi	**ritraéssimo**	**avessi ritratto**	**avéssimo ritratto**
ritraessi	**ritraeste**	**avessi ritratto**	**aveste ritratto**
ritraesse	**ritraéssero**	**avesse ritratto**	**avéssero ritratto**

	imperative	
—	**ritraiamo**	
ritrai (non **ritrarre**)	**ritraete**	
ritragga	**ritràggano**	

*Compound of **trarre**.

All'improvviso, lui ritrasse la mano.
  All of a sudden, he withdrew his hand.

L'artista ritrae la scena bene.   The
  artist portrays the scene well.

riuscire*

Ger. riuscèndo — Past Part. riuscito

to succeed, to go out again

The Seven Simple Tenses		The Seven Compound Tenses	
Singular	Plural	Singular	Plural
1 present indicative		8 present perfect	
rièsco	riusciamo	sono riuscito	siamo riusciti
rièsci	riuscite	sèi riuscito	siète riusciti
rièsce	rièscono	è riuscito	sono riusciti
2 imperfect indicative		9 past perfect	
riuscivo	riuscivamo	èro riuscito	eravamo riusciti
riuscivi	riuscivate	èri riuscito	eravate riusciti
riusciva	riuscívano	èra riuscito	èrano riusciti
3 past absolute		10 past anterior	
riuscii	riuscimmo	fui riuscito	fummo riusciti
riuscisti	riusciste	fosti riuscito	foste riusciti
riuscì	riuscírono	fu riuscito	fúrono riusciti
4 future indicative		11 future perfect	
riuscirò	riusciremo	sarò riuscito	saremo riusciti
riuscirai	riuscirete	sarai riuscito	sarete riusciti
riuscirà	riusciranno	sarà riuscito	saranno riusciti
5 present conditional		12 past conditional	
riuscirèi	riusciremmo	sarèi riuscito	saremmo riusciti
riusciresti	riuscireste	saresti riuscito	sareste riusciti
riuscirèbbe	riuscirèbbero	sarèbbe riuscito	sarèbbero riusciti
6 present subjunctive		13 past subjunctive	
rièsca	riusciamo	sia riuscito	siamo riusciti
rièsca	riusciate	sia riuscito	siate riusciti
rièsca	rièscano	sia riuscito	síano riusciti
7 imperfect subjunctive		14 past perfect subjunctive	
riuscissi	riuscíssimo	fossi riuscito	fóssimo riusciti
riuscissi	riusciste	fossi riuscito	foste riusciti
riuscisse	riuscíssero	fosse riuscito	fóssero riusciti

imperative	
—	riusciamo
rièsci (non riuscire)	riuscite
rièsca	rièscano

*Compound of **uscire**.

Se non si prova, non si riesce. If one doesn't try, one doesn't succeed.

Dopo aver mangiato, Maria è riuscita. After eating, Mary went out again.

to turn to(ward); to go to; to address

The Seven Simple Tenses		The Seven Compound Tenses	
Singular	Plural	Singular	Plural
1 present indicative		8 present perfect	
mi rivòlgo	ci rivolgiamo	mi sono rivòlto	ci siamo rivòlti
ti rivòlgi	vi rivolgete	ti sèi rivòlto	vi siète rivòlti
si rivòlge	si rivòlgono	si è rivòlto	si sono rivòlti
2 imperfect indicative		9 past perfect	
mi rivolgevo	ci rivolgevamo	mi èro rivòlto	ci eravamo rivòlti
ti rivolgevi	vi rivolgevate	ti èri rivòlto	vi eravate rivòlti
si rivolgeva	si rivolgévano	si èra rivòlto	si èrano rivòlti
3 past absolute		10 past anterior	
mi rivòlsi	ci rivolgemmo	mi fui rivòlto	ci fummo rivòlti
ti rivolgesti	vi rivolgeste	ti fosti rivòlto	vi foste rivòlti
si rivòlse	si rivòlsero	si fu rivòlto	si fúrono rivòlti
4 future indicative		11 future perfect	
mi rivolgerò	ci rivolgeremo	mi sarò rivòlto	ci saremo rivòlti
ti rivolgerai	vi rivolgerete	ti sarai rivòlto	vi sarete rivòlti
si rivolgerà	si rivolgeranno	si sarà rivòlto	si saranno rivòlti
5 present conditional		12 past conditional	
mi rivolgerèi	ci rivolgeremmo	mi sarèi rivòlto	ci saremmo rivòlti
ti rivolgeresti	vi rivolgereste	ti saresti rivòlto	vi sareste rivòlti
si rivolgerèbbe	si rivolgerèbbero	si sarèbbe rivòlto	si sarèbbero rivòlti
6 present subjunctive		13 past subjunctive	
mi rivòlga	ci rivolgiamo	mi sia rivòlto	ci siamo rivòlti
ti rivòlga	vi rivolgiate	ti sia rivòlto	vi siate rivòlti
si rivòlga	si rivòlgano	si sia rivòlto	si síano rivòlti
7 imperfect subjunctive		14 past perfect subjunctive	
mi rivolgessi	ci rivolgéssimo	mi fossi rivòlto	ci fóssimo rivòlti
ti rivolgessi	vi rivolgeste	ti fossi rivòlto	vi foste rivòlti
si rivolgesse	si rivolgéssero	si fosse rivòlto	si fóssero rivòlti

	imperative	
—		rivolgiàmoci
	rivòlgiti (non ti rivòlgere)	rivolgétevi
	si rivòlga	si rivòlgano

*Like **rivòlgersi** are **invòlgere** and **svòlgere**.

Io mi rivolsi alla persona che parlava. I turned to the person who was speaking.	A chi rivolgi queste parole? To whom are you addressing these words?

ródere*

Ger. rodèndo

Past Part. roso

to gnaw, to stress out

The Seven Simple Tenses		The Seven Compound Tenses	
Singular	Plural	Singular	Plural
1 present indicative		**8 present perfect**	
rodo	rodiamo	ho roso	abbiamo roso
rodi	rodete	hai roso	avete roso
rode	ródono	ha roso	hanno roso
2 imperfect indicative		**9 past perfect**	
rodevo	rodevamo	avevo roso	avevamo roso
rodevi	rodevate	avevi roso	avevate roso
rodeva	rodévano	aveva roso	avévano roso
3 past absolute		**10 past anterior**	
rosi	rodemmo	èbbi roso	avemmo roso
rodesti	rodeste	avesti roso	aveste roso
rose	rósero	èbbe roso	èbbero roso
4 future indicative		**11 future perfect**	
roderò	roderemo	avrò roso	avremo roso
roderai	roderete	avrai roso	avrete roso
roderà	roderanno	avrà roso	avranno roso
5 present conditional		**12 past conditional**	
roderèi	roderemmo	avrèi roso	avremmo roso
roderesti	rodereste	avresti roso	avreste roso
roderèbbe	roderèbbero	avrèbbe roso	avrèbbero roso
6 present subjunctive		**13 past subjunctive**	
roda	rodiamo	àbbia roso	abbiamo roso
roda	rodiate	àbbia roso	abbiate roso
roda	ródano	àbbia roso	àbbiano roso
7 imperfect subjunctive		**14 past perfect subjunctive**	
rodessi	rodéssimo	avessi roso	avéssimo roso
rodessi	rodeste	avessi roso	aveste roso
rodesse	rodéssero	avesse roso	avéssero roso

	imperative
—	rodiamo
rodi (non ródere)	rodete
roda	ródano

* Like **ródere** are **corródere** and **eródere**.

Al cane piace rodere l'osso. The dog likes to gnaw on the bone.	É un osso duro da rodere! It's a hard nut to crack!

The Seven Simple Tenses		The Seven Compound Tenses	
Singular	Plural	Singular	Plural
1 present indicative		8 present perfect	
rompo	rompiamo	ho rotto	abbiamo rotto
rompi	rompete	hai rotto	avete rotto
rompe	rómpono	ha rotto	hanno rotto
2 imperfect indicative		9 past perfect	
rompevo	rompevamo	avevo rotto	avevamo rotto
rompevi	rompevate	avevi rotto	avevate rotto
rompeva	rompévano	aveva rotto	avévano rotto
3 past absolute		10 past anterior	
ruppi	rompemmo	èbbi rotto	avemmo rotto
rompesti	rompeste	avesti rotto	aveste rotto
ruppe	rúppero	èbbe rotto	èbbero rotto
4 future indicative		11 future perfect	
romperò	romperemo	avrò rotto	avremo rotto
romperai	romperete	avrai rotto	avrete rotto
romperà	romperanno	avrà rotto	avranno rotto
5 present conditional		12 past conditional	
romperèi	romperemmo	avrèi rotto	avremmo rotto
romperesti	rompereste	avresti rotto	avreste rotto
romperèbbe	romperèbbero	avrèbbe rotto	avrèbbero rotto
6 present subjunctive		13 past subjunctive	
rompa	rompiamo	àbbia rotto	abbiamo rotto
rompa	rompiate	àbbia rotto	abbiate rotto
rompa	rómpano	àbbia rotto	àbbiano rotto
7 imperfect subjunctive		14 past perfect subjunctive	
rompessi	rompéssimo	avessi rotto	avéssimo rotto
rompessi	rompeste	avessi rotto	aveste rotto
rompesse	rompéssero	avesse rotto	avéssero rotto

imperative

—	rompiamo
rompi (non rópere)	rompete
rompa	rómpano

* Like **rómpere** are **corrómpere, interrómpere, prorómpere,** etc.

Lui non rompe mai niente.   He never
  breaks anything.
Io ho rotto la tazza.   I have broken
  the cup.

Chi ha rotto il vetro?   Who broke
  the glass?

salire*

Ger. salèndo   Past Part. salito

to go up, to come up, to mount

The Seven Simple Tenses		The Seven Compound Tenses	
Singular	Plural	Singular	Plural
1 present indicative		8 present perfect	
salgo	saliamo	sono salito	siamo saliti
sali	salite	sèi salito	siète saliti
sale	sàlgono	è salito	sono saliti
2 imperfect indicative		9 past perfect	
salivo	salivamo	èro salito	eravamo saliti
salivi	salivate	èri salito	eravate saliti
saliva	salívano	èra salito	érano saliti
3 past absolute		10 past anterior	
salii	salimmo	fui salito	fummo saliti
salisti	saliste	fosti salito	foste saliti
salì	salírono	fu salito	fúrono saliti
4 future indicative		11 future perfect	
salirò	saliremo	sarò salito	saremo saliti
salirai	salirete	sarai salito	sarete saliti
salirà	saliranno	sarà salito	saranno saliti
5 present conditional		12 past conditional	
salirèi	saliremmo	sarèi salito	saremmo saliti
saliresti	salireste	saresti salito	sareste saliti
salirèbbe	salirèbbero	sarèbbe salito	sarèbbero saliti
6 present subjunctive		13 past subjunctive	
salga	saliamo	sia salito	siamo saliti
salga	saliate	sia salito	siate saliti
salga	sàlgano	sia salito	síano saliti
7 imperfect subjunctive		14 past perfect subjunctive	
salissi	salíssimo	fossi salito	fóssimo saliti
salissi	saliste	fossi salito	foste saliti
salisse	salíssero	fosse salito	fóssero saliti

	imperative	
—		saliamo
	sali (non salire)	salite
	salga	sàlgano

* Like **salire** are **assalire** (conj. with **avere**) and **risalire**.

salire per la scale   to go up the stairs   salire con l'ascensore   to go up by
                                                                 elevator

to jump, to leap

The Seven Simple Tenses		The Seven Compound Tenses	
Singular	Plural	Singular	Plural
1 present indicative		8 present perfect	
sàlto	**saltiamo**	**sono saltato**	**siamo saltati**
sàlti	**saltate**	**sèi saltato**	**siète saltati**
sàlta	**sàltano**	**è saltato**	**sono saltati**
2 imperfect indicative		9 past perfect	
saltavo	**saltavamo**	**èro saltato**	**eravamo saltati**
saltavi	**saltavate**	**èri saltato**	**eravate saltati**
saltava	**saltàvano**	**èra saltato**	**èrano saltati**
3 past absolute		10 past anterior	
saltai	**saltammo**	**fui saltato**	**fummo saltati**
saltasti	**saltaste**	**fosti saltato**	**foste saltati**
saltò	**saltàrono**	**fu saltato**	**fúrono saltati**
4 future indicative		11 future perfect	
salterò	**salteremo**	**sarò saltato**	**saremo saltati**
salterai	**salterete**	**sarai saltato**	**sarete saltati**
salterà	**salteranno**	**sarà saltato**	**saranno saltati**
5 present conditional		12 past conditional	
salterèi	**salteremmo**	**sarèi saltato**	**saremmo saltati**
slateresti	**saltereste**	**saresti saltato**	**sareste saltati**
salterèbbe	**salterèbbero**	**sarèbbe saltato**	**sarèbbero saltati**
6 present subjunctive		13 past subjunctive	
sàlti	**saltiamo**	**sia saltato**	**siamo saltati**
sàlti	**saltiate**	**sia saltato**	**siate saltati**
sàlti	**sàltino**	**sia saltato**	**síano saltati**
7 imperfect subjunctive		14 past perfect subjunctive	
saltassi	**saltàssimo**	**fossi saltato**	**fóssimo saltati**
saltassi	**saltaste**	**fossi saltato**	**foste saltati**
saltasse	**saltàssero**	**fosse saltato**	**fóssero saltati**

	imperative	
—		**saltiamo**
	sàlta (non saltare)	**saltate**
	sàlti	**sàltino**

Egli saltò due metri.   He jumped two meters.   **Il cane mi saltò addosso.**   The dog jumped on me.

sapere

Ger. sapèndo   Past Part. saputo

to know; to learn (to find out) (in the Past Abs.
and compound tenses)

The Seven Simple Tenses		The Seven Compound Tenses	
Singular	Plural	Singular	Plural
1 present indicative		8 present perfect	
so	sappiamo	ho saputo	abbiamo saputo
sai	sapete	hai saputo	avete saputo
sa	sanno	ha saputo	hanno saputo
2 imperfect indicative		9 past perfect	
sapevo	sapevamo	avevo saputo	avevamo saputo
sapevi	sapevate	avevi saputo	avevate saputo
sapeva	sapévano	aveva saputo	avévano saputo
3 past absolute		10 past anterior	
sèppi	sapemmo	èbbi saputo	avemmo saputo
sapesti	sapeste	avesti saputo	aveste saputo
sèppe	sèppero	èbbe saputo	èbbero saputo
4 future indicative		11 future perfect	
saprò	sapremo	avrò saputo	avremo saputo
saprai	saprete	avrai saputo	avrete saputo
saprà	sapranno	avrà saputo	avranno saputo
5 present conditional		12 past conditional	
saprèi	sapremmo	avrèi saputo	avremmo saputo
sapresti	sapreste	avresti saputo	avreste saputo
saprèbbe	saprèbbero	avrèbbe saputo	avrèbbero saputo
6 present subjunctive		13 past subjunctive	
sàppia	sappiamo	àbbia saputo	abbiamo saputo
sàppia	sappiate	àbbia saputo	abbiate saputo
sàppia	sàppiano	àbbia saputo	àbbiano saputo
7 imperfect subjunctive		14 past perfect subjunctive	
sapessi	sapéssimo	avessi saputo	avéssimo saputo
sapessi	sapeste	avessi saputo	aveste saputo
sapesse	sapéssero	avesse saputo	avéssero saputo

	imperative	
—		sappiamo
sappi (non sapere)		sappiate
sàppia		sàppiano

Io so parlare italiano.   I know how to
  speak Italian.

Sapevo che finiva così.   I knew it
  would end this way.

to choose, to select

The Seven Simple Tenses		The Seven Compound Tenses	
Singular	Plural	Singular	Plural
1 present indicative		8 present perfect	
scelgo	scegliamo	ho scelto	abbiamo scelto
scegli	scegliete	hai scelto	avete scelto
sceglie	scélgono	ha scelto	hanno scelto
2 imperfect indicative		9 past perfect	
sceglievo	sceglievamo	avevo scelto	avevamo scelto
sceglievi	sceglievate	avevi scelto	avevate scelto
sceglieva	scegliévano	aveva scelto	avévano scelto
3 past absolute		10 past anterior	
scelsi	scegliemmo	èbbi scelto	avemmo scelto
scegliesti	sceglieste	avesti scelto	aveste scelto
scelse	scélsero	èbbe scelto	èbbero scelto
4 future indicative		11 future perfect	
sceglierò	sceglieremo	avrò scelto	avremo scelto
sceglierai	sceglierete	avrai scelto	avrete scelto
sceglierà	sceglieranno	avrà scelto	avranno scelto
5 present conditional		12 past conditional	
sceglierèi	sceglieremmo	avrèi scelto	avremmo scelto
sceglieresti	scegliereste	avresti scelto	avreste scelto
sceglierèbbe	sceglierèbbero	avrèbbe scelto	avrèbbero scelto
6 present subjunctive		13 past subjunctive	
scelga	scegliamo	àbbia scelto	abbiamo scelto
scelga	scegliate	àbbia scelto	abbiate scelto
scelga	scélgano	àbbia scelto	àbbiano scelto
7 imperfect subjunctive		14 past perfect subjunctive	
scegliessi	sceglièssimo	avessi scelto	avéssimo scelto
scegliessi	sceglieste	avessi scelto	aveste scelto
scegliesse	scegliéssero	avesse scelto	avésser scelto

imperative	
—	scegliamo
scegli (non scégliere)	scegliete
scelga	scélgano

* Like **scégliere** is **sciògliere**, meaning *to untie, loosen*.

scegliere un abito	to choose a dress	C'è poro da scégliere.	There's little to choose from.

scéndere*

Ger. scendèndo   Past Part. sceso

to descend; to go down, to come down

The Seven Simple Tenses		The Seven Compound Tenses	
Singular	Plural	Singular	Plural
1 present indicative		**8 present perfect**	
scendo	scendiamo	sono sceso	siamo scesi
scendi	scendete	sèi sceso	sième scesi
scende	scéndono	è sceso	sono scesi
2 imperfect indicative		**9 past perfect**	
scendevo	scendevamo	èro sceso	eravamo scesi
scendevi	scendevate	èri sceso	eravate scesi
scendeva	scendévano	èra sceso	érano scesi
3 past absolute		**10 past anterior**	
scesi	scendemmo	fui sceso	fummo scesi
scendesti	scendeste	fosti sceso	foste scesi
scese	scésero	fu sceso	fúrono scesi
4 future indicative		**11 future perfect**	
scenderò	scenderemo	sarò sceso	saremo scesi
scenderai	scenderete	sarai sceso	sarete scesi
scenderà	scenderanno	sarà sceso	saranno scesi
5 present conditional		**12 past conditional**	
scenderèi	scenderemmo	sarèi sceso	saremmo scesi
scenderesti	scendereste	saresti sceso	sareste scesi
scenderèbbe	scenderèbbero	sarèbbe sceso	sarèbbero scesi
6 present subjunctive		**13 past subjunctive**	
scenda	scendiamo	sia sceso	siamo scesi
scenda	scendiate	sia sceso	siate scesi
scenda	scéndano	sia sceso	síano scesi
7 imperfect subjunctive		**14 past perfect subjunctive**	
scendessi	scendéssimo	fossi sceso	fóssimo scesi
scendessi	scendeste	fossi sceso	foste scesi
scendesse	scendéssero	fosse sceso	fóssero scesi

	imperative	
—		scendiamo
scendi (non scéndere)		scendete
scenda		scéndano

*Like **scéndere** are **ascéndere**, **condiscéndere** (conjugated with **avere**), **discéndere**, etc.

Sono stanco. Non voglio scendere le scale un'altra volta. I'm tired. I don't want to go down the stairs again.	Se scendi, possiamo giocare. If you come down, we can play.

to disappear

The Seven Simple Tenses		The Seven Compound Tenses	
Singular	Plural	Singular	Plural
1 present indicative		**8 present perfect**	
scompaio	scompariamo	sono scomparso	siamo scomparsi
scompari	scomparite	sèi scomparso	sière scomparsi
scompare	scompàiono	è scomparso	sono scomparsi
2 imperfect indicative		**9 past perfect**	
scomparivo	scomparivamo	èro scomparso	eravamo scomparsi
scomparivi	scomparivate	èri scomparso	eravate scomparsi
scompariva	scomparívano	èra scomparso	èrano scomparsi
3 past absolute		**10 past anterior**	
scomparvi	scomparimmo	fui scomparso	fummo scomparsi
scomparisti	scompariste	fosti scomparso	foste scomparsi
scomparve	scompàrvero	fu scomparso	fúrono scomparsi
(*Or regular:* scomparii, *etc.*)			
4 future indicative		**11 future perfect**	
scomparirò	scompariremo	sarò scomparso	saremo scomparsi
scomparirai	scomparirete	sarai scomparso	sarete scomparsi
scomparirà	scompariranno	sarà scomparso	saranno scomparsi
5 present conditional		**12 past conditional**	
scomparirèi	scompariremmo	sarèi scomparso	saremmo scomparsi
scompariresti	scomparireste	saresti scomparso	sareste scomparsi
scomparirèbbe	scomparirèbbero	sarèbbe scomparso	sarèbbero scomparsi
6 present subjunctive		**13 past subjunctive**	
scompaia	scompariamo	sia scomparso	siamo scomparsi
scompaia	scompariate	sia scomparso	siate scomparsi
scompaia	scompàiano	sia scomparso	síano scomparsi
7 imperfect subjunctive		**14 past perfect subjunctive**	
scomparissi	scomparíssimo	fossi scomparso	fóssimo scomparsi
scomparissi	scompariste	fossi scomparso	foste scomparsi
scomparissse	scomparíssero	fosse scomparso	fóssero scomparsi

	imperative	
—		scompariamo
scompari (non scomparire)		scomparite
scompaia		scompàiano

*Like **scomparire** is **apparire**.

scomparire dalla circolazione	to disappear from sight	La nave scomparve all'orizzonte. The ship disappeared into the horizon.

sconfíggere* Ger. sconfiggèndo Past Part. sconfitto

to defeat

The Seven Simple Tenses		The Seven Compound Tenses	
Singular	Plural	Singular	Plural
1 present indicative		8 present perfect	
sconfiggo	sconfiggiamo	ho sconfitto	abbiamo sconfitto
sconfiggi	sconfiggete	hai sconfitto	avete sconfitto
sconfigge	sconfiggono	ha sconfitto	hanno sconfitto
2 imperfect indicative		9 past perfect	
sconfiggevo	sconfiggevamo	avevo sconfitto	avevamo sconfitto
sconfiggevi	sconfiggevate	avevi sconfitto	avevate sconfitto
sconfiggeva	sconfiggévano	aveva sconfitto	avévano sconfitto
3 past absolute		10 past anterior	
sconfissi	sconfiggemmo	èbbi sconfitto	avemmo sconfitto
sconfiggesti	sconfiggeste	avesti sconfitto	aveste sconfitto
sconfisse	sconfissero	èbbe sconfitto	èbbero sconfitto
4 future indicative		11 future perfect	
sconfiggerò	sconfiggeremo	avrò sconfitto	avremo sconfitto
sconfiggerai	sconfiggerete	avrai sconfitto	avrete sconfitto
sconfiggerà	sconfiggeranno	avrà sconfitto	avranno sconfitto
5 present conditional		12 past conditional	
sconfiggerèi	sconfiggeremmo	avrèi sconfitto	avremmo sconfitto
sconfiggeresti	sconfiggereste	avresti sconfitto	avreste sconfitto
sconfiggerèbbe	sconfiggerèbbero	avrèbbe sconfitto	avrèbbero sconfitto
6 present subjunctive		13 past subjunctive	
sconfigga	sconfiggiamo	àbbia sconfitto	abbiamo sconfitto
sconfigga	sconfiggiate	àbbia sconfitto	abbiate sconfitto
sconfigga	sconfiggano	àbbia sconfitto	àbbiano sconfitto
7 imperfect subjunctive		14 past perfect subjunctive	
sconfiggessi	sconfiggéssimo	avessi sconfitto	avéssimo sconfitto
sconfiggessi	sconfiggeste	avessi sconfitto	aveste sconfitto
sconfiggesse	sconfiggéssero	avesse sconfitto	avéssero sconfitto

imperative

—	sconfiggiamo
sconfiggi (non sconfiggere)	sconfiggete
sconfigga	sconfiggano

*Like **sconfíggere** are **afflíggere**, **fríggere**, and **inflíggere**.

Lei mi sconfigge sempre quando giochiamo a tennis.   She always defeats me when we play tennis.

Lui sconfisse il rivale.   He defeated his rival.

scoprire

to uncover, to discover

The Seven Simple Tenses		The Seven Compound Tenses	
Singular	Plural	Singular	Plural
1 present indicative		8 present perfect	
scòpro	scopriamo	ho scopèrto	abbiamo scopèrto
scòpri	scoprite	hai scopèrto	avete scopèrto
scòpre	scòprono	ha scopèrto	hanno scopèrto
2 imperfect indicative		9 past perfect	
scoprivo	scoprivamo	avevo scopèrto	avevamo scopèrto
scoprivi	scoprivate	avevi scopèrto	avevate scopèrto
scopriva	scoprívano	aveva scopèrto	avévano scopèrto
3 past absolute		10 past anterior	
scopèrsi	scoprimmo	èbbi scopèrto	avemmo scopèrto
scopristi	scopriste	avesti scopèrto	aveste scopèrto
scopèrse	scopèrsero	èbbe scopèrto	èbbero scopèrto
(Or regular: scoprii, etc.)			
4 future indicative		11 future perfect	
scoprirò	scopriremo	avrò scopèrto	avremo scopèrto
scoprirai	scoprirete	avrai scopèrto	avrete scopèrto
scoprirà	scopriranno	avrà scopèrto	avranno scopèrto
5 present conditional		12 past conditional	
scoprirèi	scopriremmo	avrèi scopèrto	avremmo scopèrto
scopriresti	scoprireste	avresti scopèrto	avreste scopèrto
scoprirèbbe	scoprirèbbero	avrèbbe scopèrto	avrèbbero scopèrto
6 present subjunctive		13 past subjunctive	
scòpra	scopriamo	àbbia scopèrto	abbiamo scopèrto
scòpra	scopriate	àbbia scopèrto	abbiate scopèrto
scòpra	scòprano	àbbia scopèrto	àbbiano scopèrto
7 imperfect subjunctive		14 past perfect subjunctive	
scoprissi	scopríssimo	avessi scopèrto	avéssimo scopèrto
scoprissi	scopriste	avessi scopèrto	aveste scopèrto
scoprisse	scopríssero	avesse scopèrto	avéssero scopèrto

imperative	
—	scopriamo
scòpri (non scoprire)	scoprite
scòpra	scòprano

Ho scoperto una scatola piena di oro.
  I discovered a box full of gold.

Abbiamo scoperto un bel posto in
Italia.   We discovered a nice place
in Italy.

scrívere*

Ger. scrivèndo   Past Part. scritto

to write

The Seven Simple Tenses		The Seven Compound Tenses	
Singular	Plural	Singular	Plural
1 present indicative		8 present perfect	
scrivo	scriviamo	ho scritto	abbiamo scritto
scrivi	scrivete	hai scritto	avete scritto
scrive	scrívono	ha scritto	hanno scritto
2 imperfect indicative		9 past perfect	
scrivevo	scrivevamo	avevo scritto	avevamo scritto
scrivevi	scrivevate	avevi scritto	avevate scritto
scriveva	scrivévano	aveva scritto	avévano scritto
3 past absolute		10 past anterior	
scrissi	scrivemmo	èbbi scritto	avemmo scritto
scrivesti	scriveste	avesti scritto	aveste scritto
scrisse	scríssero	èbbe scritto	èbbero scritto
4 future indicative		11 future perfect	
scriverò	scriveremo	avrò scritto	avremo scritto
scriverai	scriverete	avrai scritto	avrete scritto
scriverà	scriveranno	avrà scritto	avranno scritto
5 present conditional		12 past conditional	
scriverèi	scriveremmo	avrèi scritto	avremmo scritto
scriveresti	scrivereste	avresti scritto	avreste scritto
scriverèbbe	scriverèbbero	avrèbbe scritto	avrèbbero scritto
6 present subjunctive		13 past subjunctive	
scriva	scriviamo	àbbia scritto	abbiamo scritto
scriva	scriviate	àbbia scritto	abbiate scritto
scriva	scrívano	àbbia scritto	àbbiano scritto
7 imperfect subjunctive		14 past perfect subjunctive	
scrivessi	scrivéssimo	avessi scritto	avéssimo scritto
scrivessi	scriveste	avessi scritto	aveste scritto
scrivesse	scrivéssero	avesse scritto	avéssero scritto

imperative		
—	scriviamo	
scrivi (non scrívere)	scrivete	
scriva	scrívano	

*Like **scrívere** are **descrívere**, **prescrívere**, **proscrívere**, **sottoscrívere**, **trascrívere**, etc.

Lei ha scritto una bella poesia.   She has written a beautiful poem.   Io le scrissi una lettera.   I wrote her a letter.

The Seven Simple Tenses		The Seven Compound Tenses	
Singular	Plural	Singular	Plural
1 present indicative		**8 present perfect**	
scuòto	scuotiamo	ho scòsso	abbiamo scòsso
scuòti	scuotete	hai scòsso	avete scòsso
scuòte	scuòtono	ha scòsso	hanno scòsso
2 imperfect indicative		**9 past perfect**	
scuotevo	scuotevamo	avevo scòsso	avevamo scòsso
scuotevi	scuotevate	avevi scòsso	avevate scòsso
scuoteva	scuotévano	aveva scòsso	avévano scòsso
3 past absolute		**10 past anterior**	
scòssi	scuotemmo	èbbi scòsso	avemmo scòsso
scotesti	scoteste	avesti scòsso	aveste scòsso
scòsse	scòssero	èbbe scòsso	èbbero scòsso
4 future indicative		**11 future perfect**	
scuoterò	scuoteremo	avrò scòsso	avremo scòsso
scuoterai	scuoterete	avrai scòsso	avrete scòsso
scuoterà	scuoteranno	avrà scòsso	avranno scòsso
5 present conditional		**12 past conditional**	
scuoterèi	scuoteremmo	avrèi scòsso	avremmo scòsso
scuoteresti	scuotereste	avresti scòsso	avreste scòsso
scuoterèbbe	scuoterèbbero	avrèbbe scòsso	avrèbbero scòsso
6 present subjunctive		**13 past subjunctive**	
scuòta	scuotiamo	àbbia scòsso	abbiamo scòsso
scuòta	scuotiate	àbbia scòsso	abbiate scòsso
scuòta	scuòtano	àbbia scòsso	àbbiano scòsso
7 imperfect subjunctive		**14 past perfect subjunctive**	
scuotessi	scuotéssimo	avessi scòsso	avéssimo scòsso
scuotessi	scuoteste	avessi scòsso	aveste scòsso
scuotesse	scuotéssero	avesse scòsso	avéssero scòsso

	imperative	
—		scuotiamo
scuòti (non scuotere)		scuotete
scuòta		scuòtano

*Like **scuòtere** are **percuòtere** and **riscuòtere**.

Il cane si scuote quando esce dall'acqua. The dog shakes himself when he comes out of the water.	scuotere la testa to shake one's head

scusare*

Ger. scusando   Past Part. scusato

to excuse

The Seven Simple Tenses		The Seven Compound Tenses	
Singular	Plural	Singular	Plural
1 present indicative		8 present perfect	
scùso	scusiamo	ho scusato	abbiamo scusato
scùsi	scusate	hai scusato	avete scusato
scùsa	scusano	ha scusato	hanno scusato
2 imperfect indicative		9 past perfect	
scusavo	scusavamo	avevo scusato	avevamo scusato
scusavi	scusavate	avevi scusato	avevate scusato
scusava	scusàvano	aveva scusato	avévano scusato
3 past absolute		10 past anterior	
scusai	scusammo	èbbi scusato	avemmo scusato
scusasti	scusaste	avesti scusato	aveste scusato
scusò	scusàrono	èbbe scusato	èbbero scusato
4 future indicative		11 future perfect	
scuserò	scuseremo	avrò scusato	avremo scusato
scuserai	scuserete	avrai scusato	avrete scusato
scuserà	scuseranno	avrà scusato	avranno scusato
5 present conditional		12 past conditional	
scuserèi	scuseremmo	avrèi scusato	avremmo scusato
scuseresti	scusereste	avresti scusato	avreste scusato
scuserèbbe	scuserèbbero	avrèbbe scusato	avrèbbero scusato
6 present subjunctive		13 past subjunctive	
scùsi	scusiamo	àbbia scusato	abbiamo scusato
scùsi	scusiate	àbbia scusato	abbiate scusato
scùsi	scùsino	àbbia scusato	àbbiano scusato
7 imperfect subjunctive		14 past perfect subjunctive	
scusassi	scussàssimo	avessi scusato	avéssimo scusato
scusassi	scusaste	avessi scusato	aveste scusato
scusasse	scusàssero	avesse scusato	avéssero scusato

	imperative	
—		scusiamo
scùsa (non scusare)		scusate
scùsi		scùsino

*The verb is also commonly used in its reflexive form: scusarsi.

Scusate il disordine! Excuse the mess!   Scusami! Excuse me!

The Seven Simple Tenses		The Seven Compound Tenses	
Singular	Plural	Singular	Plural
1 present indicative		8 present perfect	
sièdo	sediamo	sono seduto	siamo seduti
sièdi	sedete	sèi seduto	sièto seduti
sième	sièdono	è seduto	sono seduti
2 imperfect indicative		9 past perfect	
sedevo	sedevamo	èro seduto	eravamo seduti
sedevi	sedevate	èri seduto	eravate seduti
sedeva	sedévano	èra seduto	èrano seduti
3 past absolute		10 past anterior	
sedei (sedètti)	sedemmo	fui seduto	fummo seduti
sedesti	sedeste	fosti seduto	foste seduti
sedé (sedètte)	sedérono (sedèttero)	fu seduto	fúrono seduti
4 future indicative		11 future perfect	
sederò	sederemo	sarò seduto	saremo seduti
sederai	sederete	sarai seduto	sarete seduti
sederà	sederanno	sarà seduto	saranno seduti
5 present conditional		12 past conditional	
sederèi	sederemmo	sarèi seduto	saremmo seduti
sederesti	sedereste	saresti seduto	sareste seduti
sederèbbe	sederèbbero	sarèbbe seduto	sarèbbero seduti
6 present subjunctive		13 past subjunctive	
sièda	sediamo	sia seduto	siamo seduti
sièda	sediate	sia seduto	siate seduti
sièda	sièdano	sia seduto	síano seduti
7 imperfect subjunctive		14 past perfect subjunctive	
sedessi	sedéssimo	fossi seduto	fóssimo seduti
sedessi	sedeste	fossi seduto	foste seduti
sedesse	sedéssero	fosse seduto	fóssero seduti

imperative	
—	sediamo
sièdi (non sedere)	sedete
sièda	sièdano

* Like **sedere** is **possedere**.

Note: This verb also has a commonly-used reflexive form: **sedersi**.

Lui era seduto vicino alla finestra. He was sitting near the window.	Noi ci sediamo sempre insieme a scuola. We always sit together in school.

seguire

Ger. **seguendo** Past Part. **seguito**

to follow

The Seven Simple Tenses		The Seven Compound Tenses	
Singular	Plural	Singular	Plural
1 present indicative		**8 present perfect**	
sèguo	seguiamo	ho seguito	abbiamo seguito
sègui	seguite	hai seguito	avete seguito
sègue	seguono	ha seguito	hanno seguito
2 imperfect indicative		**9 past perfect**	
seguivo	seguivamo	avevo seguito	avevamo seguito
seguivi	seguivate	avevi seguito	avevate seguito
seguiva	seguivano	aveva seguito	avévano seguito
3 past absolute		**10 past anterior**	
seguii	seguimmo	èbbi seguito	avemmo seguito
seguisti	seguiste	avesti seguito	aveste seguito
seguì	seguirono	èbbe seguito	èbbero seguito
4 future indicative		**11 future perfect**	
seguirò	seguiremo	avrò seguito	avremo seguito
seguirai	seguirete	avrai seguito	avrete seguito
seguirà	seguiranno	avrà seguito	avranno seguito
5 present conditional		**12 past conditional**	
seguirèi	seguiremmo	avrèi seguito	avremmo seguito
seguiresti	seguireste	avresti seguito	avreste seguito
seguirèbbe	seguirèbbero	avrèbbe seguito	avrèbbero seguito
6 present subjunctive		**13 past subjunctive**	
sègua	seguiamo	àbbia seguito	abbiamo seguito
sègua	seguiate	àbbia seguito	abbiate seguito
sègua	sèguano	àbbia seguito	àbbiano seguito
7 imperfect subjunctive		**14 past perfect subjunctive**	
seguissi	seguíssimo	avessi seguito	avéssimo seguito
seguissi	seguiste	avessi seguito	aveste seguito
seguisse	seguíssero	avesse seguito	avéssero seguito

	imperative	
—		seguiamo
sègui (non seguire)		seguite
sègua		sèguano

Segui quella macchina! Follow that car!

Seguiamo questa strada. Lets's follow this road.

The Seven Simple Tenses		The Seven Compound Tenses	
Singular	Plural	Singular	Plural
1 present indicative		8 present perfect	
sèrvo	serviamo	ho servito	abbiamo servito
sèrvi	servite	hai servito	avete servito
sèrve	servono	ha servito	hanno servito
2 imperfect indicative		9 past perfect	
servivo	servivamo	avevo servito	avevamo servito
servivi	servivate	avevi servito	avevate servito
serviva	servivano	aveva servito	avévano servito
3 past absolute		10 past anterior	
servii	servimmo	èbbi servito	avemmo servito
servisti	serviste	avesti servito	aveste servito
servì	servírono	èbbe servito	èbbero servito
4 future indicative		11 future perfect	
servirò	serviremo	avrò servito	avremo servito
servirai	servirete	avrai servito	avrete servito
servirà	serviranno	avrà servito	avranno servito
5 present conditional		12 past conditional	
servirèi	serviremmo	avrèi servito	avremmo servito
serviresti	servireste	avresti servito	avreste servito
servirèbbe	servirèbbero	avrèbbe servito	avrèbbero servito
6 present subjunctive		13 past subjunctive	
sèrva	serviamo	àbbia servito	abbiamo servito
sèrva	serviate	àbbia servito	abbiate servito
sèrva	sèrvano	àbbia servito	àbbiano servito
7 imperfect subjunctive		14 past perfect subjunctive	
servissi	servìssimo	avessi servito	avéssimo servito
servissi	serviste	avessi servito	aveste servito
servisse	servìssero	avesse servito	avéssero servito

	imperative	
—		serviamo
sèrvi (non servire)		servite
sèrva		sèrvano

La cameriera ha servito il caffè. The
waitress served the coffee.

Questa cosa non mi serve. I do not
need this thing.

247

soddisfare*

Ger. soddisfacèndo   Past Part. soddisfatto

to satisfy

The Seven Simple Tenses		The Seven Compound Tenses	
Singular	Plural	Singular	Plural
1 present indicative		8 present perfect	
soddisfaccio	soddisfacciamo	ho soddisfatto	abbiamo soddisfatto
(soddisfò)		hai soddisfatto	avete soddisfatto
soddisfai	soddisfate	ha soddisfatto	hanno soddisfatto
soddisfà	soddisfanno		
2 imperfect indicative		9 past perfect	
soddisfacevo	soddisfacevamo	avevo soddisfatto	avevamo soddisfatto
soddisfacevi	soddisfacevate	avevi soddisfatto	avevate soddisfatto
soddisfaceva	soddisfacévano	aveva soddisfatto	avévano soddisfatto
3 past absolute		10 past anterior	
soddisfeci	soddisfacemmo	èbbi soddisfatto	avemmo soddisfatto
soddisfacesti	soddisfaceste	avesti soddisfatto	aveste soddisfatto
soddisfece	soddisfécero	èbbe soddisfatto	èbbero soddisfatto
4 future indicative		11 future perfect	
soddisfarò	soddisfaremo	avrò soddisfatto	avremo soddisfatto
soddisfarai	soddisfarete	avrai soddisfatto	avrete soddisfatto
soddisfarà	soddisfaranno	avrà soddisfatto	avranno soddisfatto
5 present conditional		12 past conditional	
soddisfarèi	soddisfaremmo	avrèi soddisfatto	avremmo soddisfatto
soddisfaresti	soddisfareste	avresti soddisfatto	avreste soddisfatto
soddisfarèbbe	soddisfarèbbero	avrèbbe soddisfatto	avrèbbero soddisfatto
6 present subjunctive		13 past subjunctive	
soddisfaccia	soddisfacciamo	àbbia soddisfatto	abbiamo soddisfatto
soddisfaccia	soddisfacciate	àbbia soddisfatto	abbiate soddisfatto
soddisfaccia	soddisfàcciano	àbbia soddisfatto	àbbiano soddisfatto
(Or regular: soddisfi, etc.)			
7 imperfect subjunctive		14 past perfect subjunctive	
soddisfacessi	soddisfacéssimo	avessi soddisfatto	avéssimo soddisfatto
soddisfacessi	soddisfaceste	avessi soddisfatto	aveste soddisfatto
soddisfacesse	soddisfacéssero	avesse soddisfatto	avéssero soddisfatto

	imperative
—	soddisfacciamo
soddisfa (non soddisfare)	soddisfate
soddisfaccia	soddisfàcciano

*Compound of fare.

Lui non è mai soddisfatto. He is never satisfied.

Questo lavoro non mi soddisfa. This work does not satisfy me.

to suffer, to bear, to endure

The Seven Simple Tenses		The Seven Compound Tenses	
Singular	Plural	Singular	Plural
1 present indicative		8 present perfect	
sòffro	soffriamo	ho soffèrto	abbiamo soffèrto
sòffri	soffrite	hai soffèrto	avete soffèrto
sòffre	sòffrono	ha soffèrto	hanno soffèrto
2 imperfect indicative		9 past perfect	
soffrivo	soffrivamo	avevo soffèrto	avevamo soffèrto
soffrivi	soffrivate	avevi soffèrto	avevate soffèrto
soffriva	soffrívano	aveva soffèrto	avévano soffèrto
3 past absolute		10 past anterior	
soffèrsi	soffrimmo	èbbi soffèrto	avemmo soffèrto
soffristi	soffriste	avesti soffèrto	aveste soffèrto
soffèrse	soffèresero	èbbe soffèrto	èbbero soffèrto
(Or regular: soffrii, *etc.)*			
4 future indicative		11 future perfect	
soffrirò	soffriremo	avrò soffèrto	avremo soffèrto
soffrirai	soffrirete	avrai soffèrto	avrete soffèrto
soffrirà	soffriranno	avrà soffèrto	avranno soffèrto
5 present conditional		12 past conditional	
soffrirèi	soffriremmo	avrèi soffèrto	avremmo soffèrto
soffriresti	soffrireste	avresti soffèrto	aveste soffèrto
soffrirèbbe	soffrirèbbero	avrèbbe soffèrto	avrèbbero soffèrto
6 present subjunctive		13 past subjunctive	
sòffra	soffriamo	àbbia soffèrto	abbiamo soffèrto
sòffra	soffriate	àbbia soffèrto	abbiate soffèrto
sòffra	sòffrano	àbbia soffèrto	àbbiano soffèrto
7 imperfect subjunctive		14 past perfect subjunctive	
soffrissi	soffríssimo	avessi soffèrto	avéssimo soffèrto
soffrissi	soffriste	avessi soffèrto	aveste soffèrto
soffrisse	soffríssero	avesse soffèrto	avéssero soffèrto

	imperative	
		soffriamo
	sòffri (non soffrire)	soffrite
	sòffra	sòffrano

*Like **soffrire** is **offrire**.

Il mio cane soffre molto il caldo durante l'estate. My dog suffers a lot from the heat during the summer.	Non posso soffrire quella persona. I cannot bear (put up with) that person.

249

sognare

Ger. **sognando**   Past Part. **sognato**

to dream

The Seven Simple Tenses		The Seven Compound Tenses	
Singular	Plural	Singular	Plural
1 present indicative		**8 present perfect**	
sògno	sogniamo	ho sognato	abbiamo sognato
sògni	sognate	hai sognato	avete sognato
sògna	sògnano	ha sognato	hanno sognato
2 imperfect indicative		**9 past perfect**	
sognavo	sognavamo	avevo sognato	avevamo sognato
sognavi	sognavate	avevi sognato	avevate sognato
sognava	sognàvano	aveva sognato	avévano sognato
3 past absolute		**10 past anterior**	
sognai	sognammo	èbbi sognato	avemmo sognato
sognasti	sognaste	avesti sognato	aveste sognato
sognò	sognàrono	èbbe sognato	èbbero sognato
4 future indicative		**11 future perfect**	
sognerò	sogneremo	avrò sognato	avremo sognato
sognerai	sognerete	avrai sognato	avrete sognato
sognerà	sogneranno	avrà sognato	avranno sognato
5 present conditional		**12 past conditional**	
sognerèi	sogneremmo	avrèi sognato	avremmo sognato
sogneresti	sognereste	avresti sognato	aveste sognato
sognerèbbe	sognerèbbero	avrèbbe sognato	avrèbbero sognato
6 present subjunctive		**13 past subjunctive**	
sògni	sogniamo	àbbia sognato	abbiamo sognato
sògni	sogniate	àbbia sognato	abbiate sognato
sògni	sògnino	àbbia sognato	àbbiano sognato
7 imperfect subjunctive		**14 past perfect subjunctive**	
sognassi	sognàssimo	avessi sognato	avéssimo sognato
sognassi	sognaste	avessi sognato	aveste sognato
sognasse	sognàssero	avesse sognato	avéssero sognato

imperative	
—	sogniamo
sògna (non sognare)	sognate
sògni	sògnino

sogni d'oro   sweet dreams   essere nel paese dei sogni   to be in dreamland

250

The Seven Simple Tenses		The Seven Compound Tenses	
Singular	Plural	Singular	Plural
1 present indicative		**8 present perfect**	
sorgo	sorgiamo	sono sorto	siamo sorti
sorgi	sorgete	sèi sorto	siète sorti
sorge	sórgono	è sorto	sono sorti
2 imperfect indicative		**9 past perfect**	
sorgevo	sorgevamo	èro sorto	eravamo sorti
sorgevi	sorgevate	èri sorto	eravate sorti
sorgeva	sorgévano	èra sorto	èrano sorti
3 past absolute		**10 past anterior**	
sorsi	sorgemmo	fui sorto	fummo sorti
sorgesti	sorgeste	fosti sorto	foste sorti
sorse	sórsero	fu sorto	fúrono sorti
4 future indicative		**11 future perfect**	
sorgerò	sorgeremo	sarò sorto	saremo sorti
sorgerai	sorgerete	sarai sorto	sarete sorti
sorgerà	sorgeranno	sarà sorto	saranno sorti
5 present conditional		**12 past conditional**	
sorgerèi	sorgeremmo	sarèi sorto	saremmo sorti
sorgeresti	sorgereste	saresti sorto	sareste sorti
sorgerèbbe	sorgerèbbero	sarèbbe sorto	sarèbbero sorti
6 present subjunctive		**13 past subjunctive**	
sorga	sorgiamo	sia sorto	siamo sorti
sorga	sorgiate	sia sorto	siate sorti
sorga	sórgano	sia sorto	síano sorti
7 imperfect subjunctive		**14 past perfect subjunctive**	
sorgessi	sorgéssimo	fossi sorto	fóssimo sorti
sorgessi	sorgeste	fossi sorto	foste sorti
sorgesse	sorgéssero	fosse sorto	fóssero sorti

imperative	
—	sorgiamo
sorgi (non sórgere)	sorgete
sorga	sórgano

*Like **sórgere** are **accórgersi** and **pórgere**.

A che ora sorge il sole oggi? At what time does the sun rise today?	Questa lite sorge da un malinteso. This argument arises from a misunderstanding.

sorprèndere*

Ger. sorprendèndo   Past Part. sorpreso

to surprise

The Seven Simple Tenses		The Seven Compound Tenses	
Singular	Plural	Singular	Plural
1 present indicative		**8 present perfect**	
sorprèndo	sorprendiamo	ho sorpreso	abbiamo sorpreso
sorprèndi	sorprendete	hai sorpreso	avete sorpreso
sorprènde	sorprèndono	ha sorpreso	hanno sorpreso
2 imperfect indicative		**9 past perfect**	
sorprendevo	sorprendevamo	avevo sorpreso	avevamo sorpreso
sorprendevi	sorprendevate	avevi sorpreso	avevate sorpreso
sorprendeva	sorprendévano	aveva sorpreso	avévano sorpreso
3 past absolute		**10 past anterior**	
sorpresi	sorprendemmo	èbbi sorpreso	avemmo sorpreso
sorprendesti	sorprendeste	avesti sorpreso	aveste sorpreso
sorprese	sorprésero	èbbe sorpreso	èbbero sorpreso
4 future indicative		**11 future perfect**	
sorprenderò	sorprenderemo	avrò sorpreso	avremo sorpreso
sorprenderai	sorprenderete	avrai sorpreso	avrete sorpreso
sorprenderà	sorprenderanno	avrà sorpreso	avranno sorpreso
5 present conditional		**12 past conditional**	
sorprenderèi	sorprenderemmo	avrèi sorpreso	avremmo sorpreso
sorprenderesti	sorprendereste	avresti sorpreso	avreste sorpreso
sorprenderèbbe	sorprenederèbbero	avrèbbe sorpreso	avrèbbero sorpreso
6 present subjunctive		**13 past subjunctive**	
sorprènda	sorprendiamo	àbbia sorpreso	abbiamo sorpreso
sorprènda	sorprendiate	àbbia sorpreso	abbiate sorpreso
sorprènda	sorprèndano	àbbia sorpreso	àbbiano sorpreso
7 imperfect subjunctive		**14 past perfect subjunctive**	
sorprendessi	sorprendéssimo	avessi sorpreso	avéssimo sorpreso
sorprendessi	sorprendeste	avessi sorpreso	aveste sorpreso
sorprendesse	sorprendéssero	avesse sorpreso	avéssero sorpreso

	imperative	
—		sorprendiamo
sorprèndi (non sorprèndere)		sorprendete
sorprènda		sorprèndano

*Compound of **prèndere**.

Questo ragazzo mi sorprende ogni giorno. This boy surprises me every day.	La tua risposta mi ha sorpreso. Your answer surprised me.

sorrídere*
to smile

The Seven Simple Tenses		The Seven Compound Tenses	
Singular	Plural	Singular	Plural
1 present indicative		**8 present perfect**	
sorrido	sorridiamo	ho sorriso	abbiamo sorriso
sorridi	sorridete	hai sorriso	avete sorriso
sorride	sorrídono	ha sorriso	hanno sorriso
2 imperfect indicative		**9 past perfect**	
sorridevo	sorridevamo	avevo sorriso	avevamo sorriso
sorridevi	sorridevate	avevi sorriso	avevate sorriso
sorrideva	sorridévano	aveva sorriso	avévano sorriso
3 past absolute		**10 past anterior**	
sorrisi	sorridemmo	èbbi sorriso	avemmo sorriso
sorridesti	sorrideste	avesti sorriso	aveste sorriso
sorrise	sorrísero	èbbe sorriso	èbbero sorriso
4 future indicative		**11 future perfect**	
sorriderò	sorrideremo	avrò sorriso	avremo sorriso
sorriderai	sorriderete	avrai sorriso	avrete sorriso
sorriderà	sorrideranno	avrà sorriso	avranno sorriso
5 present conditional		**12 past conditional**	
sorriderèi	sorrideremmo	avrèi sorriso	avremmo sorriso
sorrideresti	sorridereste	avresti sorriso	avreste sorriso
sorriderèbbe	sorriderèbbero	avrèbbe sorriso	avrèbbero sorriso
6 present subjunctive		**13 past subjunctive**	
sorrida	sorridiamo	àbbia sorriso	abbiamo sorriso
sorrida	sorridiate	àbbia sorriso	abbiate sorriso
sorrida	sorrídano	àbbia sorriso	àbiano sorriso
7 imperfect subjunctive		**14 past perfect subjunctive**	
sorridessi	sorridéssimo	avessi sorriso	avéssimo sorriso
sorridessi	sorrideste	avessi sorriso	aveste sorriso
sorridesse	sorridéssero	avesse sorriso	avéssero sorriso

	imperative	
—		sorridiamo
sorridi (non sorrídere)		sorridete
sorrida		sorrídano

*Compound of **rídere**.

Quel bambino sorride sempre.
  That child is always smiling.

Lei mi sorride quando mi vede.
  She smiles at me when she sees me.

253

sospendere

Ger. sospendendo   Past Part. sospeso

to suspend, to hang up, to put off, to postpone

The Seven Simple Tenses		The Seven Compound Tenses	
Singular	Plural	Singular	Plural
1 present indicative		8 present perfect	
sospèndo	sospendiamo	ho sospeso	abbiamo sospeso
sospèndi	sospendete	hai sospeso	avete sospeso
sospènde	sospèndono	ha sospeso	hanno sospeso
2 imperfect indicative		9 past perfect	
sospendevo	sospendevamo	avevo sospeso	avevamo sospeso
sospendevi	sospendevate	avevi sospeso	avevate sospeso
sospendeva	sospendévano	aveva sospeso	avévano sospeso
3 past absolute		10 past anterior	
sospesi	sospendemmo	èbbi sospeso	avemmo sospeso
sospendesti	sospendeste	avesti sospeso	aveste sospeso
sospese	sospesero	èbbe sospeso	èbbero sospeso
4 future indicative		11 future perfect	
sospenderò	sospenderemo	avrò sospeso	avremo sospeso
sospenderai	sospenderete	avrai sospeso	avrete sospeso
sospenderà	sospenderanno	avrà sospeso	avranno sospeso
5 present conditional		12 past conditional	
sospenderèi	sospenderemmo	avrèi sospeso	avremmo sospeso
sospenderesti	sospendereste	avresti sospeso	avreste sospeso
sospenderèbbe	sospenderèbbero	avrèbbe sospeso	avrèbbero sospeso
6 present subjunctive		13 past subjunctive	
sospènda	sospendiamo	àbbia sospeso	abbiamo sospeso
sospènda	sospendiate	àbbia sospeso	abbiate sospeso
sospènda	sospèndano	àbbia sospeso	àbbiano sospeso
7 imperfect subjunctive		14 past perfect subjunctive	
sospendessi	sospendéssimo	avessi sospeso	avéssimo sospeso
sospendessi	sospendeste	avessi sospeso	aveste sospeso
sospendesse	sospendéssero	avesse sospeso	avéssero sospeso

	imperative	
—		sospendiamo
sospèndi (non sospendere)		sospendete
sospènda		sospèndano

sospendere una partenza to suspend a departure	sospendere la decisione to postpone the decision
sospendere una riunione to put off a meeting	

sostenere*

to sustain, to uphold, to support

The Seven Simple Tenses		The Seven Compound Tenses	
Singular	Plural	Singular	Plural
1 present indicative		8 present perfect	
sostèngo	sosteniamo	ho sostenuto	abbiamo sostenuto
sostièni	sostenete	hai sostenuto	avete sostenuto
sostiène	sostèngono	ha sostenuto	hanno sostenuto
2 imperfect indicative		9 past perfect	
sostenevo	sostenevamo	avevo sostenuto	avevamo sostenuto
sostenevi	sostenevate	avevi sostenuto	avevate sostenuto
sosteneva	sostenévano	aveva sostenuto	avévano sostenuto
3 past absolute		10 past anterior	
sostenni	sostenemmo	èbbi sostenuto	avemmo sostenuto
sostenesti	sosteneste	avesti sostenuto	aveste sostenuto
sostenne	sosténnero	èbbe sostenuto	èbbero sostenuto
4 future indicative		11 future perfect	
sosterrò	sosterremo	avrò sostenuto	avremo sostenuto
sosterrai	sosterrete	avrai sostenuto	avrete sostenuo
sosterrà	sosterranno	avrà sostenuto	avranno sostenuto
5 present conditional		12 past conditional	
sosterrèi	sosterremmo	avrèi sostenuto	avremmo sostenuto
sosterresti	sosterreste	avresti sostenuto	avreste sostenuto
sosterrèbbe	sosterrèbbero	avrèbbe sostenuto	avrèbbero sostenuto
6 present subjunctive		13 past subjunctive	
sostènga	sosteniamo	àbbia sostenuto	abbiamo sostenuto
sostènga	sosteniate	àbbia sostenuto	abbiate sostenuto
sostènga	sostèngano	àbbia sostenuto	àbbiano sostenuto
7 imperfect subjunctive		14 past perfect subjunctive	
sostenessi	sostenéssimo	avessi sostenuto	avéssimo sostenuto
sostenessi	sosteneste	avessi sostenuto	aveste sostenuto
sostenesse	sostenéssero	avesse sostenuto	avéssero sostenuto

	imperative	
—		sosteniamo
sostièni (non sostenere)		sostenete
sostènga		sostèngano

*Compound of **tenere**.

Una sola corda lo sosteneva quando è caduto. A single rope supported him when he fell.	Questa teoria è sostenuta dai fatti. This theory is supported by facts.

sottométtere*

Ger. sottomettèndo   Past Part. sottomesso

to submit, to subject, to subdue

The Seven Simple Tenses		The Seven Compound Tenses	
Singular	Plural	Singular	Plural
1 present indicative		8 present perfect	
sottometto	sottomettiamo	ho sottomesso	abbiamo sottomesso
sottometti	sottomettete	hai sottomesso	avete sottomesso
sottomette	sottométtono	ha sottomesso	hanno sottomesso
2 imperfect indicative		9 past perfect	
sottomettevo	sottomettevamo	avevo sottomesso	avevamo sottomesso
sottomettevi	sottomettevate	avevi sottomesso	avevate sottomesso
sottometteva	sottomettévano	aveva sottomesso	avévano sottomesso
3 past absolute		10 past anterior	
sottomisi	sottomettemmo	èbbi sottomesso	avemmo sottomesso
sottomettesti	sottometteste	avesti sottomesso	aveste sottomesso
sottomise	sottomísero	èbbe sottomesso	èbbero sottomesso
4 future indicative		11 future perfect	
sottometterò	sottometteremo	avrò sottomesso	avremo sottomesso
sottometterai	sottometterete	avrai sottomesso	avreste sottomesso
sottometterà	sottometteranno	avrà sottomesso	avranno sottomesso
5 present conditional		12 past conditional	
sottometterèi	sottometteremmo	avrèi sottomesso	avremmo sottomesso
sottometteresti	sottomettereste	avresti sottomesso	avreste sottomesso
sottometterèbbe	sottometterèbbero	avrèbbe sottomesso	avrèbbero sottomesso
6 present subjunctive		13 past subjunctive	
sottometta	sottomettiamo	àbbia sottomesso	abbiamo sottomesso
sottometta	sottomettiate	àbbia sottomesso	abbiate sottomesso
sottometta	sottométtano	àbbia sottomesso	àbbiano sottomesso
7 imperfect subjunctive		14 past perfect subjunctive	
sottomettessi	sottomettéssimo	avessi sottomesso	avéssimo sottomesso
sottomettessi	sottometteste	avessi sottomesso	aveste sottomesso
sottomettesse	sottomettéssero	avesse sottomesso	avéssero sottomesso

imperative	
—	sottomettiamo
sottometti (non sottomettere)	sottomettete
sottometta	sottométtano

*Compound of méttere.

sottomettere un popolo to subjugate a people	sottomettere le passioni to subdue the passions

to subtract, to withdraw

The Seven Simple Tenses		The Seven Compound Tenses	
Singular	Plural	Singular	Plural
1 present indicative		8 present perfect	
sottraggo	sottraiamo	ho sottratto	abbiamo sottratto
sottrai	sottraete	hai sottratto	avete sottratto
sottrae	sottràggono	ha sottratto	hanno sottratto
2 imperfect indicative		9 past perfect	
sottraevo	sottraevamo	avevo sottratto	avevamo sottratto
sottraevi	sottraevate	avevi sottratto	avevate sottratto
sottraeva	sottraévano	aveva sottratto	avévano sottratto
3 past absolute		10 past anterior	
sottrassi	sottraemmo	èbbi sottratto	avemmo sottratto
sottraesti	sottraeste	avesti sottratto	aveste sottratto
sottrasse	sottràssero	èbbe sottratto	èbbero sottratto
4 future indicative		11 future perfect	
sottrarrò	sottrarremo	avrò sottratto	avremo sottratto
sottrarrai	sottrarrete	avrai sottratto	avrete sottratto
sottrarrà	sottrarranno	avrà sottratto	avranno sottratto
5 present conditional		12 past conditional	
sottrarrèi	sottrarremmo	avrèi sottratto	avremmo sottratto
sottrarresti	sottrarreste	avresti sottratto	avreste sottratto
sottrarrèbbe	sottrarrèbbero	avrèbbe sottratto	avrèbbero sottratto
6 present subjunctive		13 past subjunctive	
sottragga	sottraiamo	àbbia sottratto	abbiamo sottratto
sottragga	sottraiate	àbbia sottratto	abbiate sottratto
sottragga	sottràggano	àbbia sottratto	àbbiano sottratto
7 imperfect subjunctive		14 past perfect subjunctive	
sottraessi	sottraéssimo	avessi sottratto	avéssimo sottratto
sottraessi	sottraeste	avessi sottratto	aveste sottratto
sottraesse	sottraéssero	avesse sottratto	avéssero sottratto

imperative

—	sottraiamo
sottrai (non sottrarre)	sottraete
sottragga	sottràggano

*Compound of **trarre**.

Sottrai cinque da dieci. Subtract five from ten.	sottrarre soldi dalla cassaforte to steal money from a safe

spàndere   Ger. spandèndo   Past Part. spanto

to spread

The Seven Simple Tenses		The Seven Compound Tenses	
Singular	Plural	Singular	Plural
1 present indicative		8 present perfect	
spando	spandiamo	ho spanto	abbiamo spanto
spandi	spandete	hai spanto	avete spanto
spande	spàndono	ha spanto	hanno spanto
2 imperfect indicative		9 past perfect	
spandevo	spandevamo	avevo spanto	avevamo spanto
spandevi	spandevate	avevi spanto	avevate spanto
spandeva	spandévano	aveva spanto	avévano spanto
3 past absolute		10 past anterior	
spandei	spandemmo	èbbi spanto	avemmo spanto
spandesti	spandeste	avesti spanto	aveste spanto
spandé	spandérono	èbbe spanto	èbbero spanto
4 future indicative		11 future perfect	
spanderò	spanderemo	avrò spanto	avremo spanto
spanderai	spanderete	avrai spanto	avrete spanto
spanderà	spanderanno	avrà spanto	avranno spanto
5 present conditional		12 past conditional	
spanderèi	spanderemmo	avrèi spanto	avremmo spanto
spanderesti	spandereste	avresti spanto	avreste spanto
spanderèbbe	spanderèbbero	avrèbbe spanto	avrèbbero spanto
6 present subjunctive		13 past subjunctive	
spanda	spandiamo	àbbia spanto	abbiamo spanto
spanda	spandiate	àbbia spanto	abbiate spanto
spanda	spàndano	àbbia spanto	àbbiano spanto
7 imperfect subjunctive		14 past perfect subjunctive	
spandessi	spandéssimo	avessi spanto	avéssimo spanto
spandessi	spandeste	avessi spanto	aveste spanto
spandesse	spandéssero	avesse spanto	avéssero spanto

imperative		
—		spandiamo
spandi (non spàndere)		spandete
spanda		spàndano

Chi spande queste bugie? Who is spreading these lies?	spandere lacrime to shed tears	

The Seven Simple Tenses		The Seven Compound Tenses	
Singular	Plural	Singular	Plural
1 present indicative		8 present perfect	
spargo	spargiamo	ho sparso	abbiamo sparso
spargi	spargete	hai sparso	avete sparso
sparge	spàrgono	ha sparso	hanno sparso
2 imperfect indicative		9 past perfect	
spargevo	spargevamo	avevo sparso	avevamo sparso
spargevi	spargevate	avevi sparso	avevate sparso
spargeva	spargévano	aveva sparso	avévano sparso
3 past absolute		10 past anterior	
sparsi	spargemmo	èbbi sparso	avemmo sparso
spargesti	spargeste	avesti sparso	aveste sparso
sparse	spàrsero	èbbe sparso	èbbero sparso
4 future indicative		11 future perfect	
spargerò	spargeremo	avrò sparso	avremo sparso
spargerai	spargerete	avrai sparso	avrete sparso
spargerà	spargeranno	avrà sparso	avranno sparso
5 present conditional		12 past conditional	
spargerèi	spargeremmo	avrèi sparso	avremmo sparso
spargeresti	spargereste	avresti sparso	avreste sparso
spargerèbbe	spargerèbbero	avrèbbe sparso	avrèbbero sparso
6 present subjunctive		13 past subjunctive	
sparga	spargiamo	àbbia sparso	abbiamo sparso
sparga	spargiate	àbbia sparso	abbiate sparso
sparga	spàrgano	àbbia sparso	àbbiano sparso
7 imperfect subjunctive		14 past perfect subjunctive	
spargessi	spargéssimo	avessi sparso	avéssimo sparso
spargessi	spargeste	avessi sparso	aveste sparso
spargesse	spargéssero	avesse sparso	avéssero sparso

imperative	
—	spargiamo
spargi (non spàrgere)	spargete
sparga	spàrgano

Ho sparso molte lacrime per te.
  I have shed many tears over you.

Lui sparge le notizie per il vicinato.
  He spreads the news through the neighborhood.

spégnere

Ger. spegnèndo   Past Part. spento

to extinguish, to put out

The Seven Simple Tenses		The Seven Compound Tenses	
Singular	Plural	Singular	Plural
1 present indicative		8 present perfect	
spengo	spegniamo	ho spento	abbiamo spento
spegni	spegnete	hai spento	avete spento
spegne	spéngono	ha spento	hanno spento
2 imperfect indicative		9 past perfect	
spegnevo	spegnevamo	avevo spento	avevamo spento
spegnevi	spegnevate	avevi spento	avevate spento
spegneva	spegnévano	aveva spento	avévano spento
3 past absolute		10 past anterior	
spensi	spegnemmo	èbbi spento	avemmo spento
spegnesti	spegneste	avesti spento	aveste spento
spense	spénsero	èbbe spento	èbbero spento
4 future indicative		11 future perfect	
spegnerò	spegneremo	avrò spento	avremo spento
spegnerai	spegnerete	avrai spento	avrete spento
spegnerà	spegneranno	avrà spento	avranno spento
5 present conditional		12 past conditional	
spegnerèi	spegneremmo	avrèi spento	avremmo spento
spegneresti	spegnereste	avresti spento	avreste spento
spegnerèbbe	spegnerèbbero	avrèbbe spento	avrèbbero spento
6 present subjunctive		13 past subjunctive	
spenga	spegniamo	àbbia spento	abbiamo spento
spenga	spegniate	àbbia spento	abbiate spento
spenga	spéngano	àbbia spento	àbbiano spento
7 imperfect subjunctive		14 past perfect subjunctive	
spegnessi	spegnéssimo	avessi spento	avéssimo spento
spegnessi	spegneste	avessi spento	aveste spento
spegnesse	spegnéssero	avesse spento	avéssero spento

imperative

—	spegniamo
spegni (non spégnere)	spegnete
spenga	spéngano

Sara, spegni le candele! Sarah, blow out the candles!

Dimentico sempre di spegnere la luce. I always forget to turn off the lights.

The Seven Simple Tenses		The Seven Compound Tenses	
Singular	Plural	Singular	Plural
1 present indicative		8 present perfect	
spèndo	spendiamo	ho speso	abbiamo speso
spèndi	spendete	hai speso	avete speso
spènde	spèndono	ha speso	hanno speso
2 imperfect indicative		9 past perfect	
spendevo	spendevamo	avevo speso	avevamo speso
spendevi	spendevate	avevi speso	avevate speso
spendeva	spendévano	aveva speso	avévano speso
3 past absolute		10 past anterior	
spesi	spendemmo	èbbi speso	avemmo speso
spendesti	spendeste	avesti speso	aveste speso
spese	spésero	èbbe speso	èbbero speso
4 future indicative		11 future perfect	
spenderò	spenderemo	avrò speso	avremo speso
spenderai	spenderete	avrai speso	avrete speso
spenderà	spenderanno	avrà speso	avranno speso
5 present conditional		12 past conditional	
spenderèi	spenderemmo	avrèi speso	avremmo speso
spenderesti	spendereste	avresti speso	avreste speso
spenderèbbe	spenderèbbero	avrèbbe speso	avrèbbero speso
6 present subjunctive		13 past subjunctive	
spènda	spendiamo	àbbia speso	abbiamo speso
spènda	spendiate	àbbia speso	abbiate speso
spènda	spèndano	àbbia speso	àbbiano speso
7 imperfect subjunctive		14 past perfect subjunctive	
spendessi	spendéssimo	avessi speso	avéssimo speso
spendessi	spendeste	avessi speso	aveste speso
spendesse	spendéssero	avesse speso	avéssero speso

	imperative	
—		spendiamo
spèndi (non spèndere)		spendete
spènda		spèndano

*Like **spèndere** are **dipèndere** and **sospèndere**.

Lui spende molto denaro ogni giorno. He spends a lot of money every day.	Non spèndere troppo denaro durante le vacanze. Do not spend too much money on vacation.

spiegare

Ger. spiegando   Past Part. spiegato

to explain

The Seven Simple Tenses		The Seven Compound Tenses	
Singular	Plural	Singular	Plural
1 present indicative		**8 present perfect**	
spiègo	spieghiamo	ho spiegato	
spièghi	spiegate	hai spiegato	abbiamo spiegato
spièga	spièghano	ha spiegato	avete spiegato
			hanno spiegato
2 imperfect indicative		**9 past perfect**	
spiegavo	spiegavamo	avevo spiegato	
spiegavi	spiegavate	avevi spiegato	avevamo spiegato
spiegava	spiegàvano	aveva spiegato	avevate spiegato
			avévano spiegato
3 past absolute		**10 past anterior**	
spiegai	spiegammo	èbbi spiegato	
spiegasti	spiegaste	avesti spiegato	avemmo spiegato
spiegò	spiegàrono	èbbe spiegato	aveste spiegato
			èbbero spiegato
4 future indicative		**11 future perfect**	
spiegherò	spiegheremo	avrò spiegato	
spiegherai	spiegherete	avrai spiegato	avremo spiegato
spiegherà	spiegheranno	avrà spiegato	avrete spiegato
			avranno spiegato
5 present conditional		**12 past conditional**	
spiegherèi	spiegheremmo	avrèi spiegato	
spiegheresti	spieghereste	avresti spiegato	avremmo spiegato
spieghèrebbe	spiegherèbbero	avrèbbe spiegato	avreste spiegato
			avrèbbero spiegato
6 present subjunctive		**13 past subjunctive**	
spièghi	spieghiamo	àbbia spiegato	
spièghi	spieghiate	àbbia spiegato	abbiamo spiegato
spièghi	spièghino	àbbia spiegato	abbiate spiegato
			àbbiano spiegato
7 imperfect subjunctive		**14 past perfect subjunctive**	
spiegassi	spiegàssimo	avessi spiegato	
spiegassi	spiegaste	avessi spiegato	avéssimo spiegato
spiegasse	spiegàssero	avesse spiegato	aveste spiegato
			avéssero spiegato

	imperative	
—		spieghiamo
	spièga (non spiegare)	spiegate
	spièghi	spièghino

Tu non spieghi bene le regole. You don't explain the rules well.

Spiegami questa parola. Explain this word to me.

spíngere*

to push, to shove

The Seven Simple Tenses		The Seven Compound Tenses	
Singular	Plural	Singular	Plural
1 present indicative		8 present perfect	
spingo	spingiamo	ho spinto	abbiamo spinto
spingi	spingete	hai spinto	avete spinto
spinge	spíngono	ha spinto	hanno spinto
2 imperfect indicative		9 past perfect	
spingevo	spingevamo	avevo spinto	avevamo spinto
spingevi	spingevate	avevi spinto	avevate spinto
spingeva	spingévano	aveva spinto	avévano spinto
3 past absolute		10 past anterior	
spinsi	spingemmo	èbbi spinto	avemmo spinto
spingesti	spingeste	avesti spinto	aveste spinto
spinse	spínsero	èbbe spinto	èbbero spinto
4 future indicative		11 future perfect	
spingerò	spingeremo	avrò spinto	avremo spinto
spingerai	spingerete	avrai spinto	avrete spinto
spingerà	spingeranno	avrà spinto	avranno spinto
5 present conditional		12 past conditional	
spingerèi	spingeremmo	avrèi spinto	avremmo spinto
spingeresti	spingereste	avresti spinto	avreste spinto
spingerèbbe	spingerèbbero	avrèbbe spinto	avrèbbero spinto
6 present subjunctive		13 past subjunctive	
spinga	spingiamo	àbbia spinto	abbiamo spinto
spinga	spingiate	àbbia spinto	abbiate spinto
spinga	spíngano	àbbia spinto	àbbiano spinto
7 imperfect subjunctive		14 past perfect subjunctive	
spingessi	spingéssimo	avessi spinto	avéssimo spinto
spingessi	spingeste	avessi spinto	aveste spinto
spingesse	spingéssero	avesse spinto	avéssero spinto

imperative

—	spingiamo
spingi (non spíngere)	spingete
spinga	spíngano

*Like **spíngere** are **dipíngere**, **fíngere**, and **tíngere**.

Lui mi spinge a fare meglio. He pushes me to do better.	Smettila di spingermi! Stop pushing me!

sposare*

Ger. **sposando**   Past Part. **sposato**

to marry, to espouse

The Seven Simple Tenses		The Seven Compound Tenses	
Singular	Plural	Singular	Plural
1　present indicative		8　present perfect	
spòso	sposiamo	ho sposato	abbiamo sposato
spòsi	sposate	hai sposato	avete sposato
spòsa	sposano	ha sposato	hanno sposato
2　imperfect indicative		9　past perfect	
sposavo	sposavamo	avevo sposato	avevamo sposato
sposavi	sposavate	avevi sposato	avevate sopsato
sposava	sposàvano	aveva sposato	avévano sposato
3　past absolute		10　past anterior	
sposai	sposammo	èbbi sposato	avemmo sposato
sposasti	sposaste	avesti sposato	aveste sposato
sposò	sposàrono	èbbe sposato	èbbero sposato
4　future indicative		11　future perfect	
sposerò	sposeremo	avrò sposato	avremo sposato
sposerai	sposerete	avrai sposato	avrete sposato
sposerà	sposeranno	avrà sposato	avranno sposato
5　present conditional		12　past conditional	
sposerèi	sposeremmo	avrèi sposato	avremmo sposato
sposeresti	sposereste	avresti sposato	aveste sposato
sposerèbbe	sposerèbbero	avrèbbe sposato	avrèbbero sposato
6　present subjunctive		13　past subjunctive	
spòsi	sposiamo	àbbia sposato	abbiamo sposato
spòsi	sposiate	àbbia sposato	abbiate sposato
spòsi	spòsino	àbbia sposato	àbbiano sposato
7　imperfect subjunctive		14　past perfect subjunctive	
sposassi	sposàssimo	avessi sposato	avéssimo sposato
sposassi	sposaste	avessi sposato	aveste sposato
sposasse	sposàssero	avesse sposato	avéssero sposato

	imperative	
—		sposiamo
spòsa (non sposare)		sposate
spòsi		spòsino

*The reflexive form, **sposarsi**, means *to get married*.

sposare uno straniero　to marry a stranger	sposare una causa　to espouse a cause

stabilire
to establish

The Seven Simple Tenses		The Seven Simple Tenses	
Singular	Plural	Singular	Plural

1 present indicative		8 present perfect	
stabilisco	stabiliamo	ho stabilito	abbiamo stabilito
stabilisci	stabilite	hai stabilito	avete stabilito
stabilisce	stabiliscono	ha stabilito	hanno stabilito

2 imperfect indicative		9 past perfect	
stabilivo	stabilivamo	avevo stabilito	avevamo stabilito
stabilivi	stabilivate	avevi stabilito	avevate stabilito
stabiliva	stabilìvano	aveva stabilito	avévano stabilito

3 past absolute		10 past anterior	
stabilii	stabilimmo	èbbi stabilito	avemmo stabilito
stabilisti	stabiliste	avesti stabilito	aveste stabilito
stabilì	stabilìrono	èbbe stabilito	èbbero stabilito

4 future indicative		11 future perfect	
stabilirò	stabiliremo	avrò stabilito	avremo stabilito
stabilirai	stabilirete	avrai stabilito	avrete stabilito
stabilirà	stabiliranno	avrà stabilito	avranno stabilito

5 present conditional		12 past conditional	
stabilirèi	stabiliremmo	avrèi stabilito	avremmo stabilito
stabiliresti	stabilireste	avresti stabilito	avreste stabilito
stabilirèbbe	stabilirèbbero	avrèbbe stabilito	avrèbbero stabilito

6 present subjunctive		13 past subjunctive	
stabilisca	stabiliamo	àbbia stabilito	abbiamo stabilito
stabilisca	stabiliate	àbbia stabilito	abbiate stabilito
stabilisca	stabilìscano	àbbia stabilito	àbbiano stabilito

7 imperfect subjunctive		14 past perfect subjunctive	
stabilissi	stabilìssimo	avessi stabilito	avéssimo stabilito
stabilissi	stabiliste	avessi stabilito	aveste stabilito
stabilisse	stabilìssero	avesse stabilito	avéssero stabilito

imperative		
—		stabiliamo
stabilisci (non stabilire)		stabilite
stabilisca		stabilìscano

Lui stabilisce le regole. He establishes   stabilire un fatto   to establish a fact
the rules.

stare*

Ger. **stando**

Past Part. **stato**

to stay; to stand

The Seven Simple Tenses		The Seven Simple Tenses	
Singular	Plural	Singular	Plural
1 present indicative		**8 present perfect**	
sto	stiamo	sono stato	siamo stati
stai	state	sèi stato	sière stati
sta	stanno	è stato	sono stati
2 imperfect indicative		**9 past perfect**	
stavo	stavamo	èro stato	eravamo stati
stavi	stavate	èri stato	eravate stati
stava	stàvano	èra stato	èrano stati
3 past absolute		**10 past anterior**	
stètti	stemmo	fui stato	fummo stati
stesti	steste	fosti stato	foste stati
stètte	stèttero	fu stato	fúrono stati
4 future indicative		**11 future perfect**	
starò	staremo	sarò stato	saremo stati
starai	starete	sarai stato	sarete stati
starà	staranno	sarà stato	saranno stati
5 present conditional		**12 past conditional**	
starèi	staremmo	sarèi stato	saremmo stati
staresti	stareste	saresti stato	sareste stati
starèbbe	starèbbero	sarèbbe stato	sarèbbero stati
6 present subjunctive		**13 past subjunctive**	
stia	stiamo	sia stato	siamo stati
stia	stiate	sia stato	siate stati
stia	stíano	sia stato	síano stati
7 imperfect subjunctive		**14 past perfect subjunctive**	
stessi	stéssimo	fossi stato	fóssimo stati
stessi	steste	fossi stato	foste stati
stesse	stéssero	fosse stato	fóssero stati

imperative

—	stiamo
sta' (non stare)	state
stia	stíano

*Like **stare** are **ristare**, **soprastare**, and **sottostare**. **Stare** is also used to ask and answer questions regarding health.

Come sta Giovanni oggi? How is John feeling today?	Dove stai? Non ti posso vedere. Where are you? I can't see you.

to spread, to extend, to draw up

The Seven Simple Tenses		The Seven Compound Tenses	
Singular	Plural	Singular	Plural
1 present indicative		8 present perfect	
stèndo	stendiamo	ho steso	abbiamo steso
stèndi	stendete	hai steso	avete steso
stènde	stèndono	ha steso	hanno steso
2 imperfect indicative		9 past perfect	
stendevo	stendevamo	avevo steso	avevamo steso
stendevi	stendevate	avevi steso	avevate steso
stendeva	stendévano	aveva steso	avévano steso
3 past absolute		10 past anterior	
stesi	stendemmo	èbbi steso	avemmo steso
stendesti	stendeste	avesti steso	aveste steso
stese	stésero	èbbe steso	èbbero steso
4 future indicative		11 future perfect	
stenderò	stenderemo	avrò steso	avremo steso
stenderai	stenderete	avrai steso	avrete steso
stenderà	stenderanno	avrà steso	avranno steso
5 present conditional		12 past conditional	
stenderèi	stenderemmo	avrèi steso	avremmo steso
stenderesti	stendereste	avresti steso	avreste steso
stenderèbbe	stenderèbbero	avrèbbe steso	avrèbbero steso
6 present subjunctive		13 past subjunctive	
stènda	stendiamo	àbbia steso	abbiamo steso
stènda	stendiate	àbbia steso	abbiate steso
stènda	stèndano	àbbia steso	àbbiano steso
7 imperfect subjunctive		14 past perfect subjunctive	
stendessi	stendéssimo	avessi steso	avéssimo steso
stendessi	stendeste	avessi steso	aveste steso
stendesse	stendéssero	avesse steso	avéssero steso

	imperative	
—	stendiamo	
stèndi (non stèndere)	stendete	
stènda	stèndano	

*Like **stèndere** are **attèndere**, **contèndere**, **estèndere**, **intèndere**, **pretèndere**, and **tèndere**.

stendere la mano to extend one's hand	stendere un tappeto to lay out a carpet	

stríngere*

Ger. stringèndo

Past Part. stretto

to press, to squeeze

The Seven Simple Tenses		The Seven Compound Tenses	
Singular	Plural	Singular	Plural
1 present indicative		8 present perfect	
stringo	stringiamo	ho stretto	abbiamo stretto
stringi	stringete	hai stretto	avete stretto
stringe	stríngono	ha stretto	hanno stretto
2 imperfect indicative		9 past perfect	
stringevo	stringevamo	avevo stretto	avevamo stretto
stringevi	stringevate	avevi stretto	avevate stretto
stringeva	stringévano	aveva stretto	avévano stretto
3 past absolute		10 past anterior	
strinsi	stringemmo	èbbi stretto	avemmo stretto
stringesti	stringeste	avesti stretto	aveste stretto
strinse	strínsero	èbbe stretto	èbbero stretto
4 future indicative		11 future perfect	
stringerò	stringeremo	avrò stretto	avremo stretto
stringerai	stringerete	avrai stretto	avrete stretto
stringerà	stringeranno	avrà stretto	avranno stretto
5 present conditional		12 past conditional	
stringerèi	stringeremmo	avrèi stretto	avremmo stretto
stringeresti	stringereste	avresti stretto	aveste stretto
stringerèbbe	stringerèbbero	avrèbbe stretto	avrèbbero stretto
6 present subjunctive		13 past subjunctive	
stringa	stringiamo	àbbia stretto	abbiamo stretto
stringa	stringiate	àbbia stretto	abbiate stretto
stringa	stríngano	àbbia stretto	àbbiano stretto
7 imperfect subjunctive		14 past perfect subjunctive	
stringessi	stringéssimo	avessi stretto	avéssimo stretto
stringessi	stringeste	avessi stretto	aveste stretto
stringesse	stringéssero	avesse stretto	avéssero stretto

	imperative	
—		stringiamo
stringi (non stríngere)		stringiamo
stringa		stríngano

* Like **stringere** are **costringere** and **restringere**.

Non stringere il gattino così! Don't squeeze the kitten like that!	**Lui mi strinse la mano.** He shook my hand.

268

The Seven Simple Tenses		The Seven Compound Tenses	
Singular	Plural	Singular	Plural
1 present indicative		8 present perfect	
stùdio	studiamo	ho studiato	abbiamo studiato
stùdi	studiate	hai studiato	avete studiato
stùdia	stùdiano	ha studiato	hanno studiato
2 imperfect indicative		9 past perfect	
studiavo	studiavamo	avevo studiato	avevamo studiato
studiavi	studiavate	avevi studiato	avevate studiato
studiava	studiàvano	aveva studiato	avévano studiato
3 past absolute		10 past anterior	
studiai	studiammo	èbbi studiato	avemmo studiato
studiasti	studiaste	avesti studiato	aveste studiato
studiò	studiàrono	èbbe studiato	èbbero studiato
4 future indicative		11 future perfect	
studierò	studieremo	avrò studiato	avremo studiato
studierai	studierete	avrai studiato	avrete studiato
studierà	studieranno	avrà studiato	avranno studiato
5 present conditional		12 past conditional	
studierèi	studieremmo	avrèi studiato	avremmo studiato
studieresti	studiereste	avresti studiato	avreste studiato
studierèbbe	studierèbbero	avrèbbe studiato	avrèbbero studiato
6 present subjunctive		13 past subjunctive	
stùdi	studiamo	àbbia studiato	abbiamo studiato
stùdi	studiate	àbbia studiato	abbiate studiato
stùdi	stùdino	àbbia studiato	àbbiano studiato
7 imperfect subjunctive		14 past perfect subjunctive	
studiassi	studiàssimo	avessi studiato	avéssimo studiato
studiassi	studiaste	avessi studiato	aveste studiato
studiasse	studiàssero	avesse studiato	avéssero studiato

imperative

—	studiamo
stùdia (non studiare)	studiate
stùdi	stùdino

Io studio molto a scuola.   I study a lot   Non voglio studiare.   I don't want
  at school.   to study.
studiare il violino   to study the violin

succèdere*

Ger. succedèndo

Past Part. succèsso

to happen, to occur

The Seven Simple Tenses		The Seven Compound Tenses	
Singular	Plural	Singular	Plural
1 present indicative		8 present perfect	
succède	**succèdono**	**è succèsso**	**sono succèssi**
2 imperfect indicative		9 past perfect	
succedeva	**succedévano**	**èra succèsso**	**èrano succèssi**
3 past absolute		10 past anterior	
succèsse	**succèssero**	**fu succèsso**	**fúrono succèssi**
4 future indicative		11 future perfect	
succederà	**succederanno**	**sarà succèsso**	**saranno succèssi**
5 present conditional		12 past conditional	
succederèbbe	**succederèbbero**	**sarèbbe succèsso**	**sarèbbero succèssi**
6 present subjunctive		13 past subjunctive	
succèda	**succèdano**	**sia succèsso**	**síano succèssi**
7 imperfect subjunctive		14 past perfect subjunctive	
succedesse	**succedéssero**	**fosse succèsso**	**fóssero succèssi**
		imperative	
		n/a	

Impersonal verb (see p. v).

*Succèdere, meaning to succeed (come after), is regular and is also conjugated with èssere.

Cosa è successo?   What happened?

Questo succede ogni giorno.   This happens every day.

to play (an instrument), to ring, to sound

The Seven Simple Tenses		The Seven Compound Tenses	
Singular	Plural	Singular	Plural
1 present indicative		8 present perfect	
suòno	suoniamo	ho suonato	abbiamo suonato
suòni	suonate	hai suonato	avete suonato
suòna	suònano	ha suonato	hanno suonato
2 imperfect indicative		9 past perfect	
suonavo	suonavamo	avevo suonato	avevamo suonato
suonavi	suonavate	avevi suonato	avevate suonato
suonava	suonàvano	aveva suonato	avévano suonato
3 past absolute		10 past anterior	
suonai	suonammo	èbbi suonato	avemmo suonato
suonasti	suonaste	avesti suonato	aveste suonato
suonò	suonàrono	èbbe suonato	èbbero suonato
4 future indicative		11 future perfect	
suonerò	suoneremo	avrò suonato	avremo suonato
suonerai	suonerete	avrai suonato	avrete suonato
suonerà	suoneranno	avrà suonato	avranno suonato
5 present conditional		12 past conditional	
suonerèi	suoneremmo	avrèi suonato	avremmo suonato
suoneresti	suonereste	avresti suonato	avreste suonato
suonerèbbe	suonerèbbero	avrèbbe suonato	avrèbbero suonato
6 present subjunctive		13 past subjunctive	
suòni	suoniamo	àbbia suonato	abbiamo suonato
suòni	suoniate	àbbia suonato	abbiate suonato
suòni	suònino	àbbia suonato	àbbiano suonato
7 imperfect subjunctive		14 past perfect subjunctive	
suonassi	suonàssimo	avessi suonato	avéssimo suonato
suonassi	suonaste	avessi suonato	aveste suonato
suonasse	suonàssero	avesse suonato	avéssero suonato
		imperative	
	—		suoniamo
	suòna (non suonare)		suonate
	suòni		suònino

Lui suona il violino. He plays the
  violin.
Io suono il campanello. I ring
  the bell.

suonare a orecchio to play by ear

271

supporre*

Ger. supponèndo   Past Part. supposto

to suppose, to assume

The Seven Simple Tenses		The Seven Compound Tenses	
Singular	Plural	Singular	Plural
1 present indicative		8 present perfect	
suppongo	**supponiamo**	**ho supposto**	**abbiamo supposto**
supponi	**supponete**	**hai supposto**	**avete supposto**
suppone	**suppóngono**	**ha supposto**	**hanno supposto**
2 imperfect indicative		9 past perfect	
supponevo	**supponevamo**	**avevo supposto**	**avevamo supposto**
supponevi	**supponevate**	**avevi supposto**	**avevate supposto**
supponeva	**supponévano**	**aveva supposto**	**avévano supposto**
3 past absolute		10 past anterior	
supposi	**supponemmo**	**èbbi supposto**	**avemmo supposto**
supponesti	**supponeste**	**avesti supposto**	**aveste supposto**
suppose	**suppósero**	**èbbe supposto**	**èbbero supposto**
4 future indicative		11 future perfect	
supporrò	**supporremo**	**avrò supposto**	**avremo supposto**
supporrai	**supporrete**	**avrai supposto**	**avrete supposto**
supporrà	**supporranno**	**avrà supposto**	**avranno supposto**
5 present conditional		12 past conditional	
supporrèi	**supporremmo**	**avrèi supposto**	**avremmo supposto**
supporresti	**supporreste**	**avresti supposto**	**avreste supposto**
supporrèbbe	**supporrèbbero**	**avrèbbe supposto**	**avrèbbero supposto**
6 present subjunctive		13 past subjunctive	
supponga	**supponiamo**	**àbbia supposto**	**abbiamo supposto**
supponga	**supponiate**	**àbbia supposto**	**abbiate supposto**
supponga	**suppóngano**	**àbbia supposto**	**àbbiano supposto**
7 imperfect subjunctive		14 past perfect subjunctive	
supponessi	**supponéssimo**	**avessi supposto**	**avéssimo supposto**
supponessi	**supponeste**	**avessi supposto**	**aveste supposto**
supponesse	**supponéssero**	**avesse supposto**	**avéssero supposto**

	imperative	
	—	**supponiamo**
	supponi (non supporre)	**supponete**
	supponga	**suppóngano**

*Compound of **porre**.

Suppongo che egli venga. I suppose he will come.

Supponiamo che verrà. We suppose she will come.

to disappear, to vanish

The Seven Simple Tenses		The Seven Compound Tenses	
Singular	Plural	Singular	Plural
1 present indicative		8 present perfect	
svanìsco	svaniamo	sono svanito	siamo svaniti
svanìsci	svanite	sèi svanito	siète svaniti
svanìsce	svanìscono	è svanito	sono svaniti
2 imperfect indicative		9 past perfect	
svanivo	svanivamo	èro svanito	eravamo svaniti
svanivi	svanivate	èri svanito	eravate svaniti
svaniva	svanívano	èra svanito	èrano svaniti
3 past absolute		10 past anterior	
svanii	svanimmo	fui svanito	fummo svaniti
svanisti	svaniste	fosti svanito	foste svaniti
svanì	svanírono	fu svanito	fúrono svaniti
4 future indicative		11 future perfect	
svanirò	svaniremo	sarò svanito	saremo svaniti
svanirai	svanirete	sarai svanito	sarete svaniti
svanirà	svaniranno	sarà svanito	saranno svaniti
5 present conditional		12 past conditional	
svanirèi	svaniremmo	sarèi svanito	saremmo svaniti
svaniresti	svanireste	saresti svanito	sareste svaniti
svanirèbbe	svanirèbbero	sarèbbe svanito	sarèbbero svaniti
6 present subjunctive		13 past subjunctive	
svanìsca	svaniamo	sia svanito	siamo svaniti
svanìsca	svaniate	sia svanito	siate svaniti
svanìsca	svanìscano	sia svanito	síano svaniti
7 imperfect subjunctive		14 past perfect subjunctive	
svanissi	svaníssimo	fossi svanito	fóssimo svaniti
svanissi	svaniste	fossi svanito	foste svaniti
svanisse	svaníssero	fosse svanito	fóssero svaniti

	imperative	
—		svaniamo
svanìsci (non svanire)		svanite
svanìsca		svanìscano

Il mago svanì. The magician disappeared.	Le mie speranze svanirono. My mie speranze svanirono. My hopes vanished.

svenire*

Ger. svenèndo

Past Part. svenuto

to faint, to swoon

The Seven Simple Tenses		The Seven Compound Tenses	
Singular	Plural	Singular	Plural
1 present indicative		8 present perfect	
svèngo	sveniamo	sono svenuto	siamo svenuti
svièni	svenite	sèi svenuto	siète svenuti
sviène	svèngono	è svenuto	sono svenuti
2 imperfect indicative		9 past perfect	
svenivo	svenivamo	èro svenuto	eravamo svenuti
svenivi	svenivate	èri svenuto	eravate svenuti
sveniva	svenívano	èra svenuto	èrano svenuti
3 past absolute		10 past anterior	
svenni	svenimmo	fui svenuto	fummo svenuti
svenisti	sveniste	fosti svenuto	foste svenuti
svenne	svénnero	fu svenuto	fúrono svenuti
4 future indicative		11 future perfect	
sverrò	sverremo	sarò svenuto	saremo svenuti
sverrai	sverrete	sarai svenuto	sarete svenuti
sverrà	sverranno	sarà svenuto	saranno svenuti
5 present conditional		12 past conditional	
sverrèi	sverremmo	sarèi svenuto	saremmo svenuti
sverresti	sverreste	saresti svenuto	sareste svenuti
sverrèbbe	sverrèbbero	sarèbbe svenuto	sarèbbero svenuti
6 present subjunctive		13 past subjunctive	
svènga	sveniamo	sia svenuto	siamo svenuti
svènga	sveniate	sia svenuto	siate svenuti
svènga	svèngano	sia svenuto	síano svenuti
7 imperfect subjunctive		14 past perfect subjunctive	
svenissi	sveníssimo	fossi svenuto	fóssimo svenuti
svenissi	sveniste	fossi svenuto	foste svenuti
svenisse	sveníssero	fosse svenuto	fóssero svenuti

	imperative	
—		sveniamo
svièni (non svenire)		svenite
svènga		svèngano

*Compound of venire.

Sono svenuto per mancanza d'aria.
  I fainted for lack of air.

Il caldo mi fa svenire.   The heat makes
me faint.

274

to unfold, to develop

The Seven Simple Tenses		The Seven Compound Tenses	
Singular	Plural	Singular	Plural
1 present indicative		**8 present perfect**	
svòlgo	svolgiamo	ho svòlto	abbiamo svòlto
svòlgi	svolgete	hai svòlto	avete svòlto
svòlge	svòlgono	ha svòlto	hanno svòlto
2 imperfect indicative		**9 past perfect**	
svolgevo	svolgevamo	avevo svòlto	avevamo svòlto
svolgevi	svolgevate	avevi svòlto	avevate svòlto
svolgeva	svolgévano	aveva svòlto	avévano svòlto
3 past absolute		**10 past anterior**	
svòlsi	svolgemmo	èbbi svòlto	avemmo svòlto
svolgesti	svolgeste	avesti svòlto	aveste svòlto
svòlse	svòlsero	èbbe svòlto	èbbero svòlto
4 future indicative		**11 future perfect**	
svolgerò	svolgeremo	avrò svòlto	avremo svòlto
svolgerai	svolgerete	avrai svòlto	avrete svòlto
svolgerà	svolgeranno	avrà svòlto	avranno svòlto
5 present conditional		**12 past conditional**	
svolgerèi	svolgeremmo	avrèi svòlto	avremmo svòlto
svolgeresti	svolgereste	avresti svòlto	avreste svòlto
svolgerèbbe	svolgerèbbero	avrèbbe svòlto	avrèbbero svòlto
6 present subjunctive		**13 past subjunctive**	
svòlga	svolgiamo	àbbia svòlto	abbiamo svòlto
svòlga	svolgiate	àbbia svòlto	abbiate svòlto
svòlga	svòlgano	àbbia svòlto	àbbiano svòlto
7 imperfect subjunctive		**14 past perfect subjunctive**	
svolgessi	svolgéssimo	avessi svòlto	avéssimo svòlto
svolgessi	svolgeste	avessi svòlto	aveste svòlto
svolgesse	svolgéssero	avesse svòlto	avéssero svòlto

imperative	
—	svolgiamo
svòlgi (non svòlgere)	svolgete
svòlga	svòlgano

*Like **svòlgere** are **invòlgere** and **revòlgersi**.

Come hai svolto la storia? How did you develop the story?	Tutto si è svolto senza incidenti. Everything unfolded without incident.

tacere

Ger. tacèndo   Past Part. taciuto

to be silent, to pass over in silence

The Seven Simple Tenses		The Seven Compound Tenses	
Singular	Plural	Singular	Plural
1 present indicative		8 present perfect	
taccio	tacciamo	ho taciuto	abbiamo taciuto
taci	tacete	hai taciuto	avete taciuto
tace	tàcciono	ha taciuto	hanno taciuto
2 imperfect indicative		9 past perfect	
tacevo	tacevamo	avevo taciuto	avevamo taciuto
tacevi	tacevate	avevi taciuto	avevate taciuto
taceva	tacévano	aveva taciuto	avévano taciuto
3 past absolute		10 past anterior	
tacqui	tacemmo	èbbi taciuto	avemmo taciuto
tacesti	taceste	avesti taciuto	aveste taciuto
tacque	tàcquero	èbbe taciuto	èbbero taciuto
4 future indicative		11 future perfect	
tacerò	taceremo	avrò taciuto	avremo taciuto
tacerai	tacerete	avrai taciuto	avrete taciuto
tacerà	taceranno	avrà taciuto	avranno taciuto
5 present conditional		12 past conditional	
tacerèi	taceremmo	avrèi taciuto	avremmo taciuto
taceresti	tacereste	avresti taciuto	avreste taciuto
tacerèbbe	tacerèbbero	avrèbbe taciuto	avrèbbero taciuto
6 present subjunctive		13 past subjunctive	
taccia	tacciamo	àbbia taciuto	abbiamo taciuto
taccia	tacciate	àbbia taciuto	abbiate taciuto
taccia	tàcciano	àbbia taciuto	àbbiano taciuto
7 imperfect subjunctive		14 past perfect subjunctive	
tacessi	tacéssimo	avessi taciuto	avéssimo taciuto
tacessi	taceste	avessi taciuto	aveste taciuto
tacesse	tacéssero	avesse taciuto	avéssero taciuto

	imperative	
—		tacciamo
taci (non tacere)		tacete
taccia		tàcciano

Taci, non ti voglio sentire! Be quiet, I don't want to hear you!	I ragazzi tacciono quando il professore entra. The students quiet down (keep quiet) when the professor enters.

Ger. tendèndo   Past Part. teso   **tèndere***

to stretch out, to hold out, to tend to

The Seven Simple Tenses		The Seven Compound Tenses	
Singular	Plural	Singular	Plural
1 present indicative		8 present perfect	
tèndo	tendiamo	ho teso	abbiamo teso
tèndi	tendete	hai teso	avete teso
tènde	tèndono	ha teso	hanno teso
2 imperfect indicative		9 past perfect	
tendevo	tendevamo	avevo teso	avevamo teso
tendevi	tendevate	avevi teso	avevate teso
tendeva	tendévano	aveva teso	avévano teso
3 past absolute		10 past anterior	
tesi	tendemmo	èbbi teso	avemmo teso
tendesti	tendeste	avesti teso	aveste teso
tese	tésero	èbbe teso	èbero teso
4 future indicative		11 future perfect	
tenderò	tenderemo	avrò teso	avremo teso
tenderai	tenderete	avrai teso	avrete teso
tenderà	tenderanno	avrà teso	avranno teso
5 present conditional		12 past conditional	
tenderèi	tenderemmo	avrèi teso	avremmo teso
tenderesti	tendereste	avresti teso	avreste teso
tenderèbbe	tenderèbbero	avrèbbe teso	avrèbbero teso
6 present subjunctive		13 past subjunctive	
tènda	tendiamo	àbbia teso	abbiamo teso
tènda	tendiate	àbbia teso	abbiate teso
tènda	tèndano	àbbia teso	àbbiano teso
7 imperfect subjunctive		14 past perfect subjunctive	
tendessi	tendéssimo	avessi teso	avéssimo teso
tendessi	tendeste	avessi teso	aveste teso
tendesse	tendéssero	avesse teso	avéssero teso

imperative

—	tendiamo
tèndi (non tèndere)	tendete
tènda	tèndano

*Like **tèndere** are **attèndere**, **contèndere**, **estèndere**, **intèndere**, **pretèndere**, **protèndere**, **stèndere**, etc.

tendere il bucato to put the laundry out to dry	**Io tendo a difendere la tua posizione.** I tend to defend your position.

tenere*

Ger. tenèndo   Past Part. tenuto

to keep, to hold

The Seven Simple Tenses		The Seven Compound Tenses	
Singular	Plural	Singular	Plural
1 present indicative		**8 present perfect**	
tèngo	teniamo	ho tenuto	abbiamo tenuto
tièni	tenete	hai tenuto	avete tenuto
tiène	tèngono	ha tenuto	hanno tenuto
2 imperfect indicative		**9 past perfect**	
tenevo	tenevamo	avevo tenuto	avevamo tenuto
tenevi	tenevate	avevi tenuto	avevate tenuto
teneva	tenévano	aveva tenuto	avévano tenuto
3 past absolute		**10 past anterior**	
tenni	tenemmo	èbbi tenuto	avemmo tenuto
tenesti	teneste	avesti tenuto	aveste tenuto
tenne	ténnero	èbbe tenuto	èbbero tenuto
4 future indicative		**11 future perfect**	
terrò	terremo	avrò tenuto	avremo tenuto
terrai	terrete	avrai tenuto	avrete tenuto
terrà	terranno	avrà tenuto	avranno tenuto
5 present conditional		**12 past conditional**	
terrèi	terremmo	avrèi tenuto	avremmo tenuto
terresti	terreste	avresti tenuto	avreste tenuto
terrèbbe	terrèbbero	avrèbbe tenuto	avrèbbero tenuto
6 present subjunctive		**13 past subjunctive**	
tènga	teniamo	àbbia tenuto	abbiamo tenuto
tènga	teniate	àbbia tenuto	abbiate tenuto
tènga	tèngano	àbbia tenuto	àbbiano tenuto
7 imperfect subjunctive		**14 past perfect subjunctive**	
tenessi	tenéssimo	avessi tenuto	avéssimo tenuto
tenessi	teneste	avessi tenuto	aveste tenuto
tenesse	tenéssero	avesse tenuto	avéssero tenuto

	imperative	
—		teniamo
	tièni (non tenere)	tenete
	tènga	tèngano

*Like **tenere** are **appartenere, astenersi, contenere, mantenere, ottenere, ritenere, sostenere, trattenere**, etc.

Il professore li ha tenuti in classe per tre ore. The professor kept them in class for three hours.	Due colonne tengono su l'arco. Two columns hold up the arch.

Ger. tingèndo Past Part. tinto **tíngere***

to dye

The Seven Simple Tenses		The Seven Compound Tenses	
Singular	Plural	Singular	Plural
1 present indicative		8 present perfect	
tingo	tingiamo	ho tinto	abbiamo tinto
tingi	tingete	hai tinto	avete tinto
tinge	tíngono	ha tinto	hanno tinto
2 imperfect indicative		9 past perfect	
tingevo	tingevamo	avevo tinto	avevamo tinto
tingevi	tingevate	avevi tinto	avevate tinto
tingeva	tingévano	aveva tinto	avévano tinto
3 past absolute		10 past anterior	
tinsi	tingemmo	èbbi tinto	avemmo tinto
tingesti	tingeste	avesti tinto	aveste tinto
tinse	tínsero	èbbe tinto	èbbero tinto
4 future indicative		11 future perfect	
tingerò	tingeremo	avrò tinto	avremo tinto
tingerai	tingerete	avrai tinto	avrete tinto
tingerà	tingeranno	avrà tinto	avranno tinto
5 present conditional		12 past conditional	
tingerèi	tingeremmo	avrèi tinto	avremmo tinto
tingeresti	tingereste	avresti tinto	avreste tinto
tingerèbbe	tingerèbbero	avrèbbe tinto	avrèbbero tinto
6 present subjunctive		13 past subjunctive	
tinga	tingiamo	àbbia tinto	abbiamo tinto
tinga	tingiate	àbbia tinto	abbiate tinto
tinga	tíngano	àbbia tinto	àbbiano tinto
7 imperfect subjunctive		14 past perfect subjunctive	
tingessi	tingéssimo	avessi tinto	avéssimo tinto
tingessi	tingeste	avessi tinto	aveste tinto
tingesse	tingéssero	avesse tinto	avéssero tinto
	imperative		
	—	tingiamo	
	tingi (non tíngere)	tingete	
	tinga	tíngano	

*Like **tíngere** are **dipíngere**, **fíngere**, **giúngere**, **raggiúngere**, and **spíngere**.

Ti sei tinto i capelli?	Did you dye your hair?	Chi ha tinto questa camicia? Who dyed this shirt?

tògliere

Ger. toglièndo Past Part. tòlto

to take away, to remove

The Seven Simple Tenses		The Seven Compound Tenses	
Singular	Plural	Singular	Plural
1 present indicative		8 present perfect	
tòlgo	togliamo	ho tòlto	abbiamo tòlto
tògli	togliete	hai tòlto	avete tòlto
tòglie	tòlgono	ha tòlto	hanno tòlto
2 imperfect indicative		9 past perfect	
toglievo	toglievamo	avevo tòlto	avevamo tòlto
toglievi	toglievate	avevi tòlto	avevate tòlto
toglieva	togliévano	aveva tòlto	avévano tòlto
3 past absolute		10 past anterior	
tòlsi	togliemmo	èbbi tòlto	avemmo tòlto
togliesti	toglieste	avesti tòlto	aveste tòlto
tòlse	tòlsero	èbbe tòlto	èbbero tòlto
4 future indicative		11 future perfect	
toglierò	toglieremo	avrò tòlto	avremo tòlto
toglierai	toglierete	avrai tòlto	avrete tòlto
toglierà	toglieranno	avrà tòlto	avranno tòlto
5 present conditional		12 past conditional	
toglierèi	toglieremmo	avrèi tòlto	avremmo tòlto
toglieresti	togliereste	avresti tòlto	avreste tòlto
toglierèbbe	toglierèbbero	avrèbbe tòlto	avrèbbero tòlto
6 present subjunctive		13 past subjunctive	
tòlga	togliamo	àbbia tòlto	abbiamo tòlto
tòlga	togliate	àbbia tòlto	abbiate tòlto
tòlga	tòlgano	àbbia tòlto	àbbiano tòlto
7 imperfect subjunctive		14 past perfect subjunctive	
togliessi	togliéssimo	avessi tòlto	avéssimo tòlto
togliessi	toglieste	avessi tòlto	aveste tòlto
togliesse	togliéssero	avesse tòlto	avéssero tòlto

	imperative	
—		togliamo
tògli (non tògliere)		togliete
tòlga		tòlgano

Chi ha tolto i libri dallo scaffale?
  Who took the books from the shelf?

Mi hai tòlto la parola. You interrupted me. (You took my words away.)

The Seven Simple Tenses		The Seven Compound Tenses	
Singular	Plural	Singular	Plural
1 present indicative		**8 present perfect**	
tòrco	torciamo	ho tòrto	abbiamo tòrto
tòrci	torcete	hai tòrto	avete tòrto
tòrce	tòrcono	ha tòrto	hanno tòrto
2 imperfect indicative		**9 past perfect**	
torcevo	torcevamo	avevo tòrto	avevamo tòrto
torcevi	torcevate	avevi tòrto	avevate tòrto
torceva	torcévano	aveva tòrto	avévano tòrto
3 past absolute		**10 past anterior**	
tòrsi	torcemmo	èḅḅi tòrto	avemmo tòrto
torcesti	torceste	avesti tòrto	aveste tòrto
tòrse	tòrsero	èbbe tòrto	èbbero tòrto
4 future indicative		**11 future perfect**	
torcerò	torceremo	avrò tòrto	avremo tòrto
torcerai	torcerete	avrai tòrto	avrete tòrto
torcerà	torceranno	avrà tòrto	avranno tòrto
5 present conditional		**12 past conditional**	
torcerèi	torceremmo	avrèi tòrto	avremmo tòrto
torceresti	torcereste	avresti tòrto	avreste tòrto
torcerèbbe	torcerèbbero	avrèbbe tòrto	avrèbbero tòrto
6 present subjunctive		**13 past subjunctive**	
tòrca	torciamo	àbbia tòrto	abbiamo tòrto
tòrca	torciate	àbbia tòrto	abbiate tòrto
tòrca	tòrcano	àbbia tòrto	àbbiano tòrto
7 imperfect subjunctive		**14 past perfect subjunctive**	
torcessi	torcéssimo	avessi tòrto	avéssimo tòrto
torcessi	torceste	avessi tòrto	aveste tòrto
torcesse	torcéssero	avesse tòrto	avéssero tòrto

	imperative	
—		torciamo
tòrci (non tòrcere)		torcete
tòrca		tòrcano

* Like **tòrcere** are **contòrcere**, **estòrcere**, **ritòrcere**, and **scontòrcersi**.

---

torcere il collo   to twist one's neck   filo da torcere   tough row to hoe

tradurre*

Ger. traducèndo   Past Part. tradotto

to translate

The Seven Simple Tenses		The Seven Compound Tenses	
Singular	Plural	Singular	Plural
1 present indicative		**8 present perfect**	
traduco	traduciamo	ho tradotto	abbiamo tradotto
traduci	traducete	hai tradotto	avete tradotto
traduce	tradúcono	ha tradotto	hanno tradotto
2 imperfect indicative		**9 past perfect**	
traducevo	traducevamo	avevo tradotto	avevamo tradotto
traducevi	traducevate	avevi tradotto	avevate tradotto
traduceva	traducévano	aveva tradotto	avévano tradotto
3 past absolute		**10 past anterior**	
tradussi	traducemmo	èbbi tradotto	avemmo tradotto
traducesti	traduceste	avesti tradotto	aveste tradotto
tradusse	tradússero	èbbe tradotto	èbbero tradotto
4 future indicative		**11 future perfect**	
tradurrò	tradurremo	avrò tradotto	avremo tradotto
tradurrai	tradurrete	avrai tradotto	avrete tradotto
tradurrà	tradurranno	avrà tradotto	avranno tradotto
5 present conditional		**12 past conditional**	
tradurrèi	tradurremmo	avrèi tradotto	avremmo tradotto
tradurresti	tradurreste	avresti tradotto	avreste tradotto
tradurrèbbe	tradurrèbbero	avrèbbe tradotto	avrèbbero tradotto
6 present subjunctive		**13 past subjunctive**	
traduca	traduciamo	àbbia tradotto	abbiamo tradotto
traduca	traduciate	àbbia tradotto	abbiate tradotto
traduca	tradúcano	àbbia tradotto	àbbiano tradotto
7 imperfect subjunctive		**14 past perfect subjunctive**	
traducessi	traducéssimo	avessi tradotto	avéssimo tradotto
traducessi	traduceste	avessi tradotto	aveste tradotto
traducesse	traducéssero	avesse tradotto	avéssero tradotto

imperative	
—	traduciamo
traduci (non tradurre)	traducete
traduca	tradúcano

*Like **tradurre** are **condurre**, **dedurre**, **indurre**, **introdurre**, **ridurre**, and **sedurre**.

Lui traduce bene dall'italiano.	Chi ha tradotto quel romanzo?
He translates well from Italian.	Who translated that novel?

to draw, to pull

The Seven Simple Tenses		The Seven Compound Tenses	
Singular	Plural	Singular	Plural
1 present indicative		8 present perfect	
traggo	traiamo	ho tratto	abbiamo tratto
trai	traete	hai tratto	avete tratto
trae	tràggono	ha tratto	hanno tratto
2 imperfect indicative		9 past perfect	
traevo	traevamo	avevo tratto	avevamo tratto
traevi	traevate	avevi tratto	avevate tratto
traeva	traévano	aveva tratto	avévano tratto
3 past absolute		10 past anterior	
trassi	traemmo	èbbi tratto	avemmo tratto
traesti	traeste	avesti tratto	aveste tratto
trasse	tràssero	èbbe tratto	èbbero tratto
4 future indicative		11 future perfect	
trarrò	trarremo	avrò tratto	avremo tratto
trarrai	trarrete	avrai tratto	avrete tratto
trarrà	trarranno	avrà tratto	avranno tratto
5 present conditional		12 past conditional	
trarrèi	trarremmo	avrèi tratto	avremmo tratto
trarresti	trarreste	avresti tratto	avreste tratto
trarrèbbe	trarrèbbero	avrèbbe tratto	avrèbbero tratto
6 present subjunctive		13 past subjunctive	
tragga	traiamo	àbbia tratto	abbiamo tratto
tragga	traiate	àbbia tratto	abbiate tratto
tragga	tràggano	àbbia tratto	àbbiano tratto
7 imperfect subjunctive		14 past perfect subjunctive	
traessi	traéssimo	avessi tratto	avéssimo tratto
traessi	traeste	avessi tratto	aveste tratto
traesse	traéssero	avesse tratto	avéssero tratto

	imperative
—	traiamo
trai (non trarre)	traete
tragga	tràggano

*Like **trarre** are **astrarre, attrarre, contrarre, detrarre, distrarre, estrarre, protrarre, ritrarre,** and **sottrarre.**

Tu mi hai tratto in inganno. You drew me into a trap (a deception).

trarre una conclusione to draw a conclusion

attenere* Ger. trattenèndo Past Part. trattenuto

to keep back, to restrain, to entertain, to detain

The Seven Simple Tenses		The Seven Compound Tenses	
Singular	Plural	Singular	Plural
1 present indicative		8 present perfect	
trattèngo	tratteniamo	ho trattenuto	abbiamo trattenuto
trattièni	trattenete	hai trattenuto	avete trattenuto
trattiène	trattèngono	ha trattenuto	hanno trattenuto
2 imperfect indicative		9 past perfect	
trattenevo	trattenevamo	avevo trattenuto	avevamo trattenuto
trattenevi	trattenevate	avevi trattenuto	avevate trattenuto
tratteneva	trattenévano	aveva trattenuto	avévano trattenuto
3 past absolute		10 past anterior	
trattenni	trattenemmo	èbbi trattenuto	avemmo trattenuto
trattenesti	tratteneste	avesti trattenuto	aveste trattenuto
trattenne	tratténnero	èbbe trattenuto	èbbero trattenuto
4 future indicative		11 future perfect	
tratterrò	tratterremo	avrò trattenuto	avremo trattenuto
tratterrai	tratterrete	avrai trattenuto	avrete trattenuto
tratterrà	tratterranno	avrà trattenuto	avranno trattenuto
5 present conditional		12 past conditional	
tratterrèi	tratterremmo	avrèi trattenuto	avremmo trattenuto
tratterresti	tratterreste	avresti trattenuto	avreste trattenuto
tratterrèbbe	tratterrèbbero	avrèbbe trattenuto	avrèbbero trattenuto
6 present subjunctive		13 past subjunctive	
trattènga	tratteniamo	àbbia trattenuto	abbiamo trattenuto
trattènga	tratteniate	àbbia trattenuto	abbiate trattenuto
trattènga	trattèngano	àbbia trattenuto	àbbiano trattenuto
7 imperfect subjunctive		14 past perfect subjunctive	
trattenessi	trattenéssimo	avessi trattenuto	avéssimo trattenuto
trattenessi	tratteneste	avessi trattenuto	aveste trattenuto
trattenesse	trattenéssero	avesse trattenuto	avéssero trattenuto
		imperative	
	—		tratteniamo
	trattièni (non trattenere)		trattenete
	trattènga		trattèngano

*Compound of tenere.

Ogni volta che mi vede mi trattiene.
  Every time he sees me he detains me.

Non riesco a trattenere le lacrime.
  I can't keep the tears back.

The Seven Simple Tenses		The Seven Compound Tenses	
Singular	Plural	Singular	Plural
1 present indicative		8 present perfect	
tròvo	troviamo	ho trovato	abbiamo trovato
tròvi	trovate	hai trovato	avete trovato
tròva	trovano	ha trovato	hanno trovato
2 imperfect indicative		9 past perfect	
trovavo	trovavamo	avevo trovato	avevamo trovato
trovavi	trovavate	avevi trovato	avevate trovato
trovava	trovàvano	aveva trovato	avévano trovato
3 past absolute		10 past anterior	
trovai	trovammo	èbbi trovato	avemmo trovato
trovasti	trovaste	avesti trovato	aveste trovato
trovò	trovàrono	èbbe trovato	èbbero trovato
4 future indicative		11 future perfect	
troverò	troveremo	avrò trovato	avremo trovato
troverai	troverete	avrai trovato	avrete trovato
troverà	troveranno	avrà trovato	avranno trovato
5 present conditional		12 past conditional	
troverèi	troveremmo	avrèi trovato	avremmo trovato
troveresti	trovereste	avresti trovato	avreste trovato
troverèbbe	troverèbbero	avrèbbe trovato	avrèbbero trovato
6 present subjunctive		13 past subjunctive	
tròvi	troviamo	àbbia trovato	abbiamo trovato
tròvi	troviate	àbbia trovato	abbiate trovato
tròvi	tròvino	àbbia trovato	àbbiano trovato
7 imperfect subjunctive		14 past perfect subjunctive	
trovassi	trovàssimo	avessi trovato	avéssimo trovato
trovassi	trovaste	avessi trovato	aveste trovato
trovasse	trovàssero	avesse trovato	avéssero trovato

imperative	
—	troviamo
tròva (non trovare)	trovate
tròvi	tròvino

Ho trovato il libro. I have found the book.   **Lo trovai a letto.** I found him in bed.

idere

ll

The Seven Simple Tenses		The Seven Compound Tenses	
Singular	Plural	Singular	Plural
1 present indicative		8 present perfect	
uccido	uccidiamo	ho ucciso	abbiamo ucciso
uccidi	uccidete	hai ucciso	avete ucciso
uccide	uccídono	ha ucciso	hanno ucciso
2 imperfect indicative		9 past perfect	
uccidevo	uccidevamo	avevo ucciso	avevamo ucciso
uccidevi	uccidevate	avevi ucciso	avevate ucciso
uccideva	uccidévano	aveva ucciso	avévano ucciso
3 past absolute		10 past anterior	
uccisi	uccidemmo	èbbi ucciso	avemmo ucciso
uccidesti	uccideste	avesti ucciso	aveste ucciso
uccise	uccísero	èbbe ucciso	èbbero ucciso
4 future indicative		11 future perfect	
ucciderò	uccideremo	avrò ucciso	avremo ucciso
ucciderai	ucciderete	avrai ucciso	avrete ucciso
ucciderà	uccideranno	avrà ucciso	avranno ucciso
5 present conditional		12 past conditional	
ucciderèi	uccideremmo	avrèi ucciso	avremmo ucciso
uccideresti	uccidereste	avresti ucciso	avreste ucciso
ucciderèbbe	ucciderèbbero	avrèbbe ucciso	avrèbbero ucciso
6 present subjunctive		13 past subjunctive	
uccida	uccidiamo	àbbia ucciso	abbiamo ucciso
uccida	uccidiate	àbbia ucciso	abbiate ucciso
uccida	uccídano	àbbia ucciso	àbbiano ucciso
7 imperfect subjunctive		14 past perfect subjunctive	
uccidessi	uccidéssimo	avessi ucciso	avéssimo ucciso
uccidessi	uccideste	avessi ucciso	aveste ucciso
uccidesse	uccidéssero	avesse ucciso	avéssero ucciso

	imperative	
—		uccidiamo
uccidi (non uccídere)		uccidete
uccida		uccídano

Lui uccise la zanzara. He killed the mosquito.

Questo lavoro mi uccide. This work is killing me.

The Seven Simple Tenses		The Seven Compound Tenses	
Singular	Plural	Singular	Plural
1 present indicative		8 present perfect	
òdo	udiamo	ho udito	abbiamo udito
òdi	udite	hai udito	avete udito
òde	òdono	ha udito	hanno udito
2 imperfect indicative		9 past perfect	
udivo	udivamo	avevo udito	avevamo udito
udivi	udivate	avevi udito	avevate udito
udiva	udívano	aveva udito	avévano udito
3 past absolute		10 past anterior	
udii	udimmo	èbbi udito	avemmo udito
udisti	udiste	avesti udito	aveste udito
udí	udírono	èbbe udito	èbbero udito
4 future indicative		11 future perfect	
udrò	udremo	avrò udito	avremo udito
udrai	udrete	avrai udito	avrete udito
udrà	udranno	avrà udito	avranno udito
5 present conditional		12 past conditional	
udrèi	udremmo	avrèi udito	avremmo udito
udresti	udreste	avresti udito	avreste udito
udrèbbe	udrèbbero	avrèbbe udito	avrèbbero udito
6 present subjunctive		13 past subjunctive	
òda	udiamo	àbbia udito	abbiamo udito
òda	udiate	àbbia udito	abbiate udito
òda	òdano	àbbia udito	àbbiano udito
7 imperfect subjunctive		14 past perfect subjunctive	
udissi	udíssimo	avessi udito	avéssimo udito
udissi	udiste	avessi udito	aveste udito
udisse	udíssero	avesse udito	avéssero udito

	imperative
—	udiamo
òdi (non udire)	udite
òda	òdano

*Note: This verb is used formally; a more common verb for *to hear* is **sentire**.

Io odo un rumore.	I hear a noise.	Dalla mia camera io udivo il mare.
		From my room I could hear the sea.

úngere*

Ger. ungèndo   Past Part. **unto**

to grease, to smear

The Seven Simple Tenses		The Seven Compound Tenses	
Singular	Plural	Singular	Plural
1 present indicative		8 present perfect	
ungo	ungiamo	ho unto	abbiamo unto
ungi	ungete	hai unto	avete unto
unge	úngono	ha unto	hanno unto
2 imperfect indicative		9 past perfect	
ungevo	ungevamo	avevo unto	avevamo unto
ungevi	ungevate	avevi unto	avevate unto
ungeva	ungévano	aveva unto	avévano unto
3 past absolute		10 past anterior	
unsi	ungemmo	èbbi unto	avemmo unto
ungesti	ungeste	avesti unto	aveste unto
unse	únsero	èbbe unto	èbbero unto
4 future indicative		11 future perfect	
ungerò	ungeremo	avrò unto	avremo unto
ungerai	ungerete	avrai unto	avrete unto
ungerà	ungeranno	avrà unto	avranno unto
5 present conditional		12 past conditional	
ungerèi	ungeremmo	avrèi unto	avremmo unto
ungeresti	ungereste	avresti unto	avreste unto
ungerèbbe	ungerèbbero	avrèbbe unto	avrèbbero unto
6 present subjunctive		13 past subjunctive	
unga	ungiamo	àbbia unto	abbiamo unto
unga	ungiate	àbbia unto	abbiate unto
unga	úngano	àbbia unto	àbbiano unto
7 imperfect subjunctive		14 past perfect subjunctive	
ungessi	ungéssimo	avessi unto	avéssimo unto
ungessi	ungeste	avessi unto	aveste unto
ungesse	ungéssero	avesse unto	avéssero unto

imperative	
—	ungiamo
ungi (non úngere)	ungete
unga	úngano

*Like **úngere** are **aggiúngere**, **fúngere**, **giúngere**, **púngere**, and **raggiúngere**.

Mi sono unto di olio.   I smeared myself with oil.

Il meccanico unge le rotelle.   The mechanic greases the cogs.

to go out, to come out

The Seven Simple Tenses		The Seven Compound Tenses	
Singular	Plural	Singular	Plural
1 present indicative		8 present perfect	
èsco	usciamo	sono uscito	siamo usciti
èsci	uscite	sèi uscito	sìete usciti
èsce	èscono	è uscito	sono usciti
2 imperfect indicative		9 past perfect	
uscivo	uscivamo	èro uscito	eravamo usciti
uscivi	uscivate	èri uscito	eravate usciti
usciva	uscívano	èra uscito	èrano usciti
3 past absolute		10 past anterior	
uscii	uscimmo	fui uscito	fummo usciti
uscisti	usciste	fosti uscito	foste usciti
uscì	uscírono	fu uscito	fúrono usciti
4 future indicative		11 future perfect	
uscirò	usciremo	sarò uscito	saremo usciti
uscirai	uscirete	sarai uscito	sarete usciti
uscirà	usciranno	sarà uscito	saranno usciti
5 present conditional		12 past conditional	
uscirèi	usciremmo	sarèi uscito	saremmo usciti
usciresti	uscireste	saresti uscito	sareste usciti
uscirèbbe	uscirèbbero	sarèbbe uscito	sarèbbero usciti
6 present subjunctive		13 past subjunctive	
èsca	usciamo	sia uscito	siamo usciti
èsca	usciate	sia uscito	siate usciti
èsca	èscano	sia uscito	síano usciti
7 imperfect subjunctive		14 past perfect subjunctive	
uscissi	uscíssimo	fossi uscito	fóssimo usciti
uscissi	usciste	fossi uscito	foste usciti
uscisse	uscíssero	fosse uscito	fóssero usciti

	imperative	
—		usciamo
	èsci (non uscire)	uscite
	èsca	èscano

*Like **uscire** is **riuscire**.

Io non esco mai di notte. I never go out at night.	Perché non esci per un po'? Why don't you come out for a while?

valere*

Ger. valèndo　　　　　　Past Part. valso

to be worth, to be of value

The Seven Simple Tenses		The Seven Compound Tenses	
Singular	Plural	Singular	Plural
1　present indicative		8　present perfect	
valgo	valiamo	sono valso	siamo valsi
vali	valete	sèi valso	sième valsi
vale	vàlgono	è valso	sono valsi
2　imperfect indicative		9　past perfect	
valevo	valevamo	èro valso	eravamo valsi
valevi	valevate	èri valso	eravate valsi
valeva	valévano	èra valso	èrano valsi
3　past absolute		10　past anterior	
valsi	valemmo	fui valso	fummo valsi
valesti	valeste	fosti valso	foste valsi
valse	vàlsero	fu valso	fúrono valsi
4　future indicative		11　future perfect	
varrò	varremo	sarò valso	saremo valsi
varrai	varrete	sarai valso	sarete valsi
varrà	varranno	sarà valso	saranno valsi
5　present conditional		12　past conditional	
varrèi	varremmo	sarèi valso	saremmo valsi
varresti	varreste	saresti valso	sareste valsi
varrèbbe	varrèbbero	sarèbbe valso	sarèbbero valsi
6　present subjunctive		13　past subjunctive	
valga	valiamo	sia valso	siamo valsi
valga	valiate	sia valso	siate valsi
valga	vàlgano	sia valso	síano valsi
7　imperfect subjunctive		14　past perfect subjunctive	
valessi	valéssimo	fossi valso	fóssimo valsi
valessi	valeste	fossi valso	foste valsi
valesse	valéssero	fosse valso	fóssero valsi

imperative	
—	valiamo
vali (non valere)	valete
valga	vàlgano

*Like **valere** are **equivalere** and **prevalere**.

A che vale il mio consiglio?	Questa storia non vale niente.
What's my advice worth?	This story is not worth anything.

Ger. vedèndo   Past Part. visto (veduto)   **vedere***

The Seven Simple Tenses		The Seven Compound Tenses	
Singular	Plural	Singular	Plural
1 present indicative		8 present perfect	
vedo	vediamo	ho visto (veduto)	abbiamo visto
vedi	vedete	hai visto	avete visto
vede	védono	ha visto	hanno visto
2 imperfect indicative		9 past perfect	
vedevo	vedevamo	avevo visto	avevamo visto
vedevi	vedevate	avevi visto	avevate visto
vedeva	vedévano	aveva visto	avévano visto
3 past absolute		10 past anterior	
vidi	vedemmo	èbbi visto	avemmo visto
vedesti	vedeste	avesti visto	aveste visto
vide	vídero	èbbe visto	èbbero visto
4 future indicative		11 future perfect	
vedrò	vedremo	avrò visto	avremo visto
vedrai	vedrete	avrai visto	avrete visto
vedrà	vedranno	avrà visto	avranno visto
5 present conditional		12 past conditional	
vedrèi	vedremmo	avrèi visto	avremmo visto
vedresti	vedreste	avresti visto	avreste visto
vedrèbbe	vedrèbbero	avrèbbe visto	avrèbbero visto
6 present subjunctive		13 past subjunctive	
veda	vediamo	àbbia visto	abbiamo visto
veda	vediate	àbbia visto	abbiate visto
veda	védano	àbbia visto	àbbiano visto
7 imperfect subjunctive		14 past perfect subjunctive	
vedessi	vedéssimo	avessi visto	avéssimo visto
vedessi	vedeste	avessi visto	aveste visto
vedesse	vedéssero	avesse visto	avéssero visto

imperative

—	vediamo
vedi (non vedere)	vedete
veda	védano

* Like **vedere** are **antivedere**, **avvedersi**, **intravedere**, **rivedere**, and **travedere**.

Cosa vedi dalla finestra?   What do   Io vedo la ragazza.   I see the girl.
  you see from the window?

vèndere

Ger. **vendendo**   Past Part. **venduto**

to sell

The Seven Simple Tenses		The Seven Compound Tenses	
Singular	Plural	Singular	Plural
1 present indicative		**8 present perfect**	
vendo	vendiamo	ho venduto	abbiamo venduto
vendi	vendete	hai venduto	avete venduto
vende	vendono	ha venduto	hanno venduto
2 imperfect indicative		**9 past perfect**	
vendevo	vendevamo	avevo venduto	avevamo venduto
vendevi	vendevate	avevi venduto	avevate venduto
vendeva	vendèvano	aveva venduto	avévano venduto
3 past absolute		**10 past anterior**	
vendei	vendemmo	èbbi venduto	avemmo venduto
vendesti	vendeste	avesti venduto	aveste venduto
vendé	vendèrono	èbbe venduto	èbbero venduto
4 future indicative		**11 future perfect**	
venderò	venderemo	avrò venduto	avremo venduto
venderai	venderete	avrai venduto	avrete venduto
venderà	venderanno	avrà venduto	avranno venduto
5 present conditional		**12 past conditional**	
venderèi	venderemmo	avrèi venduto	avremmo venduto
venderesti	vendereste	avresti venduto	avreste venduto
venderèbbe	venderèbbero	avrèbbe venduto	avrèbbero venduto
6 present subjunctive		**13 past subjunctive**	
venda	vendiamo	àbbia venduto	abbiamo venduto
venda	vendiate	àbbia venduto	abbiate venduto
venda	véndano	àbbia venduto	àbbiano venduto
7 imperfect subjunctive		**14 past perfect subjunctive**	
vendessi	vendéssimo	avessi venduto	avéssimo venduto
vendessi	vendeste	avessi venduto	aveste venduto
vendesse	vendéssero	avesse venduto	avéssero venduto

imperative

—	vendiamo
vendi (non vendere)	vendete
venda	vèndano

Abbiamo venduto tutto. We are sold out.

vendere a buon mercato to sell cheaply

vendere all'ingrosso to sell wholesale

292

to come

The Seven Simple Tenses		The Seven Compound Tenses	
Singular	Plural	Singular	Plural
1 present indicative		**8 present perfect**	
vèngo	veniamo	sono venuto	siamo venuti
vièni	venite	sèi venuto	siète venuti
viène	vèngono	è venuto	sono venuti
2 imperfect indicative		**9 past perfect**	
venivo	venivamo	èro venuto	eravamo venuti
venivi	venivate	èri venuto	eravate venuti
veniva	venívano	èra venuto	èrano venuti
3 past absolute		**10 past anterior**	
venni	venimmo	fui venuto	fummo venuti
venisti	veniste	fosti venuto	foste venuti
venne	vénnero	fu venuto	fúrono venuti
4 future indicative		**11 future perfect**	
verrò	verremo	sarò venuto	saremo venuti
verrai	verrete	sarai venuto	sarete venuti
verrà	verranno	sarà venuto	saranno venuti
5 present conditional		**12 past conditional**	
verrèi	verremmo	sarèi venuto	saremmo venuti
verresti	verreste	saresti venuto	sareste venuti
verrèbbe	verrèbbero	sarèbbe venuto	sarèbbero venuti
6 present subjunctive		**13 past subjunctive**	
vènga	veniamo	sia venuto	siamo venuti
vènga	veniate	sia venuto	siate venuti
vènga	vèngano	sia venuto	síano venuti
7 imperfect subjunctive		**14 past perfect subjunctive**	
venissi	veníssimo	fossi venuto	fóssimo venuti
venissi	veniste	fossi venuto	foste venuti
venisse	veníssero	fosse venuto	fóssero venuti

	imperative	
—		veniamo
vièni (non venire)		venite
vènga		vèngano

*Like **venire** are **avvenire**, **convenire**, **divenire**, **intervenire**, **prevenire**, **provenire**, **sopravvenire**, **sovvenire**, etc.

Vengo anch'io in centro.   I'm coming downtown, too.

Verrò a casa tua domani.   I will come to your house tomorrow.

vestirsi

Ger. **vestendo** Past Part. **vestito**

to dress oneself

The Seven Simple Tenses		The Seven Compound Tenses	
Singular	Plural	Singular	Plural
1 present indicative		**8 present perfect**	
mi vèsto	ci vestiamo	mi sono vestito	ci siamo vestiti
ti vèsti	vi vestite	ti sei vestito	vi siete vestiti
si vèste	si vestono	si è vestito	si sono vestiti
2 imperfect indicative		**9 past perfect**	
mi vestivo	ci vestivamo	mi èro vestito	ci eravamo vestiti
ti vestivi	vi vestivate	ti èri vestito	vi eravate vestiti
si vestiva	si vestívano	si èra vestito	si èrano vestiti
3 past absolute		**10 past anterior**	
mi vestii	ci vestimmo	mi fui vestito	ci fummo vestiti
ti vestisti	vi vestiste	ti fosti vestito	vi foste vestiti
si vestì	si vestírono	si fu vestito	si furono vestiti
4 future indicative		**11 future perfect**	
mi vestirò	ci vestiremo	mi sarò vestito	ci saremo vestiti
ti vestirai	vi vestirete	ti sarai vestito	vi sarete vestiti
si vestirà	si vestiranno	si sarà vestito	si sàranno vestiti
5 present conditional		**12 past conditional**	
mi vestirèi	ci vestiremmo	mi sarèi vestito	ci saremmo vestiti
ti vestiresti	vi vestireste	ti saresti vestito	vi sareste vestiti
si vestirèbbe	si vestirèbbero	si sarèbbe vestito	si sarèbbero vestiti
6 present subjunctive		**13 past subjunctive**	
mi vèsta	ci vestiamo	mi sia vestito	ci siamo vestiti
ti vèsta	vi vestiate	ti sia vestito	vi siate vestiti
si vèsta	si vèstano	si sia vestito	si síano vestiti
7 imperfect subjunctive		**14 past perfect subjunctive**	
mi vestissi	ci vestíssimo	mi fossi vestito	ci fóssimo vestiti
ti vestissi	vi vestiste	ti fossi vestito	vi foste vestiti
si vestisse	si vestíssero	si fosse vestito	si fóssero vestiti

	imperative	
—		vestiàmoci
vèstiti (non ti vestire)		vestìtevi
si vèsta		si vèstano

Mi vesto presto la mattina. I get dressed early in the morning.

Lei si veste bene. She dresses well.

The Seven Simple Tenses		The Seven Compound Tenses	
Singular	Plural	Singular	Plural
1 present indicative		8 present perfect	
vinco	vinciamo	ho vinto	abbiamo vinto
vinci	vincete	hai vinto	avete vinto
vince	víncono	ha vinto	hanno vinto
2 imperfect indicative		9 past perfect	
vincevo	vincevamo	avevo vinto	avevamo vinto
vincevi	vincevate	avevi vinto	avevate vinto
vinceva	vincévano	aveva vinto	avévano vinto
3 past absolute		10 past anterior	
vinsi	vincemmo	èbbi vinto	avemmo vinto
vincesti	vinceste	avesti vinto	aveste vinto
vinse	vínsero	èbbe vinto	èbbero vinto
4 future indicative		11 future perfect	
vincerò	vinceremo	avrò vinto	avremo vinto
vincerai	vincerete	avrai vinto	avrete vinto
vincerà	vinceranno	avrà vinto	avranno vinto
5 present conditional		12 past conditional	
vincerèi	vinceremmo	avrèi vinto	avremmo vinto
vinceresti	vincereste	avresti vinto	avreste vinto
vincerèbbe	vincerèbbero	avrèbbe vinto	avrèbbero vinto
6 present subjunctive		13 past subjunctive	
vinca	vinciamo	àbbia vinto	abbiamo vinto
vinca	vinciate	àbbia vinto	abbiate vinto
vinca	víncano	àbbia vinto	àbbiano vinto
7 imperfect subjunctive		14 past perfect subjunctive	
vincessi	vincéssimo	avessi vinto	avéssimo vinto
vincessi	vinceste	avessi vinto	aveste vinto
vincesse	vincéssero	avesse vinto	avéssero vinto

	imperative	
—		vinciamo
vinci (non víncere)		vincete
vinca		víncano

* Like **víncere** are **avvíncere**, **convíncere**, and **rivíncere**.

Io ho vinto la partita. I won the game.	Il cavallo nero vinse la corsa. The black horse won the race.

visitare

Ger. **visitando**   Past Part. **visitato**

to visit; to examine (medical)

The Seven Simple Tenses		The Seven Compound Tenses	
Singular	Plural	Singular	Plural
1 present indicative		**8 present perfect**	
vìsito	visitiamo	ho visitato	abbiamo visitato
vìsiti	visitate	hai visitato	avete visitato
vìsita	visitano	ha visitato	hanno visitato
2 imperfect indicative		**9 past perfect**	
visitavo	visitavamo	avevo visitato	avevamo visitato
visitavi	visitavate	avevi visitato	avevate visitato
visitava	visitàvano	aveva visitato	avévano visitato
3 past absolute		**10 past anterior**	
visitai	visitammo	èbbi visitato	avemmo visitato
visitasti	visitaste	avesti visitato	aveste visitato
visitò	visitàrono	èbbe visitato	èbbero visitato
4 future indicative		**11 future perfect**	
visiterò	visiteremo	avrò visitato	avremo visitato
visiterai	visiterete	avrai visitato	avrete visitato
visiterà	visiteranno	avrà visitato	avranno visitato
5 present conditional		**12 past conditional**	
visiterèi	visiteremmo	avrèi visitato	avremmo visitato
visiteresti	visitereste	avresti visitato	aveste visitato
visiterèbbe	visiterèbbero	avrèbbe visitato	avrèbbero visitato
6 present subjunctive		**13 past subjunctive**	
vìsiti	visitiamo	àbbia visitato	abbiamo visitato
vìsiti	visitiate	àbbia visitato	abbiate visitato
vìsiti	visitino	àbbia visitato	àbbiano visitato
7 imperfect subjunctive		**14 past perfect subjunctive**	
visitassi	visitàssimo	avessi visitato	avéssimo visitato
visitassi	visitaste	avessi visitato	aveste visitato
visitasse	visitàssero	avesse visitato	avéssero visitato

	imperative	
—		visitiamo
vìsita (non visitare)		visitate
vìsiti		visitino

Ho visitato l'Italia. I have visited Italy.

Il dottore mi ha visitato. The doctor examined me.

The Seven Simple Tenses		The Seven Compound Tenses	
Singular	Plural	Singular	Plural
1 present indicative		**8 present perfect**	
vivo	viviamo	sono vissuto	siamo vissuti
vivi	vivete	sèi vissuto	siète vissuti
vive	vívono	è vissuto	sono vissuti
2 imperfect indicative		**9 past perfect**	
vivevo	vivevamo	èro vissuto	eravamo vissuti
vivevi	vivevate	èri vissuto	eravate vissuti
viveva	vivévano	èra vissuto	èrano vissuti
3 past absolute		**10 past anterior**	
vissi	vivemmo	fui vissuto	fummo vissuti
vivesti	viveste	fosti vissuto	foste vissuti
visse	víssero	fu vissuto	fúrono vissuti
4 future indicative		**11 future perfect**	
vivrò	vivremo	sarò vissuto	saremo vissuti
vivrai	vivrete	sarai vissuto	sarete vissuti
vivrà	vivranno	sarà vissuto	saranno vissuti
5 present conditional		**12 past conditional**	
vivrèi	vivremmo	sarèi vissuto	saremmo vissuti
vivresti	vivreste	saresti vissuto	sareste vissuti
vivrèbbe	vivrèbbero	sarèbbe vissuto	sarèbbero vissuti
6 present subjunctive		**13 past subjunctive**	
viva	viviamo	sia vissuto	siamo vissuti
viva	viviate	sia vissuto	siate vissuti
viva	vívano	sia vissuto	síano vissuti
7 imperfect subjunctive		**14 past perfect subjunctive**	
vivessi	vivéssimo	fossi vissuto	fóssimo vissuti
vivessi	viveste	fossi vissuto	foste vissuti
vivesse	vivéssero	fosse vissuto	fóssero vissuti

imperative

—	viviamo
vivi (non vívere)	vivete
viva	vívano

*Like **vívere** are **convívere** and **rivívere**. *See Introduction.*

Io vivo bene in America. I live well in America.   Quella scrittrice vive ancora. That writer is still living.

volare

Ger. **volando**　　　　Past Part. **volato**

to fly

The Seven Simple Tenses		The Seven Compound Tenses	
Singular	Plural	Singular	Plural
1　present indicative		**8　present perfect**	
vòlo	voliamo	ho volato	abbiamo volato
vòli	volate	hai volato	avete volato
vòla	vòlano	ha volato	hanno volato
2　imperfect indicative		**9　past perfect**	
volavo	volavamo	avevo volato	avevamo volato
volavi	volavate	avevi volato	avevate volato
volava	volàvano	aveva volato	avévano volato
3　past absolute		**10　past anterior**	
volai	volammo	èbbi volato	avemmo volato
volasti	volaste	avesti volato	aveste volato
volò	volàrono	èbbe volato	èbbero volato
4　future indicative		**11　future perfect**	
volerò	voleremo	avrò volato	avremo volato
volerai	volerete	avrai volato	avrete volato
volerà	voleranno	avrà volato	avranno volato
5　present conditional		**12　past conditional**	
volerèi	voleremmo	avrèi volato	avremmo volato
voleresti	volereste	avresti volato	avreste volato
volerèbbe	volerèbbero	avrèbbe volato	avrèbbero volato
6　present subjunctive		**13　past subjunctive**	
vòli	voliamo	àbbia volato	abbiamo volato
vòli	voliate	àbbia volato	abbiate volato
vòli	vòlino	àbbia volato	àbbiano volato
7　imperfect subjunctive		**14　past perfect subjunctive**	
volassi	volàssimo	avessi volato	avéssimo volato
volassi	volaste	avessi volato	aveste volato
volasse	volàssero	avesse volato	avéssero volato

	imperative	
—		voliamo
	vòla (non volare)	volate
	vòli	vòlino

Le aquile volano alte.　Eagles fly high.　　Il tempo vola.　Time flies.

volere
to want

The Seven Simple Tenses		The Seven Compound Tenses	
Singular	Plural	Singular	Plural
1 present indicative		8 present perfect	
vòglio	vogliamo	ho* voluto	abbiamo voluto
vuòi	volete	hai voluto	avete voluto
vuòle	vògliono	ha voluto	hanno voluto
2 imperfect indicative		9 past perfect	
volevo	volevamo	avevo voluto	avevamo voluto
volevi	volevate	avevi voluto	avevate voluto
voleva	volévano	aveva voluto	avévano voluto
3 past absolute		10 past anterior	
vòlli	volemmo	èbbi voluto	avemmo voluto
volesti	voleste	avesti voluto	aveste voluto
vòlle	vòllero	èbbe voluto	èbbero voluto
4 future indicative		11 future perfect	
vorrò	vorremo	avrò voluto	avremo voluto
vorrai	vorrete	avrai voluto	avrete voluto
vorrà	vorranno	avrà voluto	avranno voluto
5 present conditional		12 past conditional	
vorrèi	vorremmo	avrèi voluto	avremmo voluto
vorresti	vorreste	avresti voluto	avreste voluto
vorrèbbe	vorrèbbero	avrèbbe voluto	avrèbbero voluto
6 present subjunctive		13 past subjunctive	
vòglia	vogliamo	àbbia voluto	abbiamo voluto
vòglia	voliate	àbbia voluto	abbiate voluto
vòglia	vògliano	àbbia voluto	àbbiano voluto
7 imperfect subjunctive		14 past perfect subjunctive	
volessi	voléssimo	avessi voluto	avéssimo voluto
volessi	voleste	avessi voluto	aveste voluto
volesse	voléssero	avesse voluto	avéssero voluto

imperative	
—	vogliamo
vòglia (non volere)	vogliate
vòglia	vògliano

* **Volere** takes **èssere** when the following infinitive requires it.

Voglio mangiare perché ho fame.   Cosa vuole Lei?   What do you want?
   I want to eat because I am hungry.

vòlgere*

Ger. volgèndo   Past Part. vòlto

to turn, to direct

The Seven Simple Tenses		The Seven Compound Tenses	
Singular	Plural	Singular	Plural
1 present indicative		**8 present perfect**	
vòlgo	volgiamo	ho vòlto	abbiamo vòlto
vòlgi	volgete	hai vòlto	avete vòlto
vòlge	vòlgono	ha vòlto	hanno vòlto
2 imperfect indicative		**9 past perfect**	
volgevo	volgevamo	avevo vòlto	avevamo vòlto
volgevi	volgevate	avevi vòlto	avevate vòlto
volgeva	volgévano	aveva vòlto	avévano vòlto
3 past absolute		**10 past anterior**	
vòlsi	volgemmo	èbbi vòlto	avemmo vòlto
volgesti	volgeste	avesti vòlto	aveste vòlto
vòlse	vòlsero	èbbe vòlto	èbbero vòlto
4 future indicative		**11 future perfect**	
volgerò	volgeremo	avrò vòlto	avremo vòlto
volgerai	volgerete	avrai vòlto	avrete vòlto
volgerà	volgeranno	avrà vòlto	avranno vòlto
5 present conditional		**12 past conditional**	
volgerèi	volgeremmo	avrèi vòlto	avremmo vòlto
volgeresti	volgereste	avresti vòlto	avreste vòlto
volgerèbbe	volgerèbbero	avrèbbe vòlto	avrèbbero vòlto
6 present subjunctive		**13 past subjunctive**	
vòlga	volgiamo	àbbia vòlto	abbiamo vòlto
vòlga	volgiate	àbbia vòlto	abbiate vòlto
vòlga	vòlgano	àbbia vòlto	àbbiano vòlto
7 imperfect subjunctive		**14 past perfect subjunctive**	
volgessi	volgéssimo	avessi vòlto	avéssimo vòlto
volgessi	volgeste	avessi vòlto	aveste vòlto
volgesse	volgéssero	avesse vòlto	avéssero vòlto

imperative

—	volgiamo
vòlgi (non vòlgere)	volgete
vòlga	vòlgano

*Like **vòlgere** are **avvòlgere**, **capovòlgere**, **coinvòlgere**, **ravvòlgere**, **rivòlgersi**, **sconvòlgere**, **svòlgere**, etc.

---

volgere i passi verso casa to direct oneself (one's steps) homeward

volgere le spalle to cold-shoulder (someone)

---

to limp

The Seven Simple Tenses		The Seven Compound Tenses	
Singular	Plural	Singular	Plural
1 present indicative		8 present perfect	
zòppico	zoppichiamo	ho zoppicato	abbiamo zoppicato
zòppichi	zoppicate	hai zoppicato	avete zoppicato
zòppica	zòppicano	ha zoppicato	hanno zoppicato
2 imperfect indicative		9 past perfect	
zoppicavo	zoppicavamo	avevo zoppicato	avevamo zoppicato
zoppicavi	zoppicavate	avevi zoppicato	avevate zoppicato
zoppicava	zoppicàvano	aveva zoppicato	avévano zoppicato
3 past absolute		10 past anterior	
zoppicai	zoppicammo	èbbi zoppicato	avemmo zoppicato
zoppicasti	zoppicaste	avesti zoppicato	aveste zoppicato
zoppicò	zoppicàrono	èbbe zoppicato	èbbero zoppicato
4 future indicative		11 future perfect	
zoppicherò	zoppicheremo	avrò zoppicato	avremo zoppicato
zoppicherai	zoppicherete	avrai zoppicato	avrete zoppicato
zoppicherà	zoppicheranno	avrà zoppicato	avranno zoppicato
5 present conditional		12 past conditional	
zoppicherèi	zoppicheremmo	avrèi zoppicato	avremmo zoppicato
zoppicheresti	zoppichereste	avresti zoppicato	avreste zoppicato
zoppicherèbbe	zoppicherèbbero	avrèbbe zoppicato	avrèbbero zoppicato
6 present subjunctive		13 past subjunctive	
zòppichi	zoppichiamo	àbbia zoppicato	abbiamo zoppicato
zòppichi	zoppichiate	àbbia zoppicato	abbiate zoppicato
zòppichi	zòppichino	àbbia zoppicato	àbbiano zoppicato
7 imperfect subjunctive		14 past perfect subjunctive	
zoppicassi	zoppicàssimo	avessi zoppicato	avéssimo zoppicato
zoppicassi	zoppicaste	avessi zoppicato	aveste zoppicato
zoppicasse	zoppicàssero	avesse zoppicato	avéssero zoppicato

	imperative	
—		zoppichiamo
zòppica (non zoppicare)		zoppicate
zòppichi		zòppichino

L'uomo zoppica.   The man limps.   un ragionamento che zoppica   a weak argument

English-Italian Verb Index

The *to* of the English infinitive is omitted. Italian verbs are given in their infinitive form, without pronunciation accents.

fly **volare**, 298
follow **seguire**, 246
force **costringere**, 73
foresee **prevedere**, 197
forget **dimenticare**, 84
fry **friggere**, 119
fuse **fondere**, 118

G

gather **cogliere**, 47
get **avere**, 33; **ottenere**, 169
get to **giungere**, 123; **raggiungere**, 210
get up **alzarsi**, 15
give **dare**, 78
give back **rendere**, 215
gnaw **rodere**, 232
go **andare**, 17
go away **andarsene**, 18; **partire**, 173
go back **ritornare**, 228
go down **discendere**, 89; **scendere**, 238
go out **uscire**, 289
go out again **riuscire**, 230
go to **rivolgersi**, 231
go up **salire**, 234
grant **concedere**, 56
grasp **afferrare**, 8
graze **radere**, 209
grease **ungere**, 288
grow **crescere**, 75

H

hand **porgere**, 184
hang **pendere**, 175
hang up **sospendere**, 254
happen **accadere**, 3; **avvenire**, 35; **succedere**, 270
harm **nuocere**, 161
hasten **affrettarsi**, 10
have **avere**, 33
have a good time **divertirsi**, 101
have to **dovere**, 106
hear **udire**, 287
heat **riscaldare**, 224
help **aiutare**, 12
hide **nascondere**, 160
hint **alludere**, 13

hire **assumere**, 31
hit **percuotere**, 177
hold **reggere**, 212; **ritenere**, 227; **tenere**, 278
hold out **porgere**, 184; **tendere**, 277
hurry **affrettarsi**, 10
hurt **nuocere**, 161

I

ill-treat **maltrattare**, 150
immerse **immergere**, 127
impose **imporre**, 129
impress **imprimere**, 130
imprint **imprimere**, 130
include **includere**, 131
incur **contrarre**, 65
increase **crescere**, 75
indicate **indicare**, 133
infer **inferire**, 134
inflict **infliggere**, 135
inhabit **abitare**, 2
injure **nuocere**, 161
insert **introdurre**, 140
insist **insistere**, 136
instruct **istruire**, 144
interrupt **interrompere**, 138
intervene **intervenire**, 139
introduce **introdurre**, 140; **presentare**, 193
invade **invadere**, 141
invite **invitare**, 142

J

jump **saltare**, 235

K

keep **mantenere**, 153; **tenere**, 278
keep back **trattenere**, 284
kill **uccidere**, 286
kindle **accendere**, 4
know **conoscere**, 60; **sapere**, 236

L

laugh **ridere**, 216
lay **giacere**, 120
lead **condurre**, 58

leap **saltare**, 235
learn **apprendere**, 24; **imparare**, 128; **sapere**, 236
leave **lasciare**, 145; **partire**, 173
lend **prestare**, 194
let **lasciare**, 145
let down **abbassare**, 1
lie **giacere**, 120
lift up **alzare**, 14
light **accendere**, 4
like **piacere**, 181
limp **zoppicare**, 301
live **abitare**, 2; **vivere**, 297
look **apparire**, 22; **guardare**, 125
look at **guardare**, 125
look for **cercare**, 44
lose **perdere**, 178
lower **abbassare**, 1

M

maintain **mantenere**, 153
make **fare**, 113
make again **rifare**, 219
marry **sposare**, 264
may **potere**, 188
mean **intendere**, 137
meet **conoscere**, 60; **incontrare**, 132
melt **fondere**, 118
mistreat **maltrattare**, 150
mount **salire**, 234
move **commuovere**, 50; **muovere**, 158
must **bisognare**, 38; **dovere**, 106

N

notice **accorgersi (di)**, 6; **avvedersi**, 34

O

observe **osservare**, 168
obtain **ottenere**, 169
occupy **occupare**, 162
occur **accadere**, 3; **avvenire**, 35; **succedere**, 270
offend **offendere**, 163
offer **offrire**, 164; **porgere**, 184
omit **omettere**, 165
open **aprire**, 25

oppose **opporre**, 166
oppress **opprimere**, 167
ought **dovere**, 106
owe **dovere**, 106

P

paint **dipingere**, 86
pass over in silence **tacere**, 276
pay **pagare**, 170
perceive **avvedersi**, 34
permit **permettere**, 179
persuade **persuadere**, 180
pick **cogliere**, 47
pinch **pungere**, 207
place **mettere**, 154; **porre**, 185
play **giocare**, 121
play an instrument **suonare**, 271
please **compiacere**, 52
plunge **immergere**, 127
point at **indicare**, 133
portray **ritrarre**, 229
possess **possedere**, 187
postpone **sospendere**, 254
pour out **spandere**, 258
precede **prevenire**, 198
predict **predire**, 189
prepare **apparecchiare**, 21; **preparare**, 192
present **presentare**, 193
preserve **mantenere**, 153
press **premere**, 190; **stringere**, 268
pretend **fingere**, 116
prevail **prevalere**, 196
prevent **prevenire**, 198
prick **pungere**, 207
produce **produrre**, 199
promise **promettere**, 200
promote **promuovere**, 201
pronounce **pronunziare**, 202
propose **proporre**, 203
protect **proteggere**, 204
provide **provvedere**, 205
pull **trarre**, 283
pull down **abbassare**, 1
push **spingere**, 263
put **mettere**, 154; **porre**, 185
put off **sospendere**, 254
put out **spegnere**, 260

R

rain **piovere**, 183

raise **alzare**, 14
raze **radere**, 209
reach **raggiungere**, 210
read **leggere**, 148
receive **accogliere**, 5
recommend **raccomandare**, 208
reduce **ridurre**, 218
refer **alludere**, 13
reflect **riflettere**, 220
regret **rincrescere**, 222
rehire **riassumere**, 215
remain **rimanere**, 221
remove **togliere**, 280
render **rendere**, 213
repeat **ridire**, 217
reply **rispondere**, 226
resist **resistere**, 214
resolve **risolvere**, 225
restrain **trattenere**, 284
resume **riassumere**, 215
retain **ritenere**, 227
return **ritornare**, 228
ring **suonare**, 272
rise **alzarsi**, 15; **sorgere**, 251
rub out **cancellare**, 42
run **correre**, 69

S

satisfy **soddisfare**, 248
say **dire**, 87
say again **ridire**, 217
see **vedere**, 291
seek **cercare**, 44
seem **apparire**, 22; **parere**, 171
seize **afferrare**, 8
select **scegliere**, 237
sell **vendere**, 292
send **mandare**, 151
separate **dissolvere**, 91
serve **servire**, 247
set **apparecchiare**, 21; **mettere**, 154; **porre**, 185
set the table **apparecchiare**, 21
set out **partire**, 173
sew **cucire**, 76
shake **scuotere**, 243
shave **radere**, 209
shed **spargere**, 259
should **dovere**, 106
shove **spingere**, 263
show **indicare**, 133; **mostrare**, 157

shut **chiudere**, 46
sit **sedere**, 245
sleep **dormire**, 105
smear **ungere**, 288
smile **sorridere**, 253
solve **risolvere**, 225
sound **suonare**, 271
speak **parlare**, 172
spend **spendere**, 261
spill **spandere**, 258
spread **diffondere**, 83; **spandere**, 258; **spargere**, 259; **stendere**, 267
squeeze **premere**, 190; **stringere**, 268
stand **stare**, 266
stand up **alzarsi**, 15
start **cominciare**, 48
stay **rimanere**, 221; **stare**, 266
sting **pungere**, 207
stir **muovere**, 158
stop **fermarsi**, 114; **ritenere**, 227
stretch out **tendere**, 277
stress out **rodere**, 232
strike **percuotere**, 177
stroll **passeggiare**, 174
study **studiare**, 269
subdue **sottomettere**, 256
subject **sottomettere**, 256
submit **sottomettere**, 256
subtract **sottrarre**, 257
succeed **riuscire**, 230
succeed (come after) **succedere**, 270
suffer **soffrire**, 249
suffer pain **dolere**, 103
summarize **riassumere**, 215
support **reggere**, 212; **sostenere**, 255
suppose **supporre**, 272
surprise **sorprendere**, 252
suspend **sospendere**, 254
sustain **sostenere**, 255
swoon **svenire**, 274

T

take **prendere**, 191
take a walk **passeggiare**, 174
take away **togliere**, 280
talk **discorrere**, 90; **parlare**, 172
teach **istruire**, 144
tell **dire**, 87

Index of Irregular Verb Forms

Italian reflexive verbs are listed alphabetically under the first letter of the verb itself and not under the reflexive pronouns.

313

Index of Over 1,000 Italian Verbs Conjugated Like the Model Verbs

The number after each verb is the page number in this book where a model verb is shown fully conjugated.

S

salare 264
salpare 42
salutare 224
sbaciucchiare 21
sbagliare 269
sbattere 74
sbavare 41
sbellicarsi 15
sbigottire 43
sbirciare 48
sbocconcellare 42
sbollire 39
sbolognare 250
sbriciolare 42
sbrinare 41
sbrindellare 42
sbucare 84
scacciare 48
scadere 40
scagliare 269
scalare 42
scaldare 224
scambiare 269
scandagliare 269
scaricare 44
scartare 42
scartabellare 264
scatenare 41
scaturire 43
scemare 224
schiarire 43
schiudere 13
schizzare 14
sciare 269
scialare 42
scimmiottare 2
scioccare 44
sciogliere 5
scivolare 298
scodinzolare 264
scolare 42
scolarsi 15
scolpire 43
scombussolare 224
scommettere 256
scomodare 208
sconfiggere 9
sconquassare 1
sconvenire 35
scoperchiare 21
scoppiare 269

scoprire 249
scordare 224
scorrere 69
scorticare 84
scostare 2
scribacchiare 21
scrostare 271
scucire 76
scuocere 77
sdoppiare 269
sdrucire 76
seccarsi 15
sedare 41
sedurre 58
selezionare 224
sentire 43
separare 298
separarsi 15
serrare 8
sfacchinare 42
sfamare 264
sfatare 224
sferrare 8
sfilare 264
sfiorire 43
sfoderare 41
sfornare 224
singhiozzare 14
sintonizzarsi 15
sintetizzare 14
sistemare 41
situare 224
smaltare 27
smettere 16
smitizzare 14
smorzare 14
smuovere 158
sobbalzare 14
socchiudere 13
soccorrere 69
soffiare 269
soffocare 44
soffriggere 119
sogghignare 224
soggiacere 120
soggiungere 11
sollazzarsi 15
solleticare 44
sommuovere 50
sondare 81
sonnecchiare 21
sonorizzare 14
sopperire 43

soppesare 264
soppiantare 12
sopraggiungere 11
soprassedere 281
sopravvalutare 264
sopravvalutarsi 15
sopravvenire 35
sorbire 43
sorpassare 1
sorprendere 4
sorreggere 68
sospendere 261
sospingere 263
sospirare 41
sostare 27
sostenersi 231
sostentarsi 15
sostituire 43
sottendere 195
sottintendere 261
sottolineare 28
sottoporre 185
sottostare 27
sottovalutare 264
sovrapporre 185
sovrastare 27
soverchiare 21
sovrintendere 195
sovvenire 35
spacciarsi 15
spalancare 44
spalmare 298
spalmarsi 15
sparare 224
sparecchiare 21
sparire 51
spartire 43
spaventare 41
spaventarsi 7
spazzare 14
spazzolare 41
spedire 43
spergiurare 42
spezzare 14
spiare 269
spiattellare 264
spiegare 271
spifferare 224
spigolare 264
spiovere 183
spodestare 224
spoetizzare 14
spogliarsi 7